アスリートを育てる〈場〉の社会学

民間クラブがスポーツを変えた

松尾哲矢 *Tetsuya Matsuo*

青弓社

アスリートを育てる〈場〉の社会学——民間クラブがスポーツを変えた　目次

第2部　民間スポーツクラブ、学校運動部の再生産戦略とアスリート文化の再生産

第7章　運動部とクラブ間のハビトゥス様相の差異と民間スポーツクラブの再生産戦略——競技者間・指導者間比較を通して　■162

装丁――犬塚勝一

序章

変わりゆくアスリート

わが国の青少年期のスポーツ競技者養成は、明治期から戦後にいたるまで、主に学校運動部が担ってきた。しかしながら近年、例えば、サッカー、水泳、体操競技、テニスなどの種目に顕著にみられるように、民間スポーツクラブの台頭によってアスリートを育てる基盤が再編されつつある。

青少年を対象とした民間スポーツクラブの成立をみると、例えば、水泳では一九六五年に代々木スイミングクラブ・山田スイミングクラブ・霞ヶ丘水泳教室・名古屋水泳クラブなどが誕生している。また体操競技では、六五年に池上スポーツ普及クラブが創設され、サッカーでは六五年に神戸少年サッカースクール（兵庫サッカー友の会）が創設された。このようにわが国での青少年を対象とした民間スポーツクラブはおおむね六五年頃に成立している。明治期に始まった学校運動部と比べて、その歴史は浅い。

しかしながら、例えば水泳に目を向けてみると、新谷時雄も指摘するようにオリンピック金メダルの獲得者は、一九七二年ミュンヘン大会の百メートル平泳ぎ田口信教選手（藤田ドルフィンクラブ）、百メートルバタフライ青木まゆみ選手（山田スイミングクラブ）、八八年ソウル大会の百メートル背泳鈴木大地選手（セントラルスポーツ）、九二年バルセロナ大会の二百メートル平泳ぎ岩崎恭子選手（沼津スイミングクラブ）、二〇〇四年アテネ大会と〇八年北京大会の百・二百メートル平泳ぎ北島康介選手（東京スイミングセンター）などであり[1]、彼らはすべて民間スポーツクラブ出身のアスリートなのである。

またサッカーでは、高等学校時、競技者は全国高等学校体育連盟か日本クラブユースサッカー連盟のどちらかに登録する。両連盟はそれぞれの運営システムと大会を有していて、異なった連盟に登録する競技者が一緒に競技することはほとんどない。そのなかで一九九〇年に創設された高円宮杯全日本ユース（U―18）サッカー選手権大会（二〇一〇年まで）は競技者が一堂に会する数少ない大会だった。一九九九年、初めてクラブチームが優勝し、その後、クラブチームが優位を占めた。

体操競技では、民間スポーツクラブの台頭は女子に顕著にみられる。全日本体操競技選手権大会の歴代優勝者をみると、民間スポーツクラブ出身の選手で初めて優勝したのは、一九七六年第三十回大会での岡崎聡子選手（日本体操クラブ出身）である。その後、八二年の第三十六回大会で朝日生命体操クラブに所属する森尾麻衣子選手が優勝して以降、二〇一三年の第六十七回大会まですべて民間スポーツクラブ出身の選手が優勝している。そのほか、テニス、フィギュアスケートなどでも民間スポーツクラブ競技者の台頭は顕著である。今後、国際的な競技力の向上が喧伝されるに伴い、アスリート養成という意味で青少年を対象とした民間スポーツクラブの需要はさらに高まることになるだろう。

民間スポーツクラブが台頭するなか、例えば、二〇〇〇年、シドニーオリンピック女子四百メートル個人メドレーで銀メダルを獲得した田島寧子選手（南光スイミングスクール出身）は、インタビュー時に「めっちゃ悔しい」「金がいいですぅ」と答え、また、平泳ぎの北島選手は、〇四年、アテネでの金メダル獲得後のインタビュー時に「チョー気持ちいい」と気持ちをあらわした（この言葉は、その年の「流行語大賞[2]」に選ばれた）。これらに代表されるように、自分の気持ちを率直に表現するアスリートが目立ってきている。

一方、一九三六年ベルリンオリンピック女子二百メートル平泳ぎ金メダルを獲得した前畑秀子選手は、優勝時に「私は嬉しさのあまり、お守りの風呂敷と激励電報の束を抱え、泣きながら控室をクルクル回っていました[3]」と回想しているが、前述の田島選手や北島選手と比較して感情表現の仕方はかなり異なる。

また二〇〇六年トリノオリンピック女子フィギュアスケートで金メダルを獲得した荒川静香選手は、「メダルは欲しかったですが、ねらってはいなかったのだと思います。そういう気持ちが、楽しみたいという気持ちよりも薄かったのかもしれません」[4]と自己分析し、また、最後のフリー演技について、「私はこの最後のスケートが楽しければいいのだという気持ちだったものですから」[5]と当時を振り返る。この言葉にみられるようにオリンピックでも「楽しんできます」とその心構えを表現する選手が多くなっている。

この点に関して、一九二八年アムステルダムオリンピック男子二百メートル平泳ぎで金メダルを獲得した鶴田義行選手は「優勝した時は日本の皆さんがどんなに喜んでくださるか、それを思うと苦しかった練習の思い出も、みな消えてなくなった」[6]と回想している。また、三二年ロサンゼルスオリンピック陸上競技走り幅跳び銅メダルを獲得した南部忠平選手は、優勝を逃したことについて「僕に期待して下さった日本の方々に何といっておわびしてよいかゐても立ってもゐられません」[7]と答えている。

このように、近年、アスリートの意識や行動は、「国のため、国民のため」といった意識や自己抑制的な行動から、「自らのために、楽しむ」という意識や自己表出的な行動へと変化してきているように思われる。

また、近年、大学サッカー部では、サッカーのプロリーグであるJリーグ加盟のJクラブから入学・入部する学生も少なくない。それらの学生の行動や意識について、新聞記事は以下のように取り上げている。

秋。流経大〔流通経済大学：引用者注〕では約二百人の部員が人工芝のピッチ周辺にたまった落ち葉を片付ける。その最中、中野雄二監督らの前で「なぜ俺たちが、こんなことをやらなくちゃいけないんだ」とあからさまに不満を口にする下級生部員がいた。中野監督はあまりの非常識さにあきれ、一週間ピッチを使わせなかった。「社会全体が、こういう世代を作ってしまった。特に、Jクラブのユース（下部組織）出身者はプロを間近に見て育ち、『周りが環境を用意するのが当然』という傾向が強い」[8]と中野監督はこぼす。試合中にどなりつけると、すぐメールで父母に「告げ口」する選手もいる。

これらの意識、行動規範や行動習慣の現状や変化をどのようにとらえればいいのだろうか。これらの意識や行動を単なる個々のアスリートの気質や性格の問題としてとらえることは、問題を矮小化するだけでなく、本質を見失うことにもなりかねない。その背景には何があるのか、スポーツやアスリート養成の基盤が大きく変わってきているのではないか、「正しいスポーツのあり方」「スポーツ指導の正しいあり方」に関する定義が変わりつつあるのではないか、アスリートやスポーツに関する文化が変容しつつあるのではないか――本書の出発点はこうした問いかけにある。

民間スポーツクラブの台頭は、青少年期のアスリート養成のあり方や制度の変動だけでなく、スポーツ界全体の構造変動を示すものであると同時に、伝統的な学校運動部の特性から論じられることが多かった日本的スポーツの文化やハビトゥス（さまざまな状況に心身を対処させていく性向構造）の変容に深く関わるという意味で、看過できないものである。

ここで、本書でいう民間スポーツクラブについて定義しておくと、ボランタリーにおこなわれる同好会や地域スポーツクラブではなく、主に青少年を対象として、入会金や月謝などによって経営され、専門的指導者による指導を展開するクラブを指す。

体育・スポーツ社会学領域での学校運動部と民間スポーツクラブに関する先行研究については、ここでは詳細に記載することはしないが、概観すると学校運動部と民間スポーツクラブについてそれぞれ個別に着目した研究は散見されるものの、両者の関係性に目を向けた研究はほとんどおこなわれてきていないといえる。ただ、萌芽的研究として、黒須充の一連の研究が挙げられるだろう。そこではクラブ育ちの選手には「自己本位的」「タテ意識（軽視）」「派手志向」「伝統主義（軽視）」「手段主義（肯定的）」などの価値意識が強いことが指摘されている[9]。さらに黒須は、両者の社会化過程についてジョージ・ハーバート・ミードの「役割取得過程」を援用しながら、学校運動部でみられる受動的社会化の傾向と民間スポーツクラブでの個性的自我の形成の可能性を論じ、さらに民間スポーツクラブ選手の場合では、集団形成過程の欠落を原因として「一般化された他者」の内面化が十分になされていないことを指摘している。[10] この研究は、学校運動部選手との比較から民間スポーツクラブ選手の特徴を明らかにした示唆的な研究だといえる。しかしながら、役割取得過程での指導者と選手の関係性や指導者の意識や意図、さらには学校運動部と民間スポーツクラブ間の関係性やせめぎ合いを視座に入れた詳細な検討はおこなわれていない。

近年、わが国のスポーツ界の構造変動に関連して、学校運動部の危機が喧伝され、かわりに文部科学省が提唱する総合型地域スポーツクラブや民間スポーツクラブが中心になる、というような、スポーツ実践に関わる集団・組織・制度などの構造が、あたかもAからBへと「単線的に」移行するかのような言説が散見される。この背後には、スポーツに関する文化やハビトゥス形成を学校運動部が一手に引き受けてきたという歴史と深く関連した「単純化された」構造認識があるように思われる。

しかしながら、スポーツ実践に関わる集団・組織・制度などの構造は、決して単純なものではない。民間スポーツクラブがスポーツ界の外部からの需要だけによって成立したかのような見方、あるいは学校運動部から民間スポーツクラブへと単線的な構造変動が起こったかのような見方は、単層的で、現実から乖離した誤った構造認識を広めてしまいかねない。

現実には、民間スポーツクラブがアスリート養成の実践空間に参入することによって、学校運動部と民間スポーツクラブの両者の間には文化的正統性をめぐるせめぎ合いが起きていて、そこにスポーツ界外部からの政治的・経済的な要求や外的諸力が入り込みながら、全体としてはきわめて複雑な構造を呈している。わが国のスポーツ実践に関わる集団・組織・制度などがどのように構造化され、そして再生産されているのか、そのメカニズムとダイナミズムに関する分析の視点と方法が要請されている。

この点に関連して、ピエール・ブルデューは、スポーツ実践空間の構造を構築すること、さらにスポーツ実践での需要と供給の関係を描き出すことがスポーツ社会学の重要な課題だと指摘する。[11] そして、スポーツを相対的に自律的なシステムとして社会全体のなかで位置づけるべきものととらえ、実践空間を〈場〉という概念で示し、

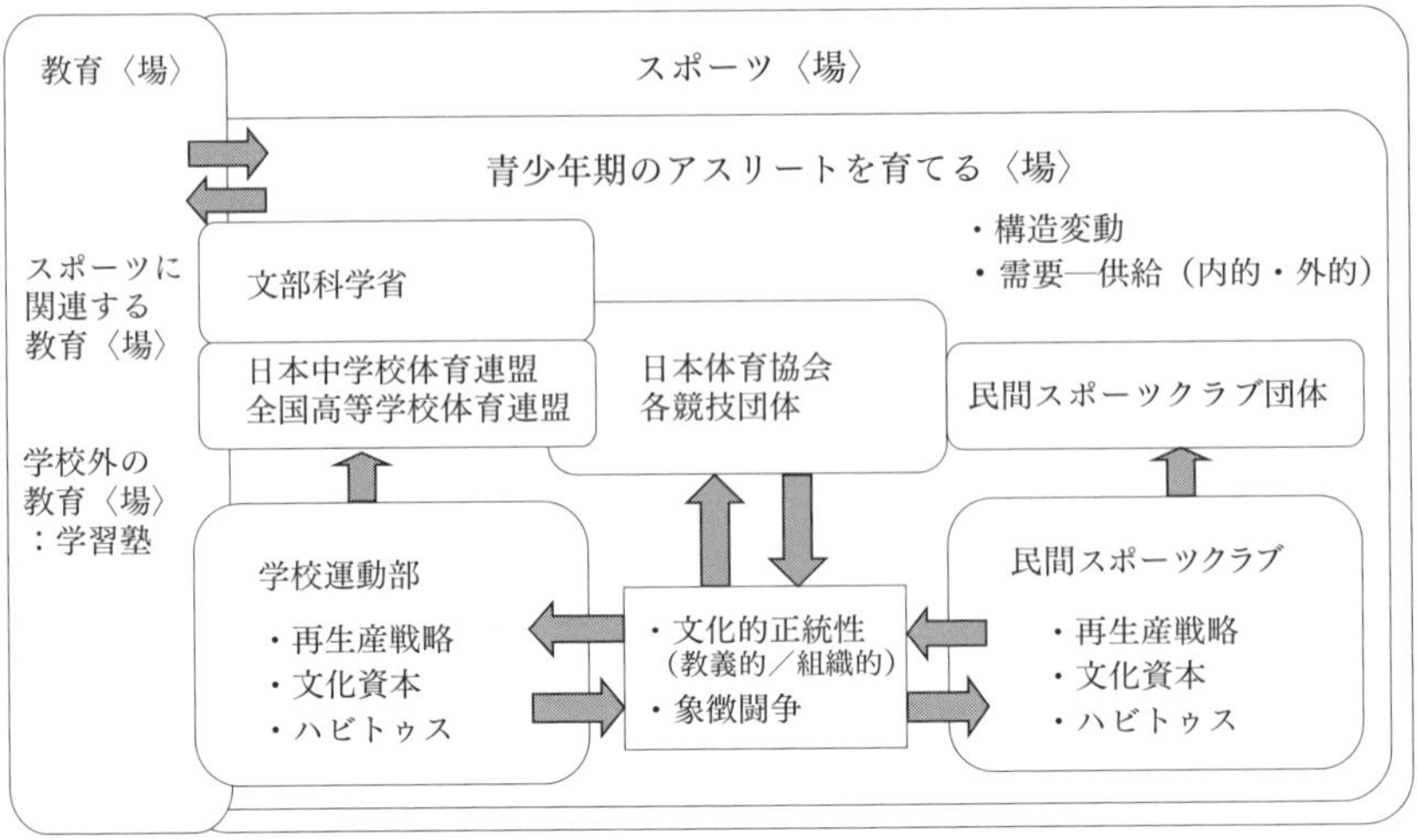

図1　本書の全体構造図（著者作成）

この〈場〉の構造とその変化の原理を、ハビトゥスと実践のダイナミックな相互規定関係のなかに解明することの重要性を説いている[12]。

　こうした流れをふまえ、本書では、実践空間の動態性を視座に入れるために〈場〉に着目し、スポーツ実践空間をスポーツ〈場〉として、その〈場〉のなかでも特にアスリート養成に関する実践空間をアスリート養成〈場〉としてとらえ、検討を進める。

　本書では、戦後の青少年期のアスリート養成〈場〉を構成する主な集団である学校運動部と民間スポーツクラブに着目して、民間スポーツクラブの誕生とその発展過程を分析するとともに、正しいスポーツのあり方やスポーツ指導の正しいあり方という文化的正統性の獲得を目指した両集団のそれぞれの戦略とせめぎ合いの様相を分析することによって、民間スポーツクラブの成立によるアスリート養成〈場〉の変動と、それに伴うアスリート養成やスポーツ文化の再生産の様相について検討することを目的とする。

　以下、本書で検討する全体像を示したものが図1である。

　本書では、わが国での青少年を対象としたアスリート養成〈場〉を、さまざまな集団や組織などによる動態的な輻輳体としてとらえる。そして、この輻輳したアスリート養成

〈場〉を構成する中心的な集団である学校運動部と民間スポーツクラブの間で生起している現象、すなわち「正しいスポーツのあり方」や「スポーツ指導の正しいあり方」という文化的正統性の獲得を目指したせめぎ合いを分析し、アスリート養成〈場〉がどのように変動しているのかを検討することが本書の主な狙いといえる。

しかしながら、アスリート養成〈場〉は、アスリート養成に利害・関心を有する人々や集団・組織などによって構成されていて、学校運動部と民間スポーツクラブを取り巻く組織の動きとそれらの組織間のせめぎ合いにも目を向ける必要がある。なかでも民間スポーツクラブという、いわば新しいアスリート養成の供給システムは、それまでの学校運動部を中心としたアスリート養成〈場〉のなかで、どのような要請や需要によって誕生してきたのだろうか。

この点を探るには、民間スポーツクラブが誕生する過程で生じたせめぎ合い、すなわち東京オリンピック（一九六四年）の開催に向けたアスリート養成〈場〉を構成した主な組織の間のせめぎ合いに注目することが有効だろう。それらの組織とは、例えば中学校期の学校運動部を統括する全国中学校体育連盟（現・日本中学校体育連盟）、高校期の学校運動部を統括する全国高等学校体育連盟、アスリートを統括する各競技団体、各競技団体を統括する日本体育協会、そしてそれらの組織を管轄する文部省（現・文部科学省）などである。また、民間スポーツクラブが誕生し、量的に増大していく過程では、アスリート養成〈場〉以外の〈場〉、なかでも学校教育に限定されないより広範な教育〈場〉の変動が大きく影響しているものと考えられる。

このように集団や組織が輻輳化するアスリート養成〈場〉の変動を分析する場合、アスリート養成〈場〉を構成する主な集団である学校運動部と民間スポーツクラブに焦点を絞りながら検討を進めることに加え、民間スポーツクラブが誕生・発展するまでの学校運動部を取り巻く諸組織の動きとそれらの組織間のせめぎ合いや、民間スポーツクラブの量的増大を促した教育〈場〉の変動とその影響を視野に入れることによってこそ、アスリート養成〈場〉の変動のダイナミズムをより的確にとらえることが可能になるだろう。

本書の構成

以上の点をふまえ、本書では、全体を二部構成とする。

第1部「民間スポーツクラブの誕生・発展過程とアスリート養成〈場〉の変動」(第1章―第6章)では、戦後、青少年期のアスリート養成〈場〉でどのようにして民間スポーツクラブが誕生し、発展してきたのか、その背景にはどのようなアスリート養成〈場〉内部、あるいは外部(教育〈場〉)での動きがあったのかについてマクロな視点で検討する。また、民間スポーツクラブが発展していく過程で生じた学校運動部や競技団体との葛藤を描きながら、民間スポーツクラブが正統性を獲得していく様相を明らかにする。

第1章「東京オリンピックに向けた戦後アスリート養成〈場〉の地殻変動――民間スポーツクラブ誕生への胎動」では、学校運動部の歴史的経緯をふまえ、青少年期の対外競技について強い影響力を有した学徒の対外運動競技の基準が戦前からどのように変遷してきたのかについて概観する。そして、戦後から東京オリンピック開催までの期間に焦点を絞り、東京オリンピックに向けた国際的な競技力の向上という課題に面して、中学生の全国大会開催を求める競技団体や日本体育協会と、全国大会の開催に消極的な全国中学校体育連盟との間に生じた中学生の競技会のあり方をめぐるせめぎ合い、文部省の対応の様相を明らかにする。

第2章「アスリート養成〈場〉の変動と民間スポーツクラブの誕生」では、サッカー・水泳・体操競技の三種目を事例として、民間スポーツクラブの誕生とその後の組織化の過程を概観し、アスリート養成〈場〉の変動、需要と供給の関係構造の変動の観点から民間スポーツクラブ誕生の要因を探る。

第3章「民間スポーツクラブの発展過程」では、サッカー・水泳・体操競技の三種目を事例として、各種目の歴史的動向と民間スポーツクラブの発展過程について明らかにする。

第4章「民間スポーツクラブの正統性の獲得過程と学校運動部の葛藤」では、戦後の児童・生徒(学徒)の対外運動競技の基準がどのような変遷をみせてきたのかについて文部省の通達への着眼によって整理し直し、東京オリンピック後の対外運動競技の基準の動きを検討する。そのうえで、学校運動部を中心とした児童・生徒の対外運動競技のなかに民間スポーツクラブがどのように入り込んで正統性を獲得してきたのか、またその経緯のなかで学校運動部が抱え込んできた葛藤はどのようなものだったか、明らかにする。

第5章「各競技団体での民間スポーツクラブの承認過程と葛藤」では、体操競技・サッカー・水泳に着目し、民間スポーツクラブと民間スポーツクラブ団体が競技団体に承認されていく経緯と背景、そしてその参入過程で生じた葛藤状況について検討する。

第6章「教育〈場〉の変動と民間スポーツクラブの発展」では、スポーツ〈場〉の外部にあって、青少年期のアスリート養成に深く関わっている教育〈場〉の構造変動、なかでも需要—供給のバランス変動に着目しながら、民間スポーツクラブの誕生と拡大の要因を探る。さらに「学習塾」に着目して、教育〈場〉での私教育の誕生と展開が与えた影響について検討する。

第2部「民間スポーツクラブ、学校運動部の再生産戦略とアスリート文化の再生産」（第7章—第9章）では、よりミクロな視点で学校運動部と民間スポーツクラブの関係に焦点を絞り、学校運動部と民間スポーツクラブの競技者や指導者にみられる行動習慣・行動規範・スポーツ観などの比較から、それぞれの集団の文化的な特徴を浮き彫りにすることによって、各集団の自己保持・地位向上のための戦略（再生産戦略）とそこから生じる文化の再生産の様相について明らかにする。また大学サッカー部調査から運動部育ちとクラブ育ちの競技者の意識変容を探り、運動部文化の変容の様相について検討する。分析にあたっては、学校運動部と民間スポーツクラブそれぞれが独自の大会や運営システムを有するサッカーに焦点を絞って検討する。

第7章「運動部とクラブ間のハビトゥス様相の差異と民間スポーツクラブの再生産戦略——競技者間・指導者間比較を通して」では、高校生の学校運動部競技者と民間スポーツクラブ競技者、運動部指導者とクラブ指導者が、それぞれどのような文化的特徴（行動や意識のパターン）や指導意識を有しているのかなどについて、質問紙法を用いて実証的に明らかにする。その後、それらの結果をふまえて後発の民間スポーツクラブの再生産戦略

（教育戦略・象徴戦略・対人戦略）を検討する。

第8章「学校運動部の再生産戦略と葛藤」では、学校運動部の再生産戦略の諸相について主に教育戦略・対人戦略という視点から探る。さらに運動部指導者が抱える葛藤について明らかにする。

第9章「大学運動部での学校運動部文化とクラブ文化の再生産の様相――大学運動部での運動部出身者とクラブ出身者の意識変容から」では、大学運動部に在籍する運動部出身競技者と民間スポーツクラブ出身競技者を対象にして、高校までに獲得してきた運動部文化とクラブ文化が、大学運動部のなかで交じり合いながらどのように変容していくのかについて検討する。

本書で用いる諸概念の整理

このように本書では、学校運動部を中心としたアスリート養成〈場〉に民間スポーツクラブが成立し、参入するなかで、アスリート養成〈場〉の構造が変動しながら、スポーツ文化が再生産されていく様相を分析することを主眼としている。その意味では、本書はスポーツ実践の空間構造を構築することを目指し、その基礎的研究の一端を担うことを意図したものともいえる。[13]
このため分析にあたっては、アスリート養成の実践に関わる集団・組織・制度などの構造の変動性を視座に入れること、その変動の様相を学校運動部と民間スポーツクラブの再生産戦略との関係でとらえることが求められる。また、アスリート養成〈場〉での行為者（指導者、アスリートなど）のスポーツに関する意識、行動規範や行動習慣などの変容過程を明らかにするうえで、アスリートの意識的・意図的な行動だけでなく、アスリートの「身体に浸み込み、パターン化された性向[14]」から生じる無意図的な行動をも把捉する方法的概念を視座に組み込む必要がある。
そこで本書では、これらの点をふまえ、空間の動態的な関係性を把握するうえでの〈場〉・象徴闘争・再生産・再生産戦略・文化資本・ハビトゥスなどの概念について、主にブルデューの議論を下敷きにしながら分析する（図1を参照）。

1■スポーツ〈場〉と象徴闘争

スポーツ空間は、スタティックな存在ではなく、社会の動向やスポーツ関係者の動向によって刻々変動するものである。その動的な変動を含み込んだ概念として、ここでは〈場〉に着目したい。

ブルデューが指摘する〈場〉とは、「行為者たちが置かれ、そこで振る舞うことになる一定の構造をもったフィールド[15]」を意味し、ある関与対象によって結び付けられた人々が構成する社会的圏域であり、社会空間全体をマクロコスモスとすれば、その内部に多様な形で成立する複数のミクロコスモスである。[16]そこでは、政治〈場〉、芸術〈場〉、スポーツ〈場〉、教育〈場〉などさまざまな〈場〉が想定される。

南田勝也は、ブルデューの議論をふまえてロック音楽の〈場〉について検討している[17]が、その議論を下敷きにすれば、スポーツ〈場〉とは、「スポーツ文化にとって正しいやり方や正しいあり方を示す文化的正統性という一つの共通の価値を賭けて、スポーツに利害・関心を有する人々（アスリート、監督・コーチ、審判、保護者、競技団体関係者、観衆、雑誌・新聞編集者、学者、批評家など）の総体の間に結ばれる客観的諸関係からなる理念的に想定された空間のこと」と定義できるだろう。またそれは、社会空間の構造と密接な連関をもちながら相対的に独自の価値観、美意識や信念によって成り立つ、一定の自律した世界としてとらえることができる。

スポーツ〈場〉は、ほかの〈場〉と互いに差異化を繰り返しながら一つのシステムをなし、一定の自律した固有の構造を作り出している。しかしこの〈場〉は、決して固定的・静態的なものではない。スポーツ〈場〉は、その内部と外部、需要と供給の関係のなかで、相対的自律性や文化的正統性の獲得に向けた不断の再生産戦略の遂行を余儀なくされていて、ほかの〈場〉とのせめぎ合い、あるいはその〈場〉を構成する複数の下位〈場〉同士のせめぎ合いを常態とするものである。この見地に立てば、スポーツ〈場〉は、スポーツ実践の正統なあり方の定義をめぐり、さまざまなレベルで象徴的な闘争が繰り広げられている〈場〉として把捉される。

ここで象徴闘争とは、「社会的世界の知覚・評価カテゴリーを変化させ、そのことによって社会的世界そのものを変化させることを目指す」[18]闘争であり、「何が正統的な価値基準かの定義をめぐる、文化的言説による闘争」[19]である。換言すれば、自らの利益を最もよく確保するために「社会とは、かかるものである」という定義を押し付け合う争いであり、イデオロギー的な地位の奪い合いを意味する。[20]

象徴闘争と関連したスポーツ〈場〉の特徴について、ブルデューは、「スポーツ活動の場は、わけてもスポーツ活動の正しい定義の強制を、スポーツ活動の正しい機能の強制を、独占しようとすることを狙った闘争の場です。プロフェッショナリズム／アマチュアリズム、するスポーツ／見るスポーツ、エリートの弁別的なスポーツ／大衆の庶民的スポーツ等々。さらに、このスポーツ活動の場は、それ自体が正しい肉体、肉体の正しい使い方の定義をめぐる闘争の場に組み込まれています。（略）スポーツの使用という肉体の使用にとくにかかわりのある人びとが、正しい定義を独占的に押しつけようとして争う闘いは、おそらく歴史を超えて不変です[21]」と指摘している。

このようにスポーツ〈場〉では、スポーツである／スポーツではない、正しいスポーツである／正しいスポーツではない、という文化的正統性をめぐって弁別作業が不断におこなわれていて、〈場〉内部ではスポーツの正しいおこない方を賭金（アンジュ）としてせめぎ合いが常態化しているととらえる必要がある。

〈場〉の概念を用いることによって、構造―機能主義にみられるスタティックな関係性の把捉を超えることができる。近藤理恵が指摘するように、社会空間内の「相対的に自律した」複数の〈場〉という性格を持ち出すことによって、社会空間全体の闘争ではなく、それぞれの〈場〉内部の近隣者同士の闘争をみることができ、また〈場〉内部での社会的位置の変化、ひいては〈場〉の転覆（＝〈場〉のヒエラルキーの逆転）を描き出せるのである。[22]

学校運動部と民間スポーツクラブは、アスリート養成〈場〉内部のいわば隣接したせめぎ合いを常態とするアスリート養成下位〈場〉といえるだろう。このことに関連して、福井憲彦が「とくに領域内で隣接する地位を占めている集団との関係で、いかなる戦略がとられるかが、注目される。というのも、もっとも激烈で基本的な抗争は、みずからのアイデンティティにとってもっとも脅威なものとして、隣接集団間で行われるからだ[23]」と指摘するように、従来から存在している学校運動部対後発の民間スポーツクラブという二項対立図式のなかで、両者間の文化的正統性の獲得をめぐる熾烈なせめぎ合いと象徴闘争が惹起されているものと考えられる。

以上から、本書では、社会空間全体の内部に多様な形で成立する複数のミクロコスモスとしてスポーツ〈場〉を想定するが、そのスポーツ〈場〉を上位の空間とする下位空間の一つとしてアスリート養成〈場〉を想定していて、またそのアスリート養成〈場〉を構成する下位〈場〉として学校運動部と民間スポーツクラブに着目して検討を進めることにしたい。

2■アスリート養成〈場〉と再生産

アスリート養成〈場〉の変動過程について「再生産」に着目して検討してみたい。「再生産」は、同一のものの機械的な反復的生起を想起させるが、宮島喬も指摘するように「その生産一と生産二（再生産）は無関係な平行的な過程ではない。両プロセスの間に、ある観点からみた同型性や相同性がみられること、およびその二つのプロセスの間に確認されうる一定の因果関係があること、つまり前者から生じた結果が、なんらかの程度で後者の過程の先行条件の一部をなすことが、「再生産」とよばれる過程[24]」としてとらえられる。

ここで重要な点は、変動の視点を有していること、生産の変容過程として把捉されること、生産一と生産二（再生産）の間に一定の因果関係があること、同型的な生産だとしても不連続と変異を含む別種の生産であることである。再生産の観点に立つことによって、社会変動のある側面（とりわけ先在事実の変換という側面）がシャープにとらえられ、変動を理解し、説明する一つの観点[25]として有効だろうと考えられる。
また、社会的な変動は、「既存の構造的条件、規則、慣習の重い規定作用から自由に起こりうるものでは断じてなく、その意味で同形的なパターンの再現という要素をかならず含む[26]」ものだが、それは必ずしも被拘束状態ではなく、行為者による行為の「自省的評価」(reflexive monitoring)を通して、そのつど新たな意味が付され、乗り越えられていくものでもある。

換言すれば、その〈場〉に身をおく個人(行為者)は、否応なくこの構造に規定され、すでに存在する諸要素のシステムを参照しながら行動せざるをえないが、常に固定化された行為が再生産されるというわけではない。行為者は、自省的評価をおこなうとともに、その〈場〉での位置と行動を戦略的に選択し、他者との関係で相互的に構造化されるのである[27]。

スポーツ競技者の行為は、学校運動部の構造的条件や規則、慣習などから自由ではありえないが、アスリート自身の自省的評価、またはほかのアスリート、監督・コーチや顧問教員などとの相互行為によって、そのつど新たな意味が付されている行為でもあり、常に構造の変動や乗り越えの契機ともなるのである。

そのなかにあってアスリートは、与えられた社会・文化的な条件を、競技力を向上させ卓越性を獲得するために有利なものへと変換していくのである。またその過程では、南田が指摘するように、〈場〉の参与者は差異形成のもとになる変数と価値ヒエラルキーの基準を持ち込みながら、〈場〉をめぐる共闘・競合・争いを繰り返しているといえるだろう[28]。

3 ■ 文化的正統性の獲得と再生産戦略

スポーツの文化的正統性、スポーツ文化にとっての正しいやり方や正しいあり方というものについて、再生原理と配列原理にそれぞれ基づく「教義的正統性」と「組織的正統性」、そして表出性に基づく「明示的正統性」と「黙示的正統性」という観点から整理しておきたい。

大井幸子は、マックス・ウェーバーの議論を機軸にした丸山眞男の正統性概念と近代社会の成立過程の分析を通して、組織的正統性と教義的正統性についての分析をおこなっている。[29] 組織的正統性とは、主に組織的位置づけに関わる正統性のことであり、教義的正統性とは、イデオロギーやルール、シンボル、価値意識、儀礼、場の表象、規制的規範、手続き的ルールなどに関わる正統性である。この両正統性に関して橋爪大三郎は、実現された正統性は継承をめぐって不可避に二つの契機へと剝離する傾向があり、その一つが身体の正則な配列原理による組織上の正統性であり、もう一つは、言説の正則な再生原理による教義上の正統性だとしている。[30] この両者は、相互補完的な関係をもちながら正統性を構成しているものと考えられる。

さらに正統性の獲得に言及する際、正統性がどのように明示化／黙示化されるか、すなわち、正統性の表出性に着目する必要もあるだろう。例えば、盛山和夫は、制度を「意識された制度」（通常で「制度」と呼ばれるものがそうだが、ある制度が制度として行為者に意識されている場合である）と「意識されない制度」（行為者によってはそのようなものとしては意識されないが、実際上従われている規則や、背後にある構造としての制度である）とに区別しているが、これは、制度の明示化／黙示化とも言い換えられる。[31] このように正統性を一元的に把捉するのではなく、表出性によって区分して分析する必要があるだろう。

一般に正統性の調達は、「特定の専門家集団が分化し自律化することによってさまざまな特殊利益（法律界なら公正な判断の生産、会計士の世界なら厳格な監査など）が出現する過程[32]」によってなされる。集団は単独で自らの正統性を証明することが困難なため、相互依存のネットワークを構築して正統性を相互承認するのである。この相互承認の関係は、その集団の相対的自律性の獲得によって可能となることから、相対的自律性の獲得（正統性の形成）に向けてどのような再生産戦略をとるかが重要になってくる。[33]

ここでいう再生産戦略には、綿密な構想に基づいて組み上げられた本来の意識的なプログラムから、実践感覚によって遂行される無意識的な行動まで、あらゆるレベルのものが含まれる(34)。そこで再生産戦略とは、ある特定の社会的単位(個人であれ家族であれ集団であれ)が、社会構造のなかで自分の位置を保持する、あるいはその地位を上昇させるためにおこなう戦略の総体を意味し、暗黙の行動から意識的プログラムを含む多元的なものとして把捉される(35)。

再生産戦略は、さまざまな形態と方法をとりうるが、その主なものとして教育戦略、象徴戦略、対人戦略が挙げられるだろう。

まず、教育戦略とは、文化的恣意性を自明なものとして押し付けて通用させることを意味する(36)。アスリート養成〈場〉の教育戦略については、学校運動部と民間スポーツクラブがどのような文化的恣意性を有し、どのような押し付けや通用のさせ方をしているかに注目することで、その実態が浮かび上がってくるだろう。

象徴戦略とは、自分たちの特権的関係を正統化するような新しい表象システムを発明するとともにそれを強制的に通用させることである(37)。アスリート養成〈場〉で、特に後発の民間スポーツクラブが、学校運動部が有する表象からどのように差異化して自らの正統性を顕示するか、そこには象徴戦略が大きくはたらいてくる。

さらに競技者が青少年であることから、指導者が親に対してどのような関係性を構築しているかという対人戦略を考えることが重要だと思われる。黄順姫によれば、対人戦略にあたっては、無数のハビトゥスから変化する多様な環境に対応した適切なものが選ばれるが、それらが対応すべき状況と相手に見合うように行使されることによって、その場に規範化されたハビトゥスが強化、再生産されていくということになる(38)。

4■文化資本とハビトゥス

スポーツ競技者に限らず、人はまず幼児期に社会的・文化的環境、とりわけ家庭を通して思考の枠組みや行動様式を身につける。ここでスポーツを好むかどうか、好むとすればどんなスポーツを選択するか、その際、正しいスポーツのおこない方に対してどのような定義を与えるかなどの基本的な思考の枠組みや行動様式、いわばブルデューがいう文化資本を体得することになる。文化資本とは、「経済資本のように数字的に定量化することはできないが、金銭・財力と同じように、社会生活において一種の資本として機能することができる種々の文化的要素のこと」[39]である。それは有形のものばかりでなく、知識、技能、教養、学歴・職歴や取得資格なども含む。経済資本とともに社会的位置空間の構造を構成する主要因となる[40]。文化資本は制度化された様態、客体化された様態、身体化された様態として顕現するが、なかでも「身体化された様態」とは、持続的に身体を使用することによって無意識的に獲得されたものの言い方、感じ方、振る舞い方などのことであり、その中心概念がハビトゥスである[41]。

ハビトゥスとは、大変難解な用語であり実体化を拒む概念だが、ブルデューによれば「持続性をもち移調が可能な心的諸傾向のシステムであり、構造化する構造（structures structurantes）として、つまり実践と表象の産出・組織の原理として機能する素性をもった構造化された構造（structures structurées）[42]」である。またそれは所与の社会的・文化的環境のなかで人々が習得する、無意識ないし半意識で機能するものの見方、感じ方、振る舞い方の一定の性向を含意するものである[43]。

つまりスポーツ競技者は、幼児期に主に家庭でスポーツに関する文化資本（相続的文化資本）を身につけるが、スポーツの需要者として専門的にスポーツに携わるようになると今度は主にスポーツ〈場〉の供給者側とのダイナミックな相互作用のなかでスポーツに関わる文化資本（獲得的文化資本）を形成していくことになる。その〈場〉での経験が蓄積されることでいわば「構造化された構造」としてのハビトゥスが形成され、さらにそれは「構造化する構造」すなわち実践と表象の産出・組織の原理として機能し続けるのである。

ここでは、文化資本、なかでもハビトゥスを援用することの意義として次の二点を確認しておきたい。第一に、ハビトゥスを援用することによって構造決定論に陥ることなく構造と個人のダイナミックな関係性を分析することが可能になること、第二に、スポーツ競技者自身の意識にものぼらない暗黙の規範性や性向のパターンを視野に組み込むことが可能になることである。ここで「構造」とは、「行為者に対し時間的先在性をもった、パターン化された価値、規則、資源、機会などのこと」[44]としてとらえておきたい。

まとめると、本書は、戦後、学校運動部を中心としたアスリート養成〈場〉（実践空間）で、民間スポーツクラブがどのような社会的条件によって誕生したのか、また民間スポーツクラブが参入することでアスリート養成〈場〉はどのように変動してきたのか、その構造の変動がアスリートの文化を変容させているのではないか、という問題意識によって動機づけられている。

例えば、前述したように、近年のアスリートにみられる「自らのために、楽しむ」という考え方や自己表出的な行動をとるようになったなどの変化はどうして生じたのか。その背景には、民間スポーツクラブの参入によるアスリート養成〈場〉の構造変動とそれに伴うアスリート文化の変容があるのかもしれない。

また本書は、今後、スポーツ〈場〉をどう構想すればいいのかという実践的な課題解決を志向するものでもある。アスリート養成〈場〉が学校運動部依存型から学校運動部―民間スポーツクラブ併存型にシフトすることで、アスリート養成〈場〉の、何が、どう変わりつつあるのか。構造変動のなかに潜在化している変化のきざし、そのダイナミズムを読み解く作業によってこそ、今後のアスリート養成のあり方とその方向性も浮き彫りにされるものと考える。本書を通してその一端を切り拓いてみたい。

注

（1）新谷時雄『金メダルへの挑戦！――世界一を成し得た水泳研究と女子英才教育の戦略的手法』新風舎、二〇〇四年、一八五ページ

（2）流行語大賞は、『現代用語の基礎知識』（自由国民社）の読者アンケートによってノミネートされ、新語・流行語大賞選考委員会によって選定される。一九八四年に創始され、日本通信教育連盟（現・ユーキャン）と提携して実施されている。現代の世相を反映するものとして主要新聞や大手メディアによって取り上げられてもいる。なお前述した田島寧子選手の「めっちゃ悔しい」も二〇〇〇年度流行語大賞ベスト10にランクされている。
（3）毎日新聞社編『思い出のオリンピック――栄光の全記録と全証言』毎日新聞社、一九七六年、六三ページ
（4）荒川静香／NHK取材班『金メダルへの道』日本放送出版協会、二〇〇六年、一二八ページ
（5）同書一二七ページ
（6）前掲『思い出のオリンピック』三七ページ
（7）「東京日日新聞」一九三二年八月四日付夕刊
（8）「読売新聞」二〇一一年六月二十一日付による。なお、流通経済大学は、二〇〇七年第三十一回総理大臣杯全日本大学サッカートーナメント優勝校。一一年第二十六回ユニバーシアード競技大会日本代表に六人が選出されている。
（9）黒須充「民間テニスクラブにおけるジュニア育成に関する研究（Ｉ）――〝クラブ育ち〟と〝運動部育ち〟のテニスとのかかわり合いの違いについて」、長崎大学教養部編「長崎大学教養部紀要 人文科学篇」第二十七巻第二号、長崎大学教養部、一九八七年、六一―七七ページ、黒須充／海野孝／山田幸雄「民間テニスクラブにおけるジュニア育成に関する研究――〝クラブ育ち〟と〝運動部育ち〟の社会化過程の比較を中心に」「日本体育学会大会号」第三十八Ａ号、日本体育学会、一九八七年、一二六ページ
（10）黒須充「クラブスポーツと学校運動部の可能性――選手づくりの長所と短所」、三好喬／團琢磨／荒井貞光編著『スポーツ集団と選手づくりの社会学』所収、道和書院、一九八八年、六七―八四ページ
（11）ピエール・ブルデュー「スポーツ社会学のための計画表」『構造と実践――ブルデュー自身によるブルデュー』石崎晴己訳（Bourdieu library）、藤原書店、一九九一年、二七三―二七七ページ
（12）三浦弘次「ブルデュー社会学とフランス・スポーツ研究」、デービット・ジェリー／ジョン・ホーン／清野正義／山下高行／橋本純一編著『スポーツ・レジャー社会学――オールターナティヴの現在』所収、道和書院、一九九五年、一三二ページ

(13) 前掲「スポーツ社会学のための計画表」、ピエール・ブルデュー「人はどのようにしてスポーツ好きになるのか」『社会学の社会学』田原音和監訳（Bourdieu library）、藤原書店、一九九一年、二二三―二五〇ページ

(14) 黄順姫「ハビトゥスによる学校生活への適応過程――高校段階における事例を通して」、日本教育社会学会編集委員会編「教育社会学研究」第四十三集、東洋館出版社、一九八八年、一六四ページ

(15) 宮島喬「ブルデュー文化的再生産の社会学」、北川隆吉／宮島喬編『二十世紀社会学理論の検証』所収、有信堂高文社、一九九六年、一五九ページ

(16) 石井洋二郎『差異と欲望――ブルデュー『ディスタンクシオン』を読む』藤原書店、一九九三年、九八―一〇五ページ

(17) 南田勝也「ロック音楽文化の構造分析――ブルデュー〈場〉の理論の応用展開」「社会学評論」第四十九巻第四号、日本社会学会、一九九九年、五六八―五八二ページ、南田勝也『ロックミュージックの社会学』（青弓社ライブラリー）、青弓社、二〇〇一年、四二―四五ページ

(18) ピエール・ブルデュー『ディスタンクシオン――社会的判断力批判Ⅱ』石井洋二郎訳（Bourdieu library）、藤原書店、一九九〇年、三六四ページ

(19) 高橋一郎「文化的再生産論の再検討――「教育科学の社会学」の試み」、ソシオロジ編集委員会編「ソシオロジ」第三十五巻第一号、社会学研究会、一九九〇年、九ページ

(20) 福井憲彦／山本哲士「ハビトゥス、プラチック、そして構造」、福井憲彦／山本哲士編『actes1――象徴権力とプラチック』所収、日本エディタースクール出版部、一九八六年、三八―五二ページ

(21) 前掲「人はどのようにしてスポーツ好きになるのか」二三三―二三四ページ

(22) 近藤理恵「P・ブルデューにおける運命愛と運命憎悪」、日本社会学史学会編「社会学史研究」第二十号、いなほ書房、一九九八年、一三六ページ

(23) 福井憲彦「ヨーロッパ社会学センターのめざましい「超領域研究」の全貌」、前掲『actes1』所収、七二ページ

(24) 宮島喬『文化的再生産の社会学――ブルデュー理論からの展開』藤原書店、一九九四年、一五二ページ

(25) 同書一五四ページ

(26) 同書一五六ページ
(27) 立花英裕「文学というイルーシオ」「現代思想」二〇〇一年二月号、青土社、一一六ページ
(28) 前掲「ロック音楽文化の構造分析」五七四ページ
(29) 大井幸子「二つの正統性と近代――丸山真男における二つの正統性概念と近代社会の成立過程におけるピューリタニズム」「ソシオロゴス」第六号、ソシオロゴス編集委員会、一九八二年、八六―九六ページ
(30) 橋爪大三郎『制度論』(「橋爪大三郎コレクション」第三巻)、勁草書房、一九九三年、一二四ページ
(31) 盛山和夫『制度論の構図』(現代自由学芸叢書)、創文社、一九九五年、二三一―二七〇ページ
(32) 水島和則「文化的再生産と社会変動――構造―行為関係からの再構成」、宮島喬編『文化の社会学――実践と再生産のメカニズム』所収、有信堂高文社、一九九五年、二〇七ページ
(33) 同論文一九五―一九七ページ
(34) 前掲『差異と欲望』一五八―一五九ページ
(35) 前掲「文化的再生産と社会変動」二〇二ページ
(36) 小内透『再生産論を読む――バーンスティン、ブルデュー、ボールズ＝ギンティス、ウィリスの再生産論』東信堂、一九九五年、七四―七五ページ
(37) 前掲「文化的再生産と社会変動」二〇二ページ
(38) 黄順姫『日本のエリート高校――学校文化と同窓会の社会史』世界思想社、一九九八年、九四ページ
(39) 前掲『差異と欲望』二五ページ
(40) 同書七三―八七ページ
(41) ピエール・ブルデュー「文化資本の三つの姿」福井憲彦訳、前掲『actes1』所収、一八―二八ページ
(42) ピエール・ブルデュー『実践感覚』第一巻、今村仁司／港道隆訳、みすず書房、一九八八年、八三ページ
(43) 宮島喬「文化と実践の社会学へ」、前掲『文化の社会学』所収、一三ページ
(44) 同論文九ページ

第1部

民間スポーツクラブの誕生・発展過程とアスリート養成〈場〉の変動

第1章 東京オリンピックに向けた戦後アスリート養成〈場〉の地殻変動
――民間スポーツクラブ誕生への胎動

はじめに

学校運動部中心の青少年期のアスリート養成〈場〉にあって、民間スポーツクラブは、どのような経緯で誕生したのだろうか。

ここでは、学校運動部の歴史的経緯を概観したうえで青少年期の対外競技について強い影響力を有した学徒の対外運動競技の基準が戦前からどのように変遷してきたのかについて整理する。その後、戦後から東京オリンピック開催までの期間に焦点を絞り、民間スポーツクラブが誕生するにいたる、その胎動をアスリート養成〈場〉内部の動きに着目して検討する。

具体的には、戦前から旧教育制度によっておこなわれていた全国中等学校選手権大会を「全国高等学校選手権大会」の名称で継承した高等学校期のスポーツではなく、戦後、新教育制度のもとで創設された新制中学校のスポーツに着目する。そして東京オリンピックに向けて重要関心事になっていく中学校期の全国大会の開催をめぐり、文部省(1)、全国中学校体育連盟(2)、各競技団体、日本体育協会(3)はどのような動き方をしたのか、またその間に教義的・組織的正統性をめぐって組織間でどのようなせめぎ合いが生じていたのか、生徒の対外試合の基準を定めた文部省の通達の変容過程に沿って検討する。

なかでも学校運動部を統括する全国中学校体育連盟がどのように組織化されて教義的・組織的正統性を獲得していったのか、その後の全国大会の開催をめぐって、国際的な競技力の向上を目指す競技団体がどのような動きをみせたのか、それぞれはどのようにして教義的・組織的な正統性を獲得するようになったのかなどについて検討する。なお、本章では、各団体の名称は当時のものを用いる。

1■学校運動部の歴史的展開と学徒の対外運動基準に関する戦前からの動き

学校運動部の歴史的展開

明治維新以降、近代スポーツは、欧米先進資本主義諸国から主に高等教育機関を通して移入され、その高等教育機関の課外活動として普及してきた。なかでも重要な役割を果たしてきたのが校友会運動部である。一八八六年に東京大学で「運動会」と称する校友会組織が誕生して以来、八七年、東京商業学校（現・一橋大学）が「運動会」を、九〇年に一高（現・東京大学教養学部）が「校友会」を、九二年に慶応義塾大学が「体育会」を、九六年に東京高等師範学校（現・筑波大学）が「運動会」を、九七年には東京専門学校（現・早稲田大学）が「体育部」を創設するなど、各高等教育機関で次々と校友会運動部が組織されている。(4)

中等学校でも一八九〇年に東京府立中学校（現・日比谷高校）が「学友会」を創設したのをはじめ、九三年に広島県福山中学校が「校友会」を、九六年には兵庫県神戸中学（現・神戸高校）が「校友会」を創設するなど、全国に広がりをみせている。(5)

上級学校がない場合には中学校が先んじて創設することもあったが、基本的には上級学校から中学校などの下級学校へ、中央から地方へという流れで校友会運動部が全国に普及・発展したのである。

その結果、例えば、一九三二年に実施された文部省の全国調査[6]によれば、男子中等学校五百九十四校の大半で校友会運動部が設置されていて、剣道（五百六十九校）、陸上競技（五百五十校）、庭球（五百四十六校）、野球（四百五十校）、水上競技（三百七十七校）、ア式蹴球（サッカー）（二百十校）などとなっている。この傾向は、実業学校六百十校でもほぼ同様の結果である。また女子中等学校九百四十九校でも庭球（六百校）、排球（バレーボール）（五百六十三校）、陸上競技（五百十七校）など、多くの中等学校で運動部が創設されているのである。[7]

この結果からもわかるように明治期に移入された近代スポーツは、近代学校教育制度の整備に伴って、学校の校友会運動部の活動を中心に急速に普及していく。校友会運動部は主に心身の鍛錬と相互の親睦、競技の奨励を旨として設立されたのだが、ほかの学校との対外試合によって互いの競技力を試すことが次第に多くなるにつれて競技力向上に力点がおかれるようになり、全国規模の大会が開催されるようになる。大正期になると学生競技会が日本の競技会を代表するようになり、その傾向は昭和期に入っても同様だった。このように学校運動部は、学校教育の一環として展開されながら、競技力の向上を担う機関としても重要な役割を演じてきたのである。

また近代スポーツの組織的発展過程で、日本体育協会や各競技団体の存在が大変重要な役割を果たしたのはいうまでもない。

まず大日本体育協会（現・日本体育協会）の設立は、一九一一年である。国際オリンピック委員会の会長だったピエール・ド・クーベルタン男爵は、ロンドンオリンピック（一九〇八年）を終えたあと、東洋からの委員とオリンピック参加を求めていた。そこで、当時、講道館柔道の創始者であり東京高等師範学校長だった嘉納治五郎に出場を依頼する。この依頼を受けて、一一年、大会参加要件として求められたスポーツ全国統括団体である大日本体育協会が設立されたのである。創立当初の規約によれば「本会ハ日本国民ノ体育ヲ奨励スルヲ以テ目的トス」「本会ハ国際オリムピック大会ニ対シテ我日本国ヲ代表ス」[8]となっている。この大日本体育協会は、「国内では国民体育の振興を主たる目的としながら、対外的にはオリンピック大会への参加を進めるという趣旨」[9]のもとに設立されたものなのである。

この設立に向けて嘉納は、自ら校長を務める東京高等師範学校をはじめ東京大学、早稲田大学、慶応義塾大学など、学校運動部に力を入れていた大学や高等専門学校に協力を求めている。また設立後、一九一二年、ストックホルムオリンピックには、東京大学の三島弥彦と東京高等師範学校の金栗四三が選手として参加している。

その後、一九二〇年に日本漕艇協会（現・日本ボート協会）、二一年に大日本蹴球協会（現・日本サッカー協会）、二四年に大日本水上競技連盟（現・日本水泳連盟）、二五年に全日本陸上競技連盟（現・日本陸上競技連盟）というように、各種目の競技団体が相次いで創設されている。いずれの団体にしても大学などの上級学校で運動部に所属した経験がある者が主要な役員になり、創設、発展に寄与している様子をうかがうことができる。

例えば、日本水泳連盟の創設経緯をみると、まず一九二一年九月十、十一日に開催された全国各大学対抗競泳大会が日本インターカレッジの始まりになり、これが契機になって二二年九月に全国学生水上競技連盟が創設される。その後、二四年十月、大日本水上競技連盟の創設にいたるが、その創設にあたっては、「学生連盟は、できると同時に日本水泳統括団体創立に動きだし、日本水連の主役を演じるに至った」[10]という指摘にみられるように学生連盟が中心になり、学生連盟の初代会長末弘厳太郎が大日本水上競技連盟の初代会長になっている[11]。

このようにわが国のスポーツを統括する大日本体育協会だけでなく、各競技団体が、主に当時の大学や高等専門学校やその卒業生を中心とした学校運動部関係者の力によって設立され、それらが中心になって選手を育成・輩出していたのである。

また各団体の創設の目的としては、例えば、日本水泳連盟が、「日本水連の目標とするところは、日本の水泳を強くすることであった。強くするためには水泳を普及することが必要である。強化活動が表なら、普及活動は裏の関係であり、表裏一体で進むべき関係にあった[12]」と指摘しているように、当該スポーツの普及と海外への選手派遣を含め競技スポーツの発展がその両輪となっていたのである。

学徒の対外運動基準に関する戦前からの動き

戦前の児童・生徒の対外運動競技に関する規定をみると、一九一二年、ストックホルムオリンピックへの初参加、その後の一三年、極東選手権大会への初参加などを契機として、日本国内での大会や対抗競技が盛んになるなかで二六年三月八日、文部省訓令第三号「体育運動の振興に関する件」が出されている。

この訓令では、学校期の運動競技で体育運動が一部の愛好者に専有され、勝敗にとらわれてスポーツマンシップを看過している様相について指摘していて、①体育運動の指導に関する事項、②運動選手と運動競技会に関する事項、③体育運動団体に関する事項の三項目について示している。なかでも運動選手と運動競技会に関する事項では、学業と両立すること、同一選手の参加回数を適正にすること、競技会で選手の学業や応援者の業務に支障がなく多額の参加費用を要しないこと、学校の競技会では校長の承認を要することなどが記されている。

大正期から昭和期に入ると、競技会が広く普及するとともに学生野球が野球界の中心になっている実情をふまえ、青少年の健全な発達を図るために一九三二年三月二十八日「野球の統制ならびに施行に関する件」（野球統制令）が文部省の訓令として出された。その内容は、①小学校の野球、②中等学校の野球、③大学と高専の野球、④入場料、⑤試合・褒賞、⑥応援の六項目である。ここでは、小学校では校内大会を本旨とすること、対外試合は五年生以上の児童、宿泊を要しない範囲、対外試合は学業に支障がない土曜日や休業日におこなうこと、コーチは自校の教職員とすること、応援団は組織しないこと、主催者は、二校間では学校長、そのほかの試合は地域の範囲に応じて関係する県・郡・市町村の体育団体とすることになっている。また、中等学校（旧制）では、県の体育団体で統制すること、全国選手権大会と全国的選抜大会は文部省公認のもとで各年一回（明治神宮大会を除く）に限ること、二府県以上の地方的大会は関係府県体育団体の共催もしくは文部省公認のもとで年一回に限ること、県大会は県体育団体の主催もしくはその公認のもとに年一回とすることなどが定められている。[13]

そして第二次世界大戦後、一九四六年十二月二十一日には日本学生野球協会が結成され、新制高等学校以上の野球については同協会の自主的統制管理に一任することになった。それを受けて四七年五月二十一日に野球統制令は廃止された。ただし、同年五月三十日文部省体育局長通達「学生野球の施行について」（発体六十八号）には、新制中学校の対外試合は宿泊を要しない程度の地方的な範囲に限ることと記されている。

その後、一九四七年八月三十日に「学校体育指導要綱」が出され、七項目にわたる「試合」に関する基準が示された。戦後、四八年に始まる児童・生徒の対外試合のあり方を規定した文部省体育局長通達は、戦前、戦後直後のこのような動きを受けて規定されたのである。

2■戦後日本でのアスリート養成〈場〉の変動過程——一九四八—六五年を中心に

全国中学校体育連盟設立以前

戦後、文部省は、一九四八年三月二十日、体育局長通達（発体七十五文部省）「学徒の対外試合について」によって対外競技の基準を定めた。主な内容は以下のとおりである。
①小学校では校内競技にとどめる。②中学校では宿泊を要しない程度の小範囲のものにとどめる。③新制高等学校では地方的大会に重点をおき、全国的大会は年一回程度にとどめる。④学徒の参加する競技会は教育関係団体がこれを主催し、その責任で適正な運営を期する。なお対校競技は関係学校で主催する。
この通達では、心身の発達段階と社会的・経済的状況を勘案し、中学校期までは、校内競技に重点をおくことが明記されるなど競技会の拡大防止を目的としていたことがわかる。

この通達を受け、各都道府県では中学校体育連盟（以下、中体連と略記）が組織化されつつあったものの、一九五〇年八月、ジュニア・レクリエーション第一回大会が東京・新宿で開催され、そのキャンプに参加した各都道府県中体連代表に東京都中体連野口理事長が全国中体連結成を呼びかけたが、結成にはいたらなかった。

当時について、全国中体連の設立当初の事務局長であり初代理事長を務めた田中亨は、全国中体連の結成にいたらなかった点に関して、「終戦直後は、食料事情、経済的にも貧しく生徒の発育・発達から考えても、強い運動競技の大会をやるのは無理だろうという意図もあったと思います[14]」と回想する。

これら学校運動部を担う全国中体連設立に向けた動きに対して、競技団体はどのような対応をしていたのだろうか。例えば、日本水泳連盟は、当時の状況に関して以下のようにまとめている。

文部省は昭和二十三年三月体育局長通牒で小中学生のレース参加について『宿泊を要する競技会への参加禁止』の方針を明らかにし、競技的催しは教育方針にそぐわないという態度を表明した。そのため、小中学生の競泳は発展がさまたげられた。日本水連で、便法はないかと首をひねった案は、ジュニア・レクリエーション大会であった。昭和二十五年八月二十一、二十二日、東京中大プールで中央大会を開き、全国各地から小中学生が参加した。しかしこの大会も、宿泊を伴う遠征となるため第二回からは、各府県で行なった成績を集め、優秀なものを表彰する通信競技に改めた。昭和二十六年になって、『競技会でなく指導会として集めるなら小中学生を集めてやっても良い』と文部省の中等教育課長だった太田周夫の示唆があったので、その夏、天理プールで、小中学生を対象にした水泳教室を開いた。水泳教室の始まりであった。日本水連では、その後も中学生の全国大会を開きたいと、長期にわたり文部省との折衝に努めた[15]。

このように戦後まもなく、国際大会での日本選手の活躍という国民的需要に対する供給を第一義とする競技団体は、〈拡大推進〉の立場から全国大会の開催という供給システムを構築しようとする。しかし、スポーツを通じた教育的価値（人格形成、協調性、責任感など）の達成に重きをおく「教育としてのスポーツ」の供給を第一義とする文部省は、スポーツの行政的・法的決定権を有し、教義的・組織的正統性を示すとともに対外競技の基準によって〈拡大防止〉を明示的言説として掲げている。この明示的言説に対して競技団体は、この通達を遵守しながら文部省に対して全国大会開催の請願や、競技会ではなく指導会という名目による開催を要請しているのである。

さらに、スポーツ自体の楽しさを味わわせて技能や競技力の向上に価値をおく、いわゆる「競技としてのスポーツ」を第一義とする競技団体にあっても、その設置目的で、「国民の心身の健全な発達に寄与する(16)」ことをうたっていて、健全育成を表出させることで青少年スポーツの供給者としての教義的正統性を強調しながら、その組織の存在意義を提示している点は注目される。

文部事務次官通達「学徒の対外競技について」と全国中学校体育連盟の結成

一九五四年四月二十日、文部省は、文部事務次官通達「学徒の対外競技について」で、対外競技の基準の改訂をおこなっている。対外競技の範囲の拡大防止を狙いとしていたことに変わりないが、中学校の個人競技に関しては、「個人競技では、世界的水準に達している者およびその見込みのあるものを、審議機関（保健体育審議会学校体育分科審議会）の審査を経て、個人として全日本選手権大会又は国際競技大会に参加させることができる」とあり、中学生の全国大会や国際大会への参加を徐々に承認しつつあったことがわかる。

この文部事務次官通達前後の全国中体連の動きをみると、一九五三年二月、関東甲信越地区の保健体育ワークショップが東京で開催された際、東京都中体連の提唱で、全国中体連結成の前提として関東の組織を作る準備が始められることになり、五四年三月、「関東中体連連絡協議会」が結成されるにいたる。

その後、一九五五年五月、全日本体育会議（大阪・奈良）の折、全国の中体連関係の参加者全員を全国中体連結成準備会の委員とし、「全国中学校体育連盟結成の趣旨」「規約案」の審議をおこなう。そして、その原案を各委員が持ち帰り、六月末までに提案者代表の関東中体連会長野口彰に賛意を文書で報告することにして、七月一日からは自動的に全国中体連が発足することを申し合わせた。こうした経緯で「中学校の保健体育の振興とスポーツの正常な発達を図るため、相互の連絡、協議を行う」ことを目的として、五五年七月一日に全国中体連が発足するにいたったのである。

全国中体連の設立当初の様子について、田中は、「設立当初の目的は対外競技の規模拡大防止が主でした[17]」と振り返る。文部省の文部事務次官通達による対外競技の基準の改訂を直接的に反映した設立目的であった。

さて、この頃の全国中体連と競技団体の関係性について、田中は以下のようにも述べている。「文部省の発体七十五号通達というのがあり、都道府県内に限るという主旨のものでした。その通達を中体連は正面に打ち立て、何とかこの線を守って体育活動を推進していこうじゃないか。大規模な大会が出てくると教員も学校を留守にするので、日帰りの県内大会をということでスタートしたわけです。しかし、オリンピックの復帰を契機に競技団体は、中学生にもどんどん競技をやらせてよいのではないかという気運が盛りあがってきたが、学校現場はそれを受け入れる状態にまでなっていなかった[18]」

このように、全国中体連は、一九五五年、全国の中学校を対象とした公的な組織という性格を獲得することによって組織的正統性の基盤を獲得し、教義的には、文部省の通達にのっとり、〈拡大防止〉を顕示している。しかしながら、中学生での正統なスポーツ活動のおこない方とその範囲をめぐって、中学校側の教育的な体育活動としての運動部の位置づけと、前述のようにオリンピックの復帰を契機としたアスリート養成を進めたい各競技団体の思惑と要請との間で、すでに葛藤と揺らぎを抱え込んだ状態での設立だったことがみてとれる。

全国中学校体育連盟と通信水泳大会・放送陸上競技大会

全国中体連は一九五五年七月一日に結成されたが、大会は文部事務次官通達によって都府県内、北海道は支庁単位内と限定されていたこともあり、全国大会を開催することはできなかった。しかしながら、日本水泳連盟や日本陸上競技連盟はオリンピックに向けた競技力向上を意図した大会規模の拡大を求めていて、そこで両連盟が主となって全国的規模の競技大会を企画して実施することになる。具体的には、学徒の対外競技に関する基準があることから、一堂に会して大会を開催することは難しい。このため通信技術を駆使して全国的な大会を開催しようとするのである。

この通信技術を駆使した大会としては、一九三八年に開催された全国学童ラジオ大会が挙げられる。この大会は、ジュニア選手発掘のために日本水泳連盟がＮＨＫと協力して実施した大会だったが、戦時下、四二年で中断を余儀なくされていた。

その後、学徒の対外競技に関する基準もあり開催は見送られてきたが、一九五五年、日本水泳連盟と朝日新聞社との協力によって通信水泳大会として再開されたのである。具体的には、朝日新聞社の通信網を利用し、都道府県ごとに実施した水泳大会の種目別の記録を集計して全国順位を決定する方法を採用していた。その後、水泳のジュニア指導会を開催、水泳の技術指導と記録会を全国的な行事として実施した。この点に関して日本水泳連盟は、「中学生の全国大会が、文部省の方針でできないためこれに代わり、日を定めて各地で競技会を催し、その成績を集め順位を決める通信競技がこのシーズンから始まった。朝日新聞の後援を得、その通信網を動員し当日のうちに記録を発表しようとする仕組である。この方法は、初期のアメリカ・エージ・グループ競技のやり方と同じだが、当日中に記録を集めようというところが新機軸であった[19]」と指摘する。

次に日本陸上競技連盟は、ＮＨＫの協力によって放送陸上競技大会を開催している。当時の様子について川瀬武雄（全国中体連事務局次長）は、「全国中体連の発足は昭和三十年十月ですが、その年の八月二十八日に陸連やＮＨＫの肝いりで第一回の放送大会が行われました。（略）その当時各団体で、中学生の全国大会を開きたいという希望はあったのですが、いろいろの事情で実現できませんでした。そこでＮＨＫは、各都道府県別に大会をもって、その記録をもちよって全国ランクをつけて表彰しようということで、三十年八月二十八日に充分な態勢ができないままに実施しました[20]」と述べている。その具体的な方法としては、ＮＨＫの放送網を利用し、全国各都道府県に会場を設け、全国一斉に競技を開始し、種目ごとの競技を終了次第、その成績をＮＨＫのスタジオに電話で通報して全国順位を決定する方法が採用された。さらに入賞者を集めて合宿指導教室を実施することで競技力の向上を図るという方法だった。

これらの通信水泳大会と放送陸上大会とに共通にみられる特徴としては、競技団体と通信社によって主導され、各都道府県で実施したものを、通信網を使って全国大会に仕上げ、それを通信社によって全国に配信するという多地域同時開催方式を指摘することができる。中学校期の全国大会ができない状況で苦肉の策だったともいえるだろう。さらにこれらの大会と全国中体連の関係については、全国中体連が共催として入っていたことがその特徴として挙げられるだろう。

当時の様子について全国中体連の初代会長代理副会長だった星野喜代四は、「その頃、放送陸上、通信水泳を中体連共催でやろうということになりました。（略）放送陸上の方はＮＨＫで協力してもらったが、水泳については私が個人的にお願いにいって、中体連が脅迫に来たという噂がたったようです。（笑）そのように経済的には容易ではありませんでした[21]」と回想する。

このように競技団体は、中学生の全国大会開催に向けて、中学校期のスポーツの配信・情報供給者としてのＮＨＫや朝日新聞社と利害を一致させながら、多地域同時開催方式による機能的な全国大会を開催するという戦略を採用している点は注目される。さらに全国中体連は、国庫補助金などの獲得ができないまま、経済基盤の脆弱性を抱えていた。このため、財政基盤や具体的な大会運営は競技団体に依拠し、多地域同時開催の全国大会の共催に入るなど、〈拡大防止〉という明示的・教義的正統性にくみしながら、中学校期のスポーツをつかさどる正統な組織としての組織的正統性を担保している。さらには、全国大会開催に向けた隠れた熱望がみえる。

この全国中体連の隠れた熱望に関して、戦後、中学校の教員としてわが国の水泳指導を先導してきた金田平八郎（全国ランキングに名を連ねた競技者数が五十人を超す中学生強化対策の推進者）は、当時のことを以下のように振り返っている。

現在の教員の職務多忙の中にあって、一通りの教師としての勤めを人並みにやりながら、選手の食事（栄養）睡眠の状況、疲労の度合、精神状態など、選手の個々のコンディションの把握につとめる一方、プール・コンディションに意を配し、また、練習にあってはなんとかかれらに興味を起こさせ、意欲を持たせるようつねに工夫研究し、スケジュールをたて、また、連日記録の統計、反省をくりかえすのだ。成果が上がってくれば、でる釘は打たれる譬ではないが、必ずいろいろ横やりが入ってくる。したがって選手全員について、日常の生活指導、学習指導、さらに進学・就職の面倒まで万全を期さねばならないが、これがまた大変なことである。さらに父兄との連絡を密にし、蒙をひらいて関心をもたせ、理解と信頼をうるのにとびまわる。こういう人達は一寸大げさかもしれないが、水泳に生命をかけている。(22)

このように中学校の教員では、職務と学校運動部の指導を両立させる困難と、アスリート養成への熱望との間で葛藤を抱えた状態だったことがわかる。

東京オリンピックに向けた選手強化と全国中学校体育連盟

陸上競技の場合、放送陸上競技大会を基盤とした教室と記録会の開催によって一応の定着をみせていたが、水泳の場合、選手層の低年齢化が進むにつれて、日本水泳連盟は中学生の全国大会の開催に向けて強い意欲を示していた。そして、一九五七年五月十五日に続き、六一年六月十日、文部事務次官通達「学徒の対外運動競技について」が出された。そのなかで、「中学校生徒の個人競技については、特に優れた者を国際的競技会又は全日本選手権大会若しくはこれに準ずる大会に参加させることができる」「水泳競技については、その特殊性に鑑み、一定の水準に達した者を選抜して開催される全国中学生選抜大会に参加させることはさしつかえない」ということが示された。

ここで、文部省は、オリンピックの開催に向けて、いわば状況対応策として、水泳について特例を認めることになる。その経緯について日本水泳連盟によれば、「日本水連が中学生の対外試合制限の廃止に努力してきたのは古いことであるが、この年の六月になり文部省次官通達で「水泳については選抜された中学生の全国大会参加を無条件で認める」が出され、六回にわたって実施された通信競技をやめ、ブロックの水泳教室の成績により選抜された選手による全国大会を開くことになった[23]」ということである。そして、同年、日本水泳連盟は、参加選手、引率者の旅費、宿泊費を競技団体が負担する条件で第一回の全国中学校選抜水泳大会を開催している。東京オリンピックの三年前のことである。

さらに一九六二年、全国中体連は、日本体育協会、日本水泳連盟からの要請で東京オリンピック（一九六四年）の開催を間近に控えているということから、特別措置としてオリンピックの開催年まで中学生の国体水泳一般の部への参加を認めた。

こうした流れから、東京オリンピック開催に向けた選手強化に対して、まず競技団体が主体的にはたらきかけ、それに文部省と全国中体連が許しを与えるという関係のなかで、中学校期でのアスリート養成、勝利主義の許諾が一般化していったものと考えられる。具体的にいえば、日本選手の活躍という国民的・国家的需要と競技団体の全国大会開催に向けた強い要請に対して、文部省は種目的限定を加えながらも「競技としてのスポーツ」に対して教義的正統性を与えている。それまで〈拡大防止〉、「教育としてのスポーツ」に明示的・教義的正統性を与えてきた文部省は、「通達」で〈拡大防止〉と〈拡大推進〉、「教育としてのスポーツ」と「競技としてのスポーツ」の二つの教義的正統性を許容することになったのである。この変容の背景には、文部省が、内部組織的には業務が区分されているとはいえ、学校に関わる業務を管轄すると同時に、アスリート養成を含めたスポーツ振興に関する業務をも管轄していて、省内での教義的正統性をめぐる二重性を構造的に内包していたことが深く関わっているものと推察される。さらに全国中体連での明示的言説としての〈拡大防止〉と「教育としてのスポーツ」の推進を担保にしながら、連盟の構成メンバーのなかでもとりわけ各学校運動部の顧問たちの間では黙示的言説だった〈競技としてのスポーツ〉への志向が顕在化したとみることも可能だろう。この黙示的言説としての〈競技としてのスポーツ〉への志向は、以下の金田の記述からも理解されるだろう。

そして、昭和三十六年、ついに待望の第一回全国中学生選抜水泳競技大会が実現し、さらに昭和三十七年、国体への中学参加が認められた。これらは中学関係者にとって最大の喜びであった。オリンピック東京大会を目前にしての関係当局の理解もさることながら高石会長を中心とする水連首脳の方々の並々ならぬ熱意と努力の賜であり、とくにわれわれ中学関係者は感謝しなければならない。(24)

組織的正統性に関しては、全国中体連の二人の代表者が、一九六一年の日本水泳連盟の役員として名を連ねている事実を見過ごすことはできない。それは三つの意味で重要である。第一は、日本水泳連盟は、その組織内に中学校のスポーツのいわば統括団体である全国中体連のメンバーを役員として位置づけることによって、自らの組織的正統性を向上させる戦略をとっていることである。第二は、「競技としてのスポーツ」「拡大推進」「エイジグループ制」を第一義とする競技団体が、「教育としてのスポーツ」「拡大防止」「学校期制」を第一義とする全国中体連を取り込むことによって、いわば「教育としてのスポーツ」をも担っているという競技団体としての明示的言説を表出させる機能を果たしていることである。そして、第三は、それぞれの集団や組織がネットワークを取り結ぶことで相互補完性と連携が強化され、アスリート養成〈場〉を構成する組織間の相互承認システムが強化されていることを示している点である。

東京オリンピックの開催と反省

一九六四年、東京オリンピックが開催された。オリンピックでのわが国の競技成績に対する評価は、さまざまだったが、アスリート養成〈場〉の内部では、期待の大きさを反映してか、ネガティブな評価が大勢を占めた。この評価に関して、当時、日本水泳連盟の会長で東京オリンピックの役員選手団総監督だった高石勝男は、報告書で、「オリンピックは全くあっけなくすんでしまった。準備の期間が長かったこと、それに打ち込んだ努力が大きかっただけに、率直に言ってそんな感じしか残らない。（略）八日間の競技のあとをふり返ってみると、最初から終わりまで惨敗の連続であった。この大会に東京目指して集まった若い力に完膚なく踏みにじられた感じがする(25)」と書いている。

これらの結果は、国民の体力問題にまで波及し、国民の体力の低下が大きく反省されるとともに、オールラウンドな体力づくりが提唱されるにいたった。この流れのなかで創設されたのが一九六五年に発足した「体力つくり国民会議」である。

これら一連の流れのなかで、全国中体連の代表として山岡二郎が日本体育協会の理事に推薦され、中学生の体力づくりの提言や中学生の体力問題への言及などの姿勢が示されることによって、全国中体連と日本体育協会の関係は強固なものになっていくのである。

また青少年期でのアスリート養成からみたオリンピックの評価について日本水泳連盟は、「日本の若い選手層の育成に成功しなかった原因については、文部省の小中学生の対抗試合制限の方針に遠因があるとされ、中学生については昭和三十六年から試合制限が解除されたが、東京大会には間に合わなかったともいわれた(26)」と指摘している。

このあと、青少年を対象とした民間スポーツクラブが誕生することになる。

注

(1) 文部科学省は、一八七一年に文部省として設置され、二〇〇一年に中央省庁再編によって文部省と科学技術庁を統合した文部科学省になっている。

(2) 日本中学校体育連盟は、一九五五年に全国中学校連盟として発足。八九年に財団法人日本中学校体育連盟として認可され、二〇一一年から公益財団法人になっている。

(3) 日本体育協会は、日本のスポーツ競技連盟と協会、各都道府県体育協会を統括する団体である。一九一一年に大日本体育協会として発足し、二七年に財団法人となる。その後、四八年に日本体育協会に名称を変更、八九年に日本体育協会から日本オリンピック委員会（ＪＯＣ）が独立している。そして二〇一一年に公益財団法人として認可されている。

（4）木下秀明「わが国における運動部の成立と変遷」、日本体育学会編「体育の科学」一九七一年十一月号、杏林書院、六八五ページ

（5）同論文六八五ページ、鶴岡英一「明治期における広島県中学校の校友会運動部について」（「体育学研究」一九七三年八月号、日本体育学会）一一ページ、小島亨「明治期における兵庫県中学校の校友会運動部について」（「神戸学院大学紀要」第八号、神戸学院大学、一九七八年）一四六ページを参照。

（6）『中等学校ニ於ケル校友会運動部ニ関スル調査』文部大臣官房体育課、一九三三年、四―五ページ

（7）中澤篤史『運動部活動の戦後と現在――なぜスポーツは学校教育に結び付けられるのか』青弓社、二〇一四年、九三―九四ページ

（8）『日本体育協会百年／日本オリンピック委員会の百年』（〔「日本体育協会・日本オリンピック委員会百年史――1911―2011」第１巻〕日本体育協会、二〇一二年）一六、一一九ページの趣意書と『日本体育協会七十五年史』（日本体育協会、一九八六年）四一―四八、五八七―七三六ページの規約などを参照。

（9）田原淳子「「幻の東京オリンピック」と大日本体育協会――オリンピズムと国内政治の葛藤」、日本体育協会監修、菊幸一編著『現代スポーツは嘉納治五郎から何を学ぶのか――オリンピック・体育・柔道の新たなビジョン』ミネルヴァ書房、二〇一四年、一五―一六ページ

（10）『水連四十年史』日本水泳連盟、一九六九年、三二ページ

（11）同書三二―五四ページ

（12）同書三一ページ

（13）梅本二郎「学徒の対外競技の基準の変遷について」（日本体育学会編「体育の科学」一九六九年七月号、杏林書院）四三一―四三四ページ、島崎旺／桑野陽子「対外競技について」（千葉大学教育学部編「千葉大学教育学部研究紀要第二部」第三十六巻、千葉大学、一九八八年）一〇九―一一二ページを参照。

(14)星野喜代四／小林茂／谷合良治／大高正夫／川口一夫／原島信義／黒木昊／田中亨／佐藤良男「全国中学校体育連盟設立三十周年記念座談会」、全国中学校体育連盟編『全国中学校体育連盟創立三十周年記念誌』全国中学校体育連盟、一九八五年、七一ページ
(15)前掲『水連四十年史』一八二ページ
(16)日本水泳連盟の寄付行為によれば、第二章第三条（目的）で、「この法人は、水泳界を統括し、代表する団体として水泳及び水泳競技（競泳、飛込、水球、シンクロナイズド・スイミング及びオープンウォーター・スイミングをいう。以下同じ）の健全な普及、発達を図り、もって国民の心身の健全な発達に寄与することを目的とする」と設置目的を提示している。
(17)田中亨「全国中体連の誕生から三十歳まで」、前掲『全国中学校体育連盟創立三十周年記念誌』六七ページ
(18)前掲「全国中学校体育連盟設立三十周年記念座談会」七一ページ
(19)前掲『水連四十年史』二〇七ページ
(20)前掲「全国中学校体育連盟設立三十周年記念座談会」七二ページ
(21)同論文七二ページ
(22)金田平八郎「中学生の水泳指導に想う」、日本水泳連盟編「水泳」第百五十六・百五十七号、日本水泳連盟、一九六四年、一八―一九ページ
(23)前掲『水連四十年史』二六三ページ
(24)前掲「中学生の水泳指導に想う」一八ページ
(25)高石勝男／田口正治ほか「オリンピック日本選手団報告書」、日本水泳連盟編「水泳」第百六十一・百六十二・百六十三号、日本水泳連盟、一九六五年、二九ページ
(26)前掲『水連四十年史』二八一ページ

第２章
アスリート養成〈場〉の変動と民間スポーツクラブの誕生

1 ■ 東京オリンピック後の新しいスポーツ競技〈場〉への熱望

東京オリンピック後の小学校の様子について、寺田庄次の報告によれば、オリンピックで三宅義信選手が金メダルをとったら、子どもたちは一本の高跳び用スタンドにもう一本のスタンドから外した台を取り付けてバーベルをつくり、上げたり下げたりする遊びをしていたという。そして、現場の教師のなかにもアメリカの十代水泳選手に刺激されてか、毎授業のはじめに持久走を入れたり、ボディービルのような静的筋肉トレーニングをやらせたり、急にハードトレーニングのまねごとを始めたりしていたそうだ(1)。

東京オリンピックは、新しいスポーツのあり方を模索する大きな契機となった。

東京オリンピックでは、大会の五年前にＪＯＣに選手強化対策本部が設置され、大会を終えた一九六四年十一月二十七・二十八日の両日、「東京大会の反省と今後の対策」というテーマで全体のコーチ会議が開催されている。

当時、金メダル十五個の目標に対して、十六個を得たことは一般的には予想以上の成績とみることができる。ただその種目をみると、女子バレーボール以外の金メダルは、レスリング（五個）、ボクシング（一個）、柔道（三個）、ウエートリフティング（一個）、体操（五個）であり、当時の強化本部長だった大島鎌吉は、日本の金メダルは主に体重によってクラスがある格技と、きわめて高度な技術を求められる体操によって獲得されたものだとして、「記録競技である、陸上、水泳、漕艇、自転車の成績は甚だ香しくなかった。強化計画とコンディショニングの誤り、選手の斗志不足などいろいろ原因は挙げられようが、とも角期待外れに終った」[2]と総括している。

また強化五カ年計画の評価については、①トレーニング技術の理論と方法論は形式的に徹底したにすぎなかったこと、②コーチ制度の不備、③トレーニング施設と用具の絶対的不足を挙げ、「東京オリンピックの準備は全くインスタント強化によるものであった」[3]と述べ、幼少期からの一貫した二十カ年の計画的体力増強、技能増進などの政策と組織的実施の必要性を指摘している。

なかでも水泳については、第1章でもふれたように、当時、日本水泳連盟の会長であり東京オリンピックの選手団長だった高石勝男は、東京オリンピック終了直後、日本の惨敗についてラジオインタビューで以下のように答えている。

それは、我々が調べたのでは日本選手がですね〜、日本選手がロサンゼルスで勝ったときのチームの年齢の平均は十八歳、それからオーストラリアの選手がメルボルン大会で優勝したときの平均年齢が十八歳。ところが今年のアメリカの選手全体の平均年齢が十六歳と二か月です。それに対して日本の選手の平均年齢というのは、残念ながら十八歳はおろか二十二歳だったというところに問題があるわけです。我々はその、そういう子供たちをさわることが出来ないところに悩みがあるんです。だから二十五―六、七、八、あるいは三十越した選手が活躍しているほかの種目とは全然違うということをですね〜、分かってもらえないでしょうかね〜。ホントはやはり学童からやらなきゃ世界の水泳にはついて行けないということは今度の結果から見ても、一般の方にも分かっていただけたと思うんです。[4]

その後、一九六五年、オリンピック準備期に年間八千万円もあった強化費が二百万円ほどに減らされるなかで、新しく日本水泳連盟会長に選任された奥野良は、①底辺拡充の運動、②指導者の育成、③施設の拡充と既存施設の活用、④メキシコ対策の四つを目標に掲げている。なかでも「黙々として底辺づくりをやる」と決意を表明、九月には中学生の学年別競技会を創設している。(5)

東京オリンピックは、いままでの枠組みを超えて、新たな少年期からの一貫指導体制づくりの重要性を認識させる機会にもなった。

東京オリンピック後、体育学を中心とした学界でも青少年の選手育成について検討されていて、当時、体育学の中心人物の一人だった前川峯雄は、オリンピック後の状況について、「今日のように、世界のスポーツ水準が上昇してくると、体協はスポーツ選手の予備軍ともみられる学徒を、年少のころから掘り出し、それを育て、世界的なものに仕立てなければ、とうてい世界のスポーツ競争に立ちむかうことはできないことは、余りにも明白である(6)」と年少期からの掘り出し、育成に向けた競技団体や体育協会の立場と動きに一定の承認を与えている。

また当時、わが国の体育・スポーツ振興と体育学研究の先導者だった竹之下休蔵は、「よく外国の例がひかれるように、またわが国でもその先駆的動きがみられるように、学校外の水泳クラブの発展があるいは解決への突破口を開くことになるかもしれない。例えば、現に多くの小学生たちが勉強塾やそろばん塾に通っている。水泳クラブ、あるいは水泳塾がそのように繁昌することになったら、事業は非常に変わったものになるだろう」と指摘し、「例え秀れた選手をつくるためでなくても、このようなクラブの発達は望ましいことである。先ずとり敢えず、少数のクラブをつくることから出発すべきであろう(7)」と述べるなど、民間クラブの展開の重要性と必要性に言及している。

そのようななか、ジュニアを対象としたクラブ設立に向けた動きが具体的なものになってくるのである。

2 ■ 民間スポーツクラブの誕生と全国組織化

ここでは水泳、サッカー、体操競技の三種目を事例として、民間スポーツクラブの誕生と全国組織化について概観する。

スイミングクラブの誕生と全国組織化

水泳に関しては、わが国で最初に誕生したスイミングクラブの一つとして、東京オリンピック時の日本水泳連盟会長高石勝男と監督村上勝芳は東京オリンピック惨敗の反省から、一九六五年三月に代々木スイミングクラブをスタートさせている。(8)

また、同年三月に山田スイミングクラブが設立されている。山田スイミングクラブは、当時、ロート製薬社長だった山田輝郎が私財一億円を提供して大阪府のロート製薬の敷地内に開設した、全国の有望選手に英才教育を施すクラブである。山田輝郎はクラブ設立の理由について、以下のように語っている。

私は、昭和七年(一九三二年)第十回ロサンゼルス・オリンピック大会で、水泳に興味を持ったのです。夏、奈良の田舎に避暑に帰り、ラジオを聞いていたら、日本は強いんだ……。フリーの百も勝ったし、平泳も勝った。……背泳もリレーも……。日本って水泳が強いんだなあーと、思っていました。ところが、東京では、サッパリダメ……、なんと弱くなったことか……。〝よーし、それじゃあ、オレがひとつ、やってやろう……〟と、個人でスイミング・クラブを作ることに決心したのです。(9)

表1　スイミングクラブの設立状況（1965―68年）

1965年（昭40年）		1966年（昭41年）	
代々木スイミングクラブ	（東京都）	ナユキ水泳教室	（東京都）
山田スイミングクラブ	（大阪府）	中日スイミングクラブ	（愛知県）
名古屋水泳クラブ	（愛知県）	福岡スイミングクラブ	（福岡県）
霞ヶ丘水泳教室	（東京都）	大郷スイミングクラブ	（北海道）
黒佐水泳教室	（福岡県）	金子水泳学校	（東京都）
日本鋼管水泳学校	（神奈川県）	丸内スイミングクラブ	（石川県）
池田スイミングクラブ	（福岡県）	高知スイミングクラブ	（高知県）
広島スイミングクラブ	（広島県）	富山スイミングクラブ	（富山県）
熊本スイミングクラブ	（熊本県）	川口スイミングクラブ	（埼玉県）
熊本東部スイミングクラブ	（熊本県）	不知火スイミングクラブ	（熊本県）
宇部スイミングクラブ	（山口県）	えぼしスイミングクラブ	（神奈川県）
		長崎スポーツセンター	（長崎県）
1967年（昭42年）		**1968年（昭43年）**	
静岡水泳クラブ	（静岡県）	音羽スイミングクラブ	（東京都）
多摩川スイミングスクール	（神奈川県）	東京スイミングセンター	（東京都）
金田スイミングスクール	（東京都）	立正スイミングクラブ	（東京都）
伊豆スイミングクラブ	（静岡県）	茨木スイミングスクール	（大阪府）
釧路スイミングクラブ	（北海道）	京都スイミングスクール	（京都府）
中和スイミングクラブ	（東京都）	成女烏山スイミングクラブ	（東京都）
淀川スイミングスクール	（大阪府）	フリッパースイミングクラブ	（静岡県）
ヨコハマスイミングクラブ	（神奈川県）	高知黒潮スイミングクラブ	（高知県）
ワカバ水泳教室	（東京都）	五百木スイミングクラブ	（愛媛県）
広尾スイミングクラブ	（東京都）	竹早スイミングクラブ	（東京都）
修徳スイミングクラブ	（東京都）		
京王スイミングクラブ	（東京都）		

（出典：「日本のスイミングクラブ」編纂委員会編『日本のスイミングクラブ――資料：黎明期からの足跡――昭和40年代から昭和50年代』日本スイミングクラブ協会、2014年、10―54ページ）

この山田スイミングクラブは、代々木スイミングクラブと並んで日本で最初のスイミングクラブといわれている。山田は、水泳を科学としてとらえて合理的に研究すること、オリンピックに出場してメダルを獲得する競技者を育成することで水泳日本の復活を図ることを理念としてクラブづくりに取り組んだ。創設わずか一年半後に開催された日本水泳選手権では、本クラブの選手が六種目で優勝、二十七種目中二十五種目で入賞している。また本クラブの出身選手である西側よしみは一九六八年メキシコシティオリンピック女子個人メドレー百メートルで五位入賞、また青木まゆみは七二年ミュンヘンオリンピック女子バタフライ百メートルで優勝を果たすなど、数多くの優秀な成績を残している。その後、所期の目的を達成したとして七二年にこのクラブは解散したが、競技者や指導法などは現在のイトマンスイミングスクールに受け継がれている。

一九六五年には十一クラブが誕生し、翌年の六六年には新たに十二クラブが、そして六七年にも十二クラブが誕生している。六五年から六七年の三年間で全国に三十五クラブが誕生したことになる（表1参照）。その後、六八年、日本スイミングクラブ協議会が加盟二十一クラブで発足し、同年、第一回東京SC全国ジュニア優秀選手招待記録会が開催される。七九年、日本スイミングクラブ協会となる。その後、八七年、社団法人化し、社団法人日本スイミングクラブ協会に、そして二〇一二年には一般社団法人日本スイミングクラブ協会（二〇一三年現在、加盟数千五十九クラブ）となっている（図2参照）。

サッカークラブの誕生と全国組織化

サッカーでは、最初の動きとして一九六五年に開設された神戸少年サッカースクールが挙げられる。その中心となったのが加藤正信である。加藤は、一九一二年に兵庫県神戸市で生まれ、三〇年、第十二回全国中学校選手権大会で優勝を果たすなど選手としても活躍している。その後、医者として活動するかたわら、六三年、「東京オリンピックを翌年に控えた、昭和三十八年、加藤正信の精力的な呼びかけで戦前に活躍したサッカーマンら、愛好者千七人が集まって「兵庫サッカー友の会」を発足させるのである」[10]。発足当時の友の会の夢として「だれ

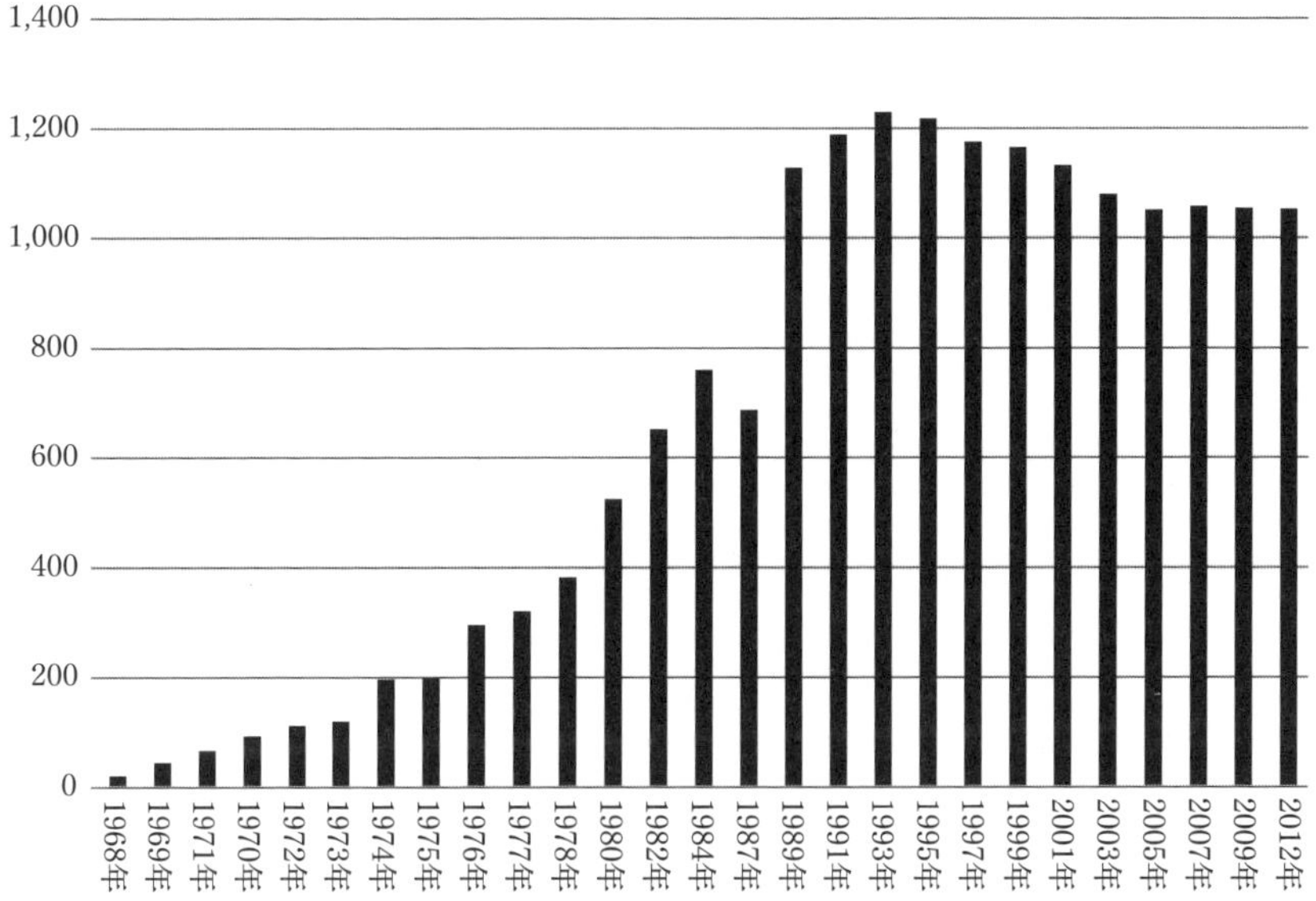

図２　日本スイミングクラブ協会登録クラブ数の年次的推移
（出典：前掲『日本のスイミングクラブ』181ページ）

でも入れるサッカーチームの編成」「国際試合のできる専用球技場の建設」「芝生のサッカー場、特に少年専用を造る」「サッカー王国、神戸・兵庫の復活」を掲げ、次々と実現している。その取り組みの一つとして神戸少年サッカースクールを創設（小学生十四人、中学生四十八人）したのである。

当時の様子について加藤は、「そのころ日本代表チームのコーチをしていた西ドイツのクラマーさんは「日本はどうして小学生、特に低学年の指導に力をいれないのか」となげいていた[11]」とも記していて、加藤はクラマー氏と同様、ジュニア育成の重要性を強く認識していたことがわかる。

その後、兵庫サッカー友の会は一九六九年に兵庫少年サッカー大会を主催、神戸市少年団サッカーリーグ（神戸市独自の小学生を対象とした少年団組織、日本スポーツ少年団傘下の少年団とは異なる組織）を運営するまでになっている。七〇年には社団法人化して社団法人神戸フットボールクラブに改組した。

その後、全国組織化が進み、一九七八年、全国サッカークラブユース連合が結成されて、八二年には、日本クラブユースサッカー連盟が設立され、全国ク

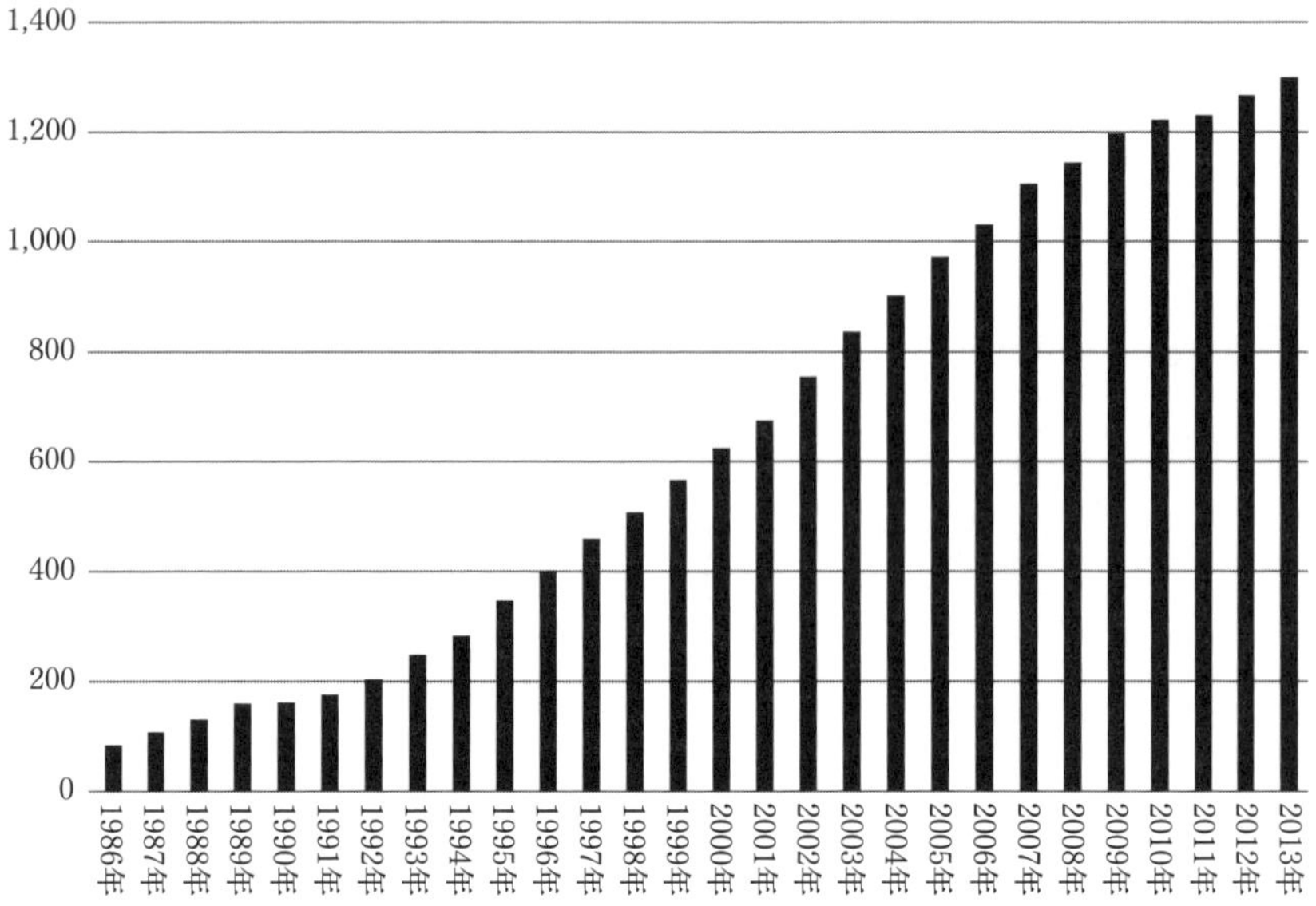

図３　日本クラブユースサッカー連盟 U―15 チーム数の年次的推移（著者作成）

ラブユース選手権大会（現・日本クラブユースサッカー選手権大会）が開催されるまでになっている。八五年、中学生年代のクラブチームを対象とした日本クラブジュニアユースサッカー連盟が結成され、九七年、日本クラブユースサッカー連盟と連動。さらに二〇一一年四月一日、一般財団法人日本クラブユースサッカー連盟に改組・改称している。二〇一三年、加盟クラブ数はU―15が千二百九十六クラブ（登録選手五万八千七百五十六人）、U―18が百十二クラブ（登録選手二千八百三十四人）となっている（図3、4を参照）。FIFAワールドカップ二〇一四ブラジル大会の日本代表選手二十三人のうち十人がクラブユース経験者だった。

体操クラブの誕生と全国組織化

体操競技では、わが国で最初に誕生した民間スポーツクラブとして池上スポーツ普及クラブが挙げられる。池上スポーツ普及クラブとは、「鬼に金棒、小野に鉄棒」とまで言われヘルシンキオリンピック（一九五二年）から東京オリンピック（六四年）まで四大会連続出場し、メルボルンオリンピック（五六

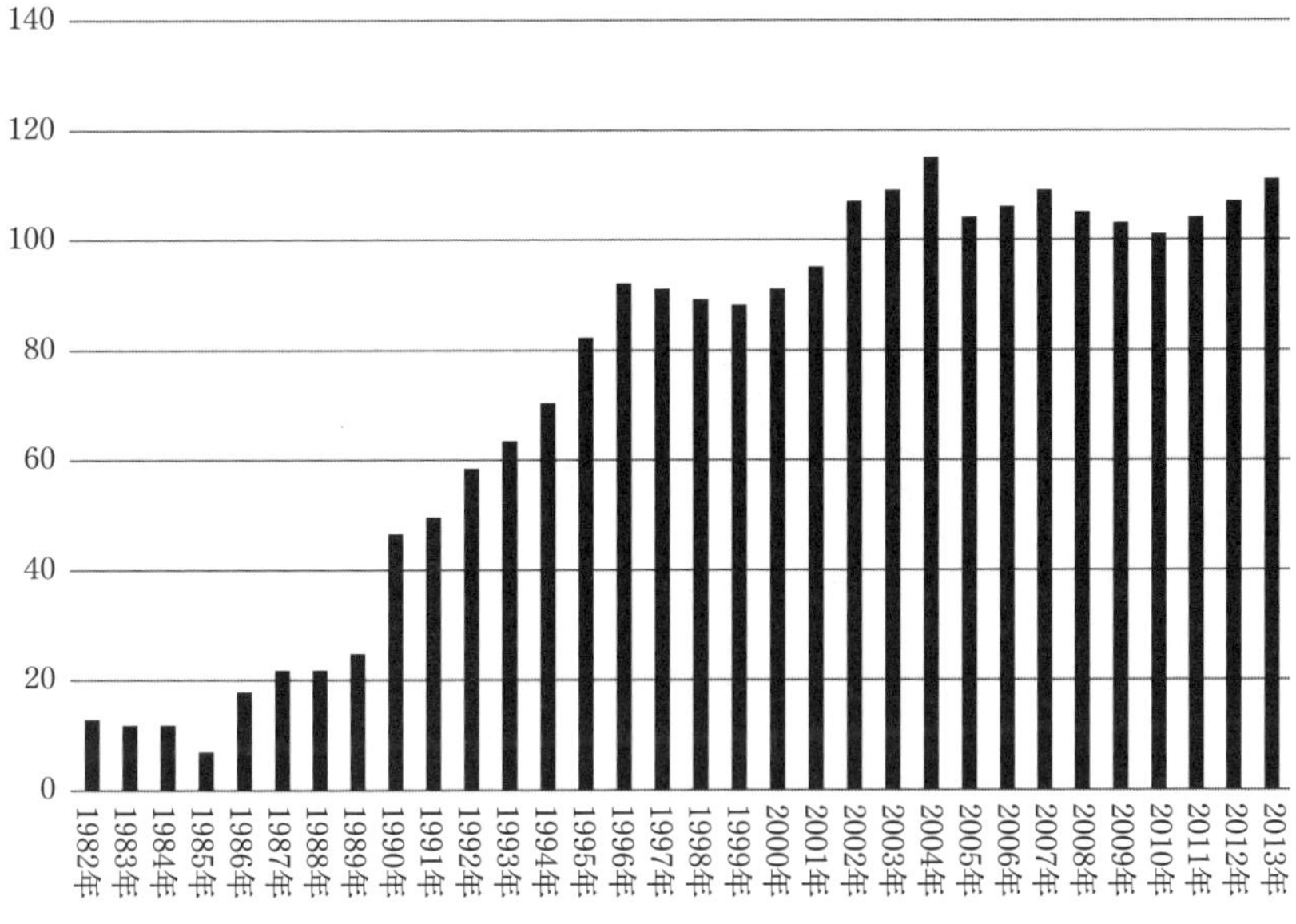

図4　日本クラブユースサッカー連盟 U―18 チーム数の年次的推移（著者作成）

年）では鉄棒種目で優勝、ローマオリンピック（六〇年）では団体優勝、鉄棒、跳馬優勝、東京オリンピックでは団体優勝するなど金メダル五個をはじめ十三個のメダルを獲得した小野喬が創設したクラブである。

小野喬は、東京オリンピック終了後、日本の指導者制度について、指導者が手弁当で仕事の片手間で指導をおこなわざるをえない現状では世界のレベルから置き去りにされることを危惧し、ルクセンブルクに住む国際体操連盟技術実行委員長アンジェスが、自宅に小さな体育館を設置して自分の子どもや近所の子どもたちに体操を教えていたことを挙げ、「政府や日本体育協会（体協）あたりも、クラブやコーチ制度のことを考えるべきだと思う[12]」と明確に指摘している。

そのうえで、「わたしは今一つの夢をもっている。それは広々とした芝生のグラウンド・体育館・プールなどが完備したクラブをつくることだ。いつかは、そんなすばらしい設備をつくって経営してみたいと思う。わたし自身がコーチになって体操を教え、いい選手をつくりだしたいと思う[13]」と自らがクラブを

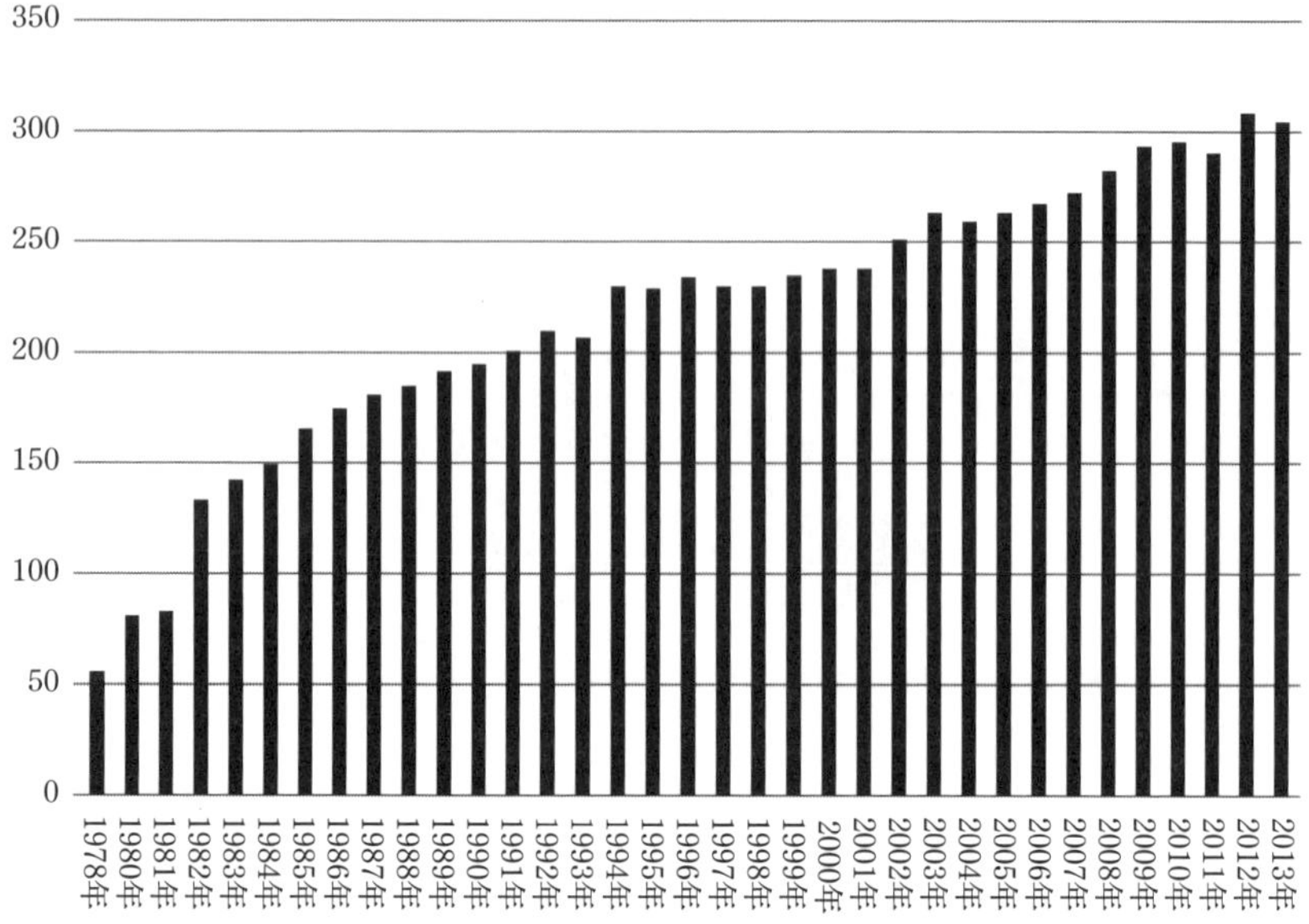

図5　全日本ジュニア体操クラブ連盟加盟クラブ数の年次的推移（著者作成）

つくることを決意。ついに一九六五年五月二十三日、池上・実相寺の庫裡（のち池上本門寺）を活動拠点として池上スポーツ普及クラブが誕生したのである。北川淳一（モスクワオリンピック選手）、小西裕之（ソウルオリンピック団体銅メダル）などを輩出している。小野は、設立当初から競技力向上だけでなくスポーツ普及にも力点をおき、七七年には、日本スポーツクラブ協会を設立している。[14]

また体操ローマ世界選手権（一九五四年）では平均台で優勝、一九六四年の東京オリンピックでは団体銅メダルを獲得した池田（旧姓：田中）敬子は、「世界に通用する選手を育てるには、私のように高校から競技を開始したのでは遅すぎる。なるべく早く、適切なトレーニングを始めるに限る」[15]と指摘し、「これからの体操はジュニア育成が課題になる」[16]ことを痛感して、六九年にジュニア選手育成を目的とした池田健康体操教室（日本体操クラブ）を創設し、岡崎聡子、野沢咲子など日本代表選手を輩出している。

全国組織化についてみると、池上スポーツ普及クラブが中心になり、主に体操の普及を目的として一

表２　民間スポーツクラブの誕生と組織化（著者作成）

【水泳】
1965年、代々木スイミングクラブ、山田スイミングクラブほか
1967年、専用プール・専属コーチによる「企業」として最初のクラブ・多摩川スイミングスクール
1968年、日本スイミングクラブ協議会設立
1968年、第１回東京 SC 全国ジュニア優秀選手招待記録会開催
1979年、日本スイミングクラブ協会設立
1987年、社団法人日本スイミングクラブ協会設立
2012年、一般社団法人日本スイミングクラブ協会

【サッカー】
1965年、神戸少年サッカースクール（兵庫サッカー友の会）（1970年、社団法人神戸フットボールクラブ）
1978年、全国サッカークラブユース連合設立
1982年、日本クラブユースサッカー連盟設立
1982年、全国クラブユース選手権大会開催（現・日本クラブユースサッカー選手権大会）
1985年、日本クラブジュニアユースサッカー連盟設立
1997年、日本クラブユースサッカー連盟設立
（日本クラブジュニアユースサッカー連盟と統合）
2011年、一般財団法人日本クラブユースサッカー連盟

【体操】
1965年、池上スポーツ普及クラブ（小野喬）
1969年、池田健康体操教室（日本体操クラブ）（田中〔現・池田〕敬子）
1970年、スポーツクラブ体操競技連絡協議会（のちに全国少年少女体操普及協議会と改称）創設
1970年、第1回スポーツクラブ対抗ジュニア体操競技選手権大会（のちに全国少年少女体操交歓大会と改称）
1975年、全日本ジュニア体操クラブ協議会設立
1975年、国際女子ジュニア体操競技大会開催（以後、隔年実施）
1976年、第１回全日本ジュニア体操競技選手権大会（以後、毎年実施）
1992年、社団法人全日本ジュニア体操クラブ連盟
2014年、一般財団法人全日本ジュニア体操クラブ連盟

九七〇年八月にスポーツクラブ体操競技連絡協議会（のちの全国少年少女体操普及協議会と改称）が創設され、第一回スポーツクラブ対抗ジュニア体操競技選手権大会（のちの全国少年少女体操交歓大会と改称）がおこなわれている。

また主に競技力の向上を目的として一九七五年七月、全日本ジュニア体操クラブ協議会が設立され、同年八月、国際女子ジュニア体操競技大会開催（以後、隔年実施）、七六年八月、第一回全日本ジュニア体操競技選手権大会開催（以後、毎年実施）、七七年三月、指導者研修会開催（以後、毎年実施）。全日本ジュニア体操クラブ協議会では国際大会と位置づけて国際女子ジュニア体操競技大会を開催することで、その存在を全国にアピールし、国際レベルを目指すことを顕示している。その後、全国に誕生してきたクラブに呼びかけて全国大会を実施し、指導者間のネットワーク化を図りながら全体として制度化を進めている。

そして、全日本ジュニア体操クラブ協議会は、一九九二年九月に社団法人全日本ジュニア体操クラブ連盟に改称され、二〇一三年、加盟クラブは三百二クラブになっている（図5を参照）。

民間スポーツクラブの誕生と全国組織化

以上、水泳、サッカー、体操競技についてみてきたが、表2に示すようにいずれの種目も一九六五年に青少年を対象とした民間スポーツクラブが誕生して（サッカースクール含む）いる。その後、全国組織化が図られ、全国大会が開催されるという発展過程をたどっている点は注目される。

この過程を少し詳細に検討すると、まず民間スポーツクラブが誕生するとともに練習成果の発表と競争の場を求めて競技会が開催されるようになる。その際、学校運動部は大会への参加資格がないために独自の競技会や記録会を開催せざるをえなくなる。さらにその競技会をより正統なものとして認知させるために、全国大会や記録会の開催はもとより、例えば、体操競技の国際女子ジュニア体操競技大会開催にみられるように、海外から優秀な選手やチームを招聘する場合がある。その後、その大会や記録会を目指して練習を促すプログラムが明確になってくると、その方法は全国に広がり、民間スポーツクラブの数が増加してくる。そして、全国的な組織化がさらに進められることになる。この間、種目によって異なるが約十年から十五年を要しながら一つのアスリート養成〈場〉を構成する集団へと成長している過程がみられる。

3■アスリート養成〈場〉の変動と民間スポーツクラブの誕生

ここでは、戦後での民間スポーツクラブの誕生をめぐるアスリート養成〈場〉の変動について、全国中体連と競技団体の正統性の獲得に関わる象徴闘争、および需要と供給の関係構造の変動の観点から検討してみたい。

全国大会開催をめぐる象徴闘争とアスリート養成〈場〉の変動

全国中体連は、〈教育としてのスポーツ〉〈拡大防止〉〈学校期制〉を志向し、文部事務次官通達という法的な手続き上の正当性に根拠をおいて、教義的正統性を獲得してきた。その一方で、国際大会での競技力の向上を標榜する各競技団体は、〈競技としてのスポーツ〉〈拡大推進〉〈エイジグループ制〉を志向してきた。このように全国中体連と競技団体の間で、中学生の「正しいスポーツのあり方」「スポーツ指導の正しいあり方」の定義をめぐる相違があった。

そうしたなか、中学校期の全国大会の開催が象徴闘争のアリーナとなっていったとみることができる。全国大会の開催に消極的な全国中体連や文部省に対して、競技団体は、文部省の通達を遵守しながらも、競技会としてではなく、指導会として全国から競技者や指導者を集めたり、全国大会の開催を標榜したりしていた。その後、水泳や陸上競技にみられるように競技団体がイニシアチブをとり、放送局や新聞社がサポートするシステムのなかで、通達に抵触しない供給システムを構築しながら、同一日での多地域開催の方式を展開させている。さらに東京オリンピックを直前に控え、六一年の文部省通達によって全国大会は教義的正統性を獲得し、全国中学生大会が開催されるにいたっている。

つまり、全国大会開催を熱望する競技団体は、例えば日本水泳連盟の例でいえば、〈指導会〉から〈通信水泳大会〉へ、そして〈全国中学生大会〉へ、というように段階的に文部省に要請し、その需要に文部省や全国中体連が応じる形が見受けられるのである。ここに、〈教育としてのスポーツ〉〈拡大防止〉だけでなく、〈競技としてのスポーツ〉〈拡大推進〉にも教義的正統性が与えられていくという変容過程がみられる。

さらに組織的正統性に関していえば、競技団体は、全国中体連のメンバーを役員に迎えることで組織的正統性を強固にする戦略をとっていたが、全国中体連でも、全国大会はおこなわないという通達に従って教義的正統性を堅持しながらも競技団体を中心とした全国大会の開催には共催に入ることによって、中学校期のアスリート養成〈場〉での組織的正統性を担保していた。

このように、アスリート養成〈場〉を構成する各組織は、組織間の相互承認関係の強化を図ることで自らの組織の正統性を担保していた。この流れについて〈場〉の変動という点からみれば、〈場〉を構成する組織間の相互承認システムが形成されることによって、アスリート養成〈場〉を構成する組織の相対的自律性が高まっていくダイナミズムとして把捉することができるだろう。

アスリート養成〈場〉の変動と民間スポーツクラブの誕生

競技団体が文部省や全国中体連に対して全国中学生大会の開催を求めるなかで、東京オリンピックでの活躍が国家的課題にもなっていく世相が相まって、〈競技としてのスポーツ〉が承認されてきたことは前述のとおりである。

しかしそれは、単に〈教育としてのスポーツ〉から〈競技としてのスポーツ〉への移行を意味するものではない。全国中体連は、教義的には〈教育としてのスポーツ〉〈拡大防止〉〈学校期制〉を志向した。それは文部事務次官通達に沿うものだった。しかしながら加盟する各学校運動部の顧問の期待と熱情によって、〈競技としてのスポーツ〉〈拡大推進〉を黙示的・教義的正統性として抱え込み、双方の志向性を内包していたといえるだろう。

また競技団体は、〈競技としてのスポーツ〉を志向するものの、「心身の健全な発達に寄与する」ことをうたうなど〈教育としてのスポーツ〉を明示的に取り込むことによって、青少年スポーツの担い手としての正統性を獲得する戦略を用いていた。

このように、全国中体連では、明示的には〈教育／拡大防止〉を、暗示的熱望としては〈競技／拡大推進〉を有していて、競技団体では、〈競技／拡大推進〉を志向するものの〈教育〉にも寄与することを表出させることで教義的正統性の獲得を目指していた。

これらの双方の動きのなかで、アスリート養成〈場〉全体としては、明示的言説：〈教育としてのスポーツ〉／黙示的言説：〈競技としてのスポーツ〉という二重構造をもった教義を共有することになる。それまで〈拡大防止〉〈教育としてのスポーツ〉に明示的・教義的正統性を与えてきた文部省も、通達で条件を付けることによって、〈拡大防止〉と〈拡大推進〉、〈教育としてのスポーツ〉と〈競技としてのスポーツ〉の双方を許容することになるのである。

しかしながら、東京オリンピックでわが国の国際的な競技力の不足が明らかになった時点で、誰が競技スポーツを担うのかという課題が顕在化した。この時点で、従来の学校運動部を中心とした供給システムでは〈競技としてのスポーツ〉を担いきれないのではないかといった動きが生じることになる。

この点に関連して、藤本一勇はブルデューの議論をふまえ、「あまりにヘゲモニーが偏って場が硬直しすぎると、また闘争の成果があまりに貧弱だと、闘争のルールそのものがその正統性を失い、あるいは隠蔽されていた恣意性が目に見えるようになり、ゲームはその質、枠組みの変更を迫られることになる」[17]と指摘する。アスリート養成〈場〉を構成する各組織は、東京オリンピックでの貧弱な成果を引き合いに出して〈競技としてのスポーツ〉を顕示したとしても、アスリート養成の現場としては学校運動部しかない現況では、〈場〉は、明示的言説：〈教育としてのスポーツ〉／黙示的言説：〈競技としてのスポーツ〉という二重性の教義のもとで、ぎくしゃくした空気にならざるをえず、成果はあがらず、国際競技力を担保することも難しいという認識にいたる。そこで、それまで黙示的言説として位置づいてきた「競技としてのスポーツ」をより直接的に明示的言説として位置づけうる構造の再編に向けた要請や需要がアスリート養成〈場〉に充溢した。その需要に対する新しい供給システムとして民間スポーツクラブが誕生したとみることができるだろう。

また近藤理恵は、(18)〈場〉の転覆を可能にする条件として、予測不可能な「状況」、すなわち時間の流れの断絶を引き起こす死活に関わる緊急・危機的状況を逃れようとする「主観的願望」というものを挙げるが、東京オリンピックでの成績の評価は、前述の高石総監督の見解にみられるように、いままでのシステムでは今後闘えないと思わせるに十分な危機的状況だった。

そのなかでも、前述したように水泳の高石勝男、村上勝芳、山田輝郎、サッカーの加藤正信、体操競技の小野喬、田中敬子（現・池田敬子）らの学校運動部依存型の競技力向上システムに対する危機意識はことさら強く、その状況を逃れようとする願望が民間スポーツクラブを誕生させたとみることができるだろう。池田敬子は当時を振り返り、「一九六八年のメキシコ・オリンピックに出場できなかった私は、「ジュニアに力を入れるのには、このときをおいて他にない」と決意した。この頃から少しずつ〝社会体育〟という言葉が聞かれるようになった。選手強化は学校体育だけに頼るのではなく、〝国家型と民間型〟この二つの流れを活かして行ったらどうかと言うことを、私は真剣に考え始めた(19)」と回顧している。

学校運動部依存型の競技力向上システムに対する限界感が危機意識となってあらわれることによって、アスリート養成〈場〉を担う新たな集団の創設が強い願望となったのである。具体的には、エイジグループ制による一貫指導に対する需要とアスリートとしての成功といった直接的需要に対応できる新しい供給システムや専門家が強く求められることになる。これらが、新しい民間スポーツクラブ創出に向けた需要になり、〈場〉の変動を引き起こしたと考えられる。

以上のことから、民間スポーツクラブは、学校運動部を中心としたアスリート養成〈場〉との断裂によって誕生したものではなく、アスリート養成〈場〉の内部から湧出した新たな需要によって必然的に誕生してきたとみることができるだろう。

注

(1)寺田庄次「児童のからだづくりの立場から――特集・対外競技をめぐる問題」、日本体育学会編「体育の科学」一九六五年四月号、杏林書院、一九三ページ
(2)大島鎌吉「選手強化策と体育」、日本体育学会編「体育の科学」一九六五年一月号、杏林書院、三ページ
(3)同論文五ページ
(4)「日本のスイミングクラブ」編纂委員会編『日本のスイミングクラブ――資料：黎明期からの足跡――昭和四十年代から昭和五十年代』日本スイミングクラブ協会、二〇一四年、三一ページ
(5)前掲『水連四十年史』三〇七ページ
(6)前川峯雄「対外試合の基準をめぐって――この解決には学校が主体性をもて」、前掲「体育の科学」一九六五年四月号、一七六ページ
(7)竹之下休蔵「水泳日本再建への道」「体育科教育」一九六五年七月号、大修館書店、四ページ
(8)前掲『日本のスイミングクラブ』一〇ページ
(9)前掲『金メダルへの挑戦!』五〇ページ
(10)柳生雅子編『フットボールクレイ爺――関西で初めての少年サッカークラブをつくった男林幸男物語』水山産業出版部、二〇一一年、三六ページ
(11)加藤正信「限りない飛躍を夢見て」、神戸少年サッカースクール編『神戸少年サッカースクール二十年の歩み』所収、神戸フットボールクラブ、一九八五年、八ページ

(12) 小野喬『負けじ魂!――鉄棒の鬼といわれて』(ハウ・ツウ・ブックス)、講談社、一九六五年、一八三ページ
(13) 同書一八三ページ
(14) 前田利勝/北川智一/岡崎秋男編『池上スポーツ普及クラブ二十年の歩み――一九六五―一九八五』池上スポーツ普及クラブ創立二十周年を祝う会、一九八五年
(15) 池田敬子『人生、逆立ち・宙返り』小学館、二〇〇九年、二二四ページ
(16) 同書二一六ページ
(17) 藤本一勇「ブルデューにおける相対的自律性の主体と抵抗の理論――六八年から九五年へ」「現代思想」二〇〇一年二月号、青土社、一四四ページ
(18) 前掲「P・ブルデューにおける運命愛と運命憎悪」一三六―一三七ページ
(19) 池田敬子「クラブ時代とジュニア大会」、日本体操協会創立六十周年記念事業委員会編『日本体操協会六十年史』所収、日本体操協会、一九九五年、九八ページ

第3章

民間スポーツクラブの発展過程

ここでは水泳・体操・サッカーに着目して、各種目の動向と民間スポーツクラブの発展過程についてみていくことにする。

1 ■ 水泳をめぐる民間スポーツクラブの発展過程

わが国の水泳の動向

わが国での戦前の水泳の動きをみてみると、一九一四年に全国水上大会が開催され、一五年に極東大会（上海・第二回大会）参加、二一年には全国大学水上大会が、そして二四年、第一回全国中等大会が開催され、同年、日本水上競技連盟が創設されている。その翌年の二五年には、日本選手権が開催されている。

日本が初めてオリンピックに参加したのは一九二八年のアムステルダム大会。鶴田義行選手が二百メートル平泳ぎで優勝。その後、三六年、ベルリンオリンピックで前畑秀子選手が平泳ぎで優勝し、八月には女子中等校の全国大会が創始されている。その翌々年の三八年には、「水泳を盛んにするには底辺をなす小学校児童の水泳を盛んにするに限る」(1)ということが認識されはじめ、日本水泳連盟は放送局（ＮＨＫ）の協力を得て「全国学童ラジオ水泳」を開始する。全国各地のプールにラジオ受信機を置き、ラジオのスタート合図で一斉に競泳をおこない、その記録を集めて順位を競うというものである。第一回は三八年八月二十八日、中央会場である神宮プールからの放送によっておこなわれている。荒木貞夫文部大臣も出席して訓示し、全国八百十六校が参加、当日泳いだ児童総数は、男女を含めて五万八千七百十一人に及んだ。この大会は四二年まで継続して開催されていて、戦後の名選手である古橋広之進選手も四〇年、浜松雄踏小学校六年生で百メートル一分十二秒六という小学生最高記録を出している。この取り組みは、その後、アメリカで登場するエイジグループ水泳と考え方は同じものであり、アメリカが採用し始めたのが五一年だから、その十三年も前に日本では採用されていたということになる。[2]

だから、戦後の一九四八年、文部省体育局長通達「学徒の対外運動競技について」によって規定された小中学生の大会の制限は、選手育成という観点から大変大きな壁になり、「その影響により小中学生水泳競技が消極一方に押しやられ、アメリカなどに先行されてしまった[3]」という認識が関係者間でもたれたということも首肯できるところである。

日本の選手育成は遅れているという、この認識が、日本水泳連盟を中心とした〈競技としてのスポーツ〉〈拡大推進〉〈エイジグループ制〉を推進する動きの背景の一つになっていたといえるだろう。さらに東京オリンピック後の高石勝男の総括で、「この会期中ＯＯＣが招いたアメリカのキッパス氏は、「アメリカは日本のやったことを真似て、少年層の指導を計画し努力し、そして成功した。その日本が何故若い層の指導が思うようにゆかぬのか」と何回となく質問し、そのたびに長時間激論をかわしたものである。激論というより弁解といった方が適切かも知れない[4]」と指摘しているが、この言葉に高石の忸怩たる思いがあらわれているだろう。

スイミングクラブの発展過程

ここで、日本スイミングクラブ協会の資料[5]をもとにスイミングクラブの誕生と発展過程についてみてみたい。

東京オリンピックの惨敗を受けて、「「日本水泳再興をスイミングクラブが担う」と信念を持った男達はたくさんいた[6]」という証言のとおり、いくつかのスイミングクラブ（以下、SCと略記）がほとんど同時期に設立された。その代表的な事例が、前述した代々木SCの高石勝男と村上勝芳、山田SCを率いた山田輝郎、霞ヶ丘水泳教室を主宰した串田正夫、そして名古屋水泳クラブを率いた加藤茂などである。

一九六五年三月に設立された代々木SCの場所は、東京オリンピックの会場だった代々木オリンピックプールのサブプールを借りたものだった。村上は東京オリンピック時の監督も務めていて、その実績から代々木SCの設立には日本水泳連盟の後援を取り付けている。オリンピック選手の育成を狙いとしていたが、クラブ経営の観点から選手コースだけでなく、一般コース、初心者コースも設けている。月会費は、スタート時は無料だったが、数カ月後に運営委員会をつくり、「八月から入会金五百円、月会費千五百円（プール利用料含む）を徴収するようになった[7]」。その背景には、保護者から「これでは維持費にも事欠く。コーチ代も上げて、いいコーチを集めてください」との要望があったという。

村上は設立年の暮れに関係者に宛てた挨拶文で、「一寸大げさにはなりますが、代々木スイミングクラブの在り方が我国アマチュアスポーツ界に良い意味での改革を与えるのではないかと我々は自負して居ります。と申しますのは、我々のクラブ員の水泳（スポーツ）に対する基本的な考え方が非常に純粋であるからです。即ち「私は水泳が好きだ。水泳をやり度い」と云うことで、誰にも拘束されずに、自分の生活の中から時間をさいて、子供乍ら総て自分の責任に於て（勿論、ご父兄、学校の先生のアドバイスはありますが、）水泳（スポーツ）に励んで居るからです。そして水泳（スポーツ）を自分の生活の一部にして楽しみ乍ら心身を鍛錬して居ります。此の様にして、会員達は自主性を持ち、体力の増強から、何でもやればやれる可能性に自信を持ち、社交の楽しさを味わって居ります。これが正しいアマチュアスポーツの在り方です[8]」と述べている。

また村上は、「学校、職場のスポーツも多いに結構なことですが、それだけがアマチュアスポーツの全部ではなく、スポーツの基本を考えてより大きな正しいスポーツを振興して行く様に努力しなければなりません[9]」と、正しいスポーツ振興のあり方に言及し、SCの正統性を顕示している[10]。

一九六五年四月、名古屋水泳クラブ（のちの名古屋ＳＣ）が指導を始めた。代表は加藤茂である。「朝日新聞」の記者でもあった加藤は、ほかのＳＣとは異なり、民間の営業用プールである名古屋スポーツガーデンを借りて運営した。当初は朝日こども水泳教室として開催されたが、朝日文化センターと名古屋水泳クラブが共催し、朝日新聞社と名古屋市教育委員会が後援についた。教室終了後は、研修コース、育成コース、専修コース（選手コース）へと進む。新聞社のバックアップもあって「会員募集では十回（一週一回）の受講料が二千円でも三百人が集まった」[11]。受講料二千円、その後のコースも入会金・月会費を徴収するなど、初めて会費をとったクラブ（代々木ＳＣは八月から）である。

加藤が教室を開く契機は、一九六一年の渡米経験にあった。当時、中部地区強化本部長の任にあった加藤は、高校選抜十四人と渡米し、そこで「日本の水泳の普及にはエイジグループ制度の必要性、学校教育の中に水泳指導の位置付けと指導カリキュラムの確立、年間を通して水泳の指導が出来る環境と指導体制の確保」[12]の重要性を痛感したことによる。

基本理念は、「一、日本水泳界の普及と発展と躍進、二、青少年の余暇時間を水泳に活用することによって非行防止と、泳ぐことの楽しさと水泳を通して心身ともに逞しい青少年の育成、三、世界のトップスイマーの育成と強化」である。名古屋ＳＣは一九七二年、ミュンヘンオリンピック二百メートルバタフライ第五位の浅野典子選手などを輩出している。

一方、一九六五年四月、八幡製鉄水泳部の監督として多くの五輪選手を育てた黒佐年明は、初めて自らの名字をクラブ名に冠したクラブ黒佐水泳教室（福岡県）を開設している。黒佐は次のように言う。「八幡製鉄水泳部に選手を集めることはできる。しかし、選手を発掘するという点では八幡は不毛の地だと言われてきた。その不毛の八幡（北九州市八幡区）でエイジグループを開発することができるだろうか。私はあえてそのジンクスに挑戦した。やってみると、子供たちはぐんぐん強くなった。不毛の地などと言われたことがうそのように、将来性のある子供が発掘された[13]」

また、前述したように東京オリンピックの惨敗を見かねたロート製薬社長の山田輝郎が私財を投じ、女子選手だけを集めて全寮制の英才教育をおこなったクラブが山田SCである。小・中学校担当を前述した金田平八郎（東京都・中学校水泳部監督）が、高校生以上を加藤浩時が担った。金田は一九六四年十一月から全国をめぐって選手を集めた。そして六五年三月にスタートした際、選手は、小学生二人、中学生十四人、高校生八人の計二十四人だった。そして次から次に日本のトップ選手を輩出していったのである。選手たちは、プール近くの寮で生活をともにした。「警察官の初任給が二万五百円、銀行大卒初任給が二万五千円の時代に、食生活の材料費だけで一日四百円をかけたと記録されている。専門の賄い婦二人、生活指導にロート製薬水泳部から二人、さらに学習時間の少ない選手たちのために四人の家庭教師もつけられた。親元を離れた少女たちの物心両面を支える山田SCの運営には、年間千五百万円の予算が投入された⒁」という。

しかし、これほどまでの尽力に対し、必ずしも肯定的な見方ばかりではなかった。高石勝男は、「地方の指導者を失望させるようなことはしないでほしい。クラブのある大阪周辺から集めるのならいいが」⒂「小学校を出たばかりの子供を親元から離して、いいことは絶対にない。中学生では精神的にどこかに歪みがくる」と反対していた。

一九六五年に開設されたクラブは、十一クラブを数え、六六年には新たに自らの自前の屋外プールを作った金子水泳学校を含め、十二クラブが開設され、わずか二年間で二十三クラブとなったのである。

また一九六六年には、代々木SCの村上が声をかけて、代々木・霞ヶ丘をはじめ四クラブによる東京ジュニア・スイミング協会が誕生し、その年に二回の連合記録会を開催している。さらに同時期に九州では「競輪方式」と呼ばれ、いくつかのクラブがそれぞれ記録会を開催し、そこにほかのクラブが参加する合同記録会が実施されている。

翌年の一九六七年には、室内の専用プール・専属コーチを有する多摩川スイミングスクール（以下、多摩川SSと略記）が開設されている。また六七年八月九・十日には全国から十四クラブ、延べ約五百人の学童が参加して

「第一回SC研修会」（代々木スイミングプール）が開催され、レースが実施されている。文部省が通達として出していた「児童・生徒の運動対外競技について」によって学童は宿泊を伴う県外への試合参加が禁止されていたこともあり、「記録会」ではなく、あくまでも「研修会」として実施されている（一九七一年から記録会として開催[16]）。

その翌年の一九六八年二月四日、日本スイミングクラブ協議会が正式に発足している。その後、登録クラブは増加の一途をたどり、七九年一月三十一日には日本スイミングクラブ協会に改組されている。この年には「第一回マスターズ・スイミング・フェスティバル」が開催されている。また全国展開する各社が事業を展開し始めた年でもあり、ザ・ビッグスポーツは同年五月に愛知県名古屋市で、スポーツアカデミーは七月に神奈川県川崎市で事業を開始し、八〇年には、協会加盟クラブは五百二十クラブと激増している。

そして一九八七年には社団法人日本スイミングクラブ協会に、そして二〇一二年には一般社団法人日本スイミングクラブ協会へと移行しながら組織化が進展し、一三年度登録クラブは千五十九クラブにのぼる[17]。

2■サッカーをめぐる民間スポーツクラブの発展過程

わが国のサッカーの動向

一八七三年、イギリス人の指導のもと東京築地の海軍兵学寮（のちの海軍兵学校）の寮生が、わが国で初めてフットボールをおこなったとされる。そして、サッカーが日本に定着するうえで重要な役割を果たしたのが、横浜と神戸につくられた外国人居留地であり、例えば、横浜居留地に横浜クリケット＆アスレチッククラブ（Yokohama Cricket & Athletic Club〔YCAC〕）がつくられ、さまざまな団体と試合をすることで徐々にサッカーが広がっていくことになる。

そのなかの一つで日本のサッカーチームとして重要な役割を担ったのが、一九〇二年に発足した東京高等師範学校フットボール部である。〇四年からYCACと毎年のように試合をおこない、力をつけていきながら、その後、卒業生の多くが師範学校の教員になったことから師範学校にサッカーが普及することになるのである。

一九一八年、第一回日本フートボール大会（のちの全国高等学校サッカー選手権大会、第一回から第八回大会までは関西の学校だけ）がアソシエーション式（現・サッカー）とラグビー式（現・ラグビー）に分かれて開催されている。アソシエーション式の大会は一月十二・十三日の両日、大阪府の豊中グラウンドで開催され、第一回大会のベスト4は御影師範学校（兵庫県）、明星商業学校（大阪府）、第一神戸中学校（兵庫県）、姫路師範学校（兵庫県）であり、これらの学校は、「高師出身の選手による直接のコーチを受けて、一とおりのチームとしての形を備えていた」[18]という。優勝チームは、御影師範（現・神戸大学）であり、二四年の第七回大会まで連続優勝を果たしている。その後、第八回には神戸一中（現・兵庫県立神戸高等学校）が優勝し、この両校の間で第二次世界大戦によって中断される前の四〇年第二十二回大会まで覇権が争われ、御影師範が十一回、神戸一中が五回の優勝を果たしている。この結果が示すように、東京都とともに兵庫県が国内サッカーの拠点になっていた。兵庫県隆盛の背景には、前述のように一八七〇年に神戸居留地に在留外国人のスポーツクラブとして創設された神戸レガッタ&アスレチッククラブ（Kobe Regatta & Athletic Club〔KRAC〕）と御影師範などとの交流を通して、ルールや技術がいち早く広がったことも大きく影響しているものと考えられる。

師範学校にサッカーが普及するとともに、師範学校の付属小学校でもサッカーが盛んになっていく。この点とも関連するが、一九一七年、東京高等師範学校、青山師範学校、豊島師範学校のOBによって東京蹴球団が創設されている。初代の団長は東京高師教授の永井道明である。この東京蹴球団は、クラブとして競技力向上を牽引するとともに、サッカーの普及に重要なはたらきをしている。例えば、一八年、東京蹴球団主催で関東の中等学校を対象として第一回関東蹴球大会（後援：東京朝日新聞社）を開催している。野球統制令によって主催団体が規制対象となる三三年まで継続して十五回開催されている。同団は小学生にも目を向けて、二二年に関東少年蹴球大会（主催：東京蹴球団、後援：東京朝日新聞社）を開催している。関東と冠しているものの実際には東京都と埼玉県の小学校に限られていたが、第一回大会は、十月十五・十六日の両日、日比谷公園で十四チームが参加、二部制で第一部が尋常小学校、第二部が高等小学校だった。第三回には二十五チームが参加し、四〇年（参加チーム：五校）まで続けられている。日本蹴球協会編『日本サッカーのあゆみ』によれば、二二年九月には、「東京蹴球団は学童用ルールを制定し、尋常科と高等科の二部制で少年蹴球大会を始めている。最初に全日本選手権者《ママ》となった選手がいずれも市内の小学校に奉職する先生方であったので、その喜びを子どもたちに伝え、子どもたちも喜んでこの新行事を盛り上げたのである。たちまち大きな影響が出てきたといってよいと思う[19]」と当時の様子が記されている。

一九二一年九月十日、大日本蹴球協会（The Football Association of Japan）（のちの日本サッカー協会）が設立されるが、ここでも東京蹴球団のはたらきは大きく、大日本蹴球協会の初代七人の理事のなかで永井道明をはじめ四人の東京蹴球団の団員が名を連ねている。また同年、全日本選手権大会が開催され、東京蹴球団が優勝、御影師範が準優勝を果たしている。

なお東京蹴球団は、「一九二五（大正十四）年夏、北海道で小学生のために講習会を開いている[20]」という記述にもみられるように、地方での取り組みも積極的におこなっている。このような取り組みのなかで師範学校ＯＢによる蹴球団の結成、大会の開催が各地に広がり、一九三〇年には、北海道や広島県など十数カ所で小学生サッカー大会が開催されるまでになっている。

その後、一九二九年に国際蹴球連盟（International Federation of Football Association）に加盟、三六年にはベルリンオリンピックへの参加を果たしている。このように青少年期も含め学校を中心にサッカーが普及していくが、四三年にいたり、戦争によって学徒体育大会や全国大会の禁止など、中断を余儀なくされるのである。

戦後、一九四六年に全日本蹴球選手権大会が開催されるが、日本蹴球協会は、戦争によって、指導者層よりもプレーヤーのほうに打撃を受けた。そこで、「生き残った選手を駆り集めて、戦争前に確立した日本のレベルへ、次の時代の若者を引き上げる努力[21]」を模索し、「戦前に大学である程度訓練を受けていた第二級の選手たちを訓練することは、戦後の新しい選手を養成するより手っとり早いと考え[22]」、四八年に全日本実業団選手権大会を開催している。

その後一九五一年、インド・ニューデリーで開催された第一回アジア競技大会に出場、五四年には、初めてワールドカップ予選に出場している。そして、五六年に初めてメルボルンオリンピックに出場を果たすが、初戦で敗退する。その後、六〇年ローマオリンピックには出場できなかったが、六四年の東京オリンピックには予選なしで出場し、ベスト8に進出したのである[23]。

一方、底辺の拡大に関して、「一九五三（昭二十八）年の松山国体からは一般の部に参加できる資格を教員に限ることにし、五七年藤枝国体からは教員の部を設けて、一般の部は元に復して三部制にした。また五九年からは全国教員系大学の大会を開始し、戦前、高等師範や各県の師範学校が勢力をもっていた時代に各地の小学校生徒がよくボールを蹴っていて、ここに優秀な選手の「めばえ」があった、いちばん自然な姿を早く復活しなければと努力した[24]」という。学校の教員の活動に力を入れながら、小学校を中心として指導していく戦前の方法を踏襲しようとする姿がみられる。

日本サッカーリーグは、東京オリンピック後の一九六五年に創設された。これは、日本サッカー界の恩人と称される「デットマール・クラマー・コーチの「もっと強くなるためには短期間のトーナメント形式の大会ではなく、トップチームによる長期リーグをつくるべきだ」という趣旨の提言[25]」が契機となっている。それまでの学生中心ではなく実業団中心の全国リーグは日本初であり、「日本サッカーリーグが刺激となり、その後バレーボール、アイスホッケーなどの日本リーグが続々と組織されていく[26]」のである。

この間の天皇杯全日本選手権決勝記録[27]によれば、実業団を中心とした日本サッカーリーグが創設される一九六五年までは、大学や大学ＯＢのチームの優勝がほとんど（一九六〇年、六一年は古河電気工業が優勝）だったが、六五年以降は、六七年に釜本邦茂選手の活躍による早稲田大学の優勝があるだけで、あとはＪリーグが開幕する九三年まではほぼ実業団チームが優勝（読売クラブ〔三回優勝〕を除く）している。

この間、古河電工の奥寺康彦選手が一九七七年、西ドイツ（現・ドイツ）のFCケルンに入って日本人プロ第一号になるなど、選手のプロ化の動きが活発になってくる。そこで日本サッカー協会は、八六年、日本体協の加盟団体として初めてプロ登録を認め、この年に帰国した奥寺と日産自動車の木村和司の二人を国内初のプロサッカー選手として認可したのである。[28]

プロ選手の認可とも関連するが、長年にわたって読売新聞社運動部でサッカーに携わってきた牛木素吉郎は、オリンピック後、東アジア圏でのプロサッカーリーグ構想があったと指摘する。「しかし、これは実現不可能なアイデアだった。というのは当時、日本体育協会のアマチュア規程は、加盟競技団体がプロを含むことを統括できなかったからである。一方、各国サッカー協会の傘下外にサッカーの団体を作ることは国際サッカー連盟（FIFA）の規則で厳しく禁止されていた。この二つの矛盾する規則を両立させるには、日本ではサッカーのプロ化を断念するほかはなかった[29]」というのである。その結果、プロ化を急ぐのではなく、「将来のプロ化を目指すクラブ作り」へと方針を変更したのである。そして、当時、日本サッカー協会の会長だった「野津会長は読売の正力社主と会談したとき「五年後にはプロに」と言っていたという。しかし、日本におけるサッカーのプロ実現は、一九九三年のJリーグ誕生まで二十四年間も待たねばならなかった[30]」のである。プロ化の容認は、オリンピックのアマチュアリズムが崩壊し、日本体育協会のアマチュア規定が一九八六年に撤廃されたあとに実現したのである。

その後、プロ化の動きが激しくなって、日本サッカーリーグは、二十七シーズン目を終えた翌年の一九九三年、Jリーグの創設によって引き継がれ、プロ化が進展することになる。

このように日本サッカー界の動きをみると、戦後、日本のサッカー界の主な担い手は、学生競技者や学生OB競技者から、実業団競技者へ、そしてプロフェッショナル競技者へと移行していることがわかる。

これは、学生競技者を含めたいわばアマチュアスポーツからプロフェッショナルスポーツへの変動を意味する。

民間スポーツクラブの誕生・発展過程は、このスポーツ競技の担い手の変容過程と符合するものと推察される。

その一方で、青少年期のスポーツについては国体にみられるように教員を鍛錬し、小・中・高校での指導の充実を図るなど、学校運動部を中心に文部省の対外試合に関する通知をふまえた指導が展開されていた。しかしながら、東京オリンピックまでにまったく学校外での活動がなかったかといえばそうではなく、日本体育協会は、一九六二年、東京オリンピックを見据えながら日本体育協会五十周年事業として全国にスポーツ少年団を創設していて、サッカーを活動種目とする少年団も創設されている。しかしながらスポーツ少年団は、少額の入会金や月会費（無料もあり）は設けているものの、基本的に指導者はボランティアとして指導する場合がほとんどであり、本書でいう民間スポーツクラブとは異なるが、地域のスポーツクラブがスタートしていたことは確認しておきたい。

サッカーをめぐる民間スポーツクラブの発展過程

サッカーでは、前述のように加藤正信によって一九六五年、全国に先駆けて神戸少年サッカースクールが開設されたところから本格的にスクール事業を有する民間スポーツクラブの創設が始まる。加藤は、サッカースクールが急増していく契機としてＮＨＫが二回にわたって神戸少年サッカースクールを取り上げたことにふれ、「メキシコ・オリンピックで名声を不動のものにした釜本、杉山の両選手がスクールの子供たちといっしょにボールをけっているようすが全国の茶の間に流れた。その反響は予想以上に大きく、少年指導者に「これだ！」と目覚めさせ、サッカースクールが次々と誕生していった[31]」と述べている。

また一九六五年十月三十一日、大阪スポーツマンクラブ少年サッカースクールが、大阪市西区靭《うつぼ》公園に隣接したサッカー場で活動を開始している。当時の様子について、「この学校が希少価値の体育塾としてＴＶ、新聞のマスコミに取り上げられ、申込受付日には定員を軽くオーバー、コーチの数、グラウンドの広さの関係から、先着百三十九人で打ち切るというスタートであった[32]」という記述から、サッカースクールに対する要望の強さがうかがわれる。活動は、「毎月第一、第三日曜を登校日とし、午前九時から十一時まで、百三十九人の生徒（八割までが小学生）と、三十余人のコーチが、五十個前後のフットボールを奪いあって、楽しく過ごしてきた[33]」という状況だった。

このように東京オリンピック後に、サッカーの民間スポーツクラブ、サッカースクールの動きが活発化するが、実は東京オリンピックの四年前の一九六〇年にも、兵庫県神戸市の時計屋を営む林幸男が、近所の子どもを集めて六甲少年蹴球団を設立していた。「監督業はもちろんボランティアで手当てが出るわけではない。現在でこそ、団費を集めて、運営しているが、最初は、チームのこどもたちのために、サッカーボールやネット、ユニフォームなど、林幸男が持ち出しで揃えて貸し出していた[34]」というように、まさにボランティアの活動としてのクラブ創設だった。その後、成徳サッカースポーツ少年団、成徳サッカー少年団、FC成徳と名前を変えながら継続し、二〇一〇年度にも約六十人の子どもが参加している。これは加藤が本格的にサッカースクールを始める五年前であり、またスポーツ少年団が開始（一九六二年）される前でもあり、少年サッカークラブの萌芽的取り組みとして特筆できる。

さて、加藤は、その後一九六九年に兵庫少年サッカー大会を主催したが、「第一回兵庫少年大会の開催を新聞で呼びかけたところ、たちまち四十数チームが集まった[35]」と述懐している。そして、「兵庫サッカー友の会」が始めた神戸少年サッカースクールは、年々生徒数が増加し、ボランティアでは運営が難しい状況に追い込まれ、運営母体だった「兵庫サッカー友の会」を法人化して七〇年十二月には社団法人神戸フットボールクラブを設立、日本初の法人格をもった市民スポーツクラブとして注目されることになる[36]。その間、六八年、日本蹴球協会（現・日本サッカー協会）は、第一回全国クラブ育成協議会を開催し、全国各府県から集まった三十九人の代表と主として少年対象のクラブの諸問題を協議している。その協議の中心になったのが加藤だった。また第二回全国クラブ育成協議会では、加藤は、選手登録に関して社会的属性で区分するのではなく、あくまでも身体の発育に関係がある年齢で区分すべきだという認識に立ち、日本協会の加盟団体の登録を年齢別に変更することを提案している。[37]

その頃のほかのクラブの創設に目を向けてみると、一九六九年四月、枚方フットボールクラブが団地の子どもたちを集めてサッカー指導を開始し、翌七〇年四月に開成サッカースポーツ少年団として産声をあげている。その後、七三年十二月には、第一期生が中学進学したのを機に、機構を改めて枚方フットボールクラブとして本格的なクラブとしてスタートしている。枚方フットボールクラブコーチの近江達は、「サッカーマガジン」に約一年半にわたって少年期からの指導法の連載をしているが、「この教室では、こうすればだれでも「世界の一流選手がやっているようなサッカー」ができる選手になれる、という考え方、取り組み方、練習法などを提供します。そして、諸君にぜひ世界の一流サッカーに通ずる道を進んで欲しい、これが私の悲願です[38]」と記述している。ここには、世界の一流選手を育てることを目指した指導を実践していこうという強い意志がうかがわれる。

また企業が少年サッカースクールを開校するケースも出てきたのも、この頃である。読売サッカークラブの創設は、一九六八年十一月、日本蹴球協会（現・日本サッカー協会）会長の野津謙が読売新聞社を訪れ、正力松太郎会長に対し、野球に続いてプロサッカーチームの創設を依頼したことに始まる。その後、翌六九年十月、それ以前からあった実業団サッカー部の日本テレビサッカー部を発展的に解消して読売サッカークラブを創設したのである。クラブは、サッカー界の底辺の拡大と日本の実力の世界レベルへの押し上げという普及と強化の両面を目標に掲げ、同年九月十八日には、「読売新聞」で少年サッカースクールの社告を掲載している。小学校三年から中学校三年までの男子を対象として、入会金千五百円、月会費千二百円を徴収し、日本蹴球協会技術指導委員である専任コーチが指導する旨を提示している。十月十二日、全面芝生の上に百五十人の生徒を集めてスクールがスタートしている。[39]

また、三菱養和スポーツクラブは、一九七五年、三菱創業百年記念事業の一環として設立された巣鴨スポーツセンター（東京都豊島区）を拠点に開設され、養和スポーツスクールとして各種スポーツのスクールを開校している。なかでもサッカーのジュニアスクールはその中心的な活動の一つだった。

このようにクラブの運営に際しては、個人経営であれ、企業経営であれ、クラブ事業の一つとして少年サッカースクールを開講しながら、クラブ所属を促進する方法をとるのが一般的だった。

さらに一九七四年、日本リーグ一部の藤和不動産（のちのフジタ工業クラブサッカー部、その後、湘南ベルマーレ）が競技力向上を第一義としたユースチームを創設した。「全国から集まった中学卒業の希望者の中からテストで十数人を選抜して、いわば藤和の〝ファーム〟にする」[40]考え方に基づくものだった。

その後、日本クラブユースサッカー連盟事務局長（二〇〇六年度）真田幸明[41]によれば、一九七四年、日本サッカー協会の法人化に伴い、それまでの社会的属性（学校・企業単位）による登録制度から年齢別登録に変更され、高校生年代の選手が、学校単位でなくても、地域のクラブチームでもサッカー協会に登録できるようになった。これを契機にサッカー協会に登録した読売クラブ（現・東京ヴェルディ1969フットボールクラブ）、神戸フットボールクラブ（以下、神戸FCと略記）、枚方FC、三菱養和SC、藤和不動産ユースが一堂に会し、七五年、那須ハイランドパークで独自の大会を開催し、枚方FCが優勝を果たしている。その後、読売や神戸、枚方、三菱養和の各クラブが中心になって、地域クラブチームの競技力向上や普及・発展を目的に、七八年に全国サッカークラブユース連合（現・日本クラブユースサッカー連盟）が発足したのである。そして同年、クラブユースサッカー選手権大会（現・日本クラブユースサッカー選手権〔U―18〕大会）（主管：読売サッカークラブ、後援：日本サッカー協会・日本テレビ、会場：よみうりランド）が、前述の四クラブの参加のもとに開催されている。その翌年には、その四チームにソシオスFC・横浜トライスター・藤岡FC・愛知FCが加わっている。

その後、一九八二年、全国サッカークラブユース連合は日本サッカー協会の公認を得て、日本クラブユースサッカー連盟へと改組し、全国クラブユース選手権大会（現・日本クラブユースサッカー選手権〔U―18〕大会）を開催することになった。また、八五年には、高校生年代を対象とした日本クラブユースサッカー連盟と関連が強く、中学生年代・ジュニアユース部門を主に担当する日本クラブジュニアユースサッカー連盟が発足した。八六年には、長野県白馬村で全日本クラブジュニアユース選手権大会[42]（現・日本クラブユースサッカー選手権〔U―15〕大会）が開催されている。

そして一九九三年、Ｊリーグが創設された。Ｊリーグ規約（二〇一〇年二月十六日改正）によれば、Ｊ1クラブの参加資格要件は「協会の加盟チームに関する規定の定める登録種別の第一種、第二種、第三種および第四種に属するチームを有していること（ただし、第四種についてはその年代に対するサッカースクール、クリニック等の活動を行っていることで足る）」（第十九条第一号第三項）となっている。このようにＪ1（Ｊ2も同様）チームは中・高校生年代（第二・三種）のチームを有すること（小学生年代〔第四種〕はサッカースクール、クリニックなどでも可）が参加資格要件となっていることもあり、地域に根ざすスポーツを理念に掲げたＪリーグの発足が地域のサッカークラブに与えた影響は大きく、この年を境に地域のサッカークラブは全国で急激に普及していった。[43]九七年にはユースとジュニアユースの各連盟は、中・高校生年代の相互関係をより強固なものにし、六年間の一貫指導体制を確立することを目的として日本クラブユースサッカー連盟[44]に統合され、新たなスタートを切ったのである。

日本クラブユースサッカー連盟では、十五歳以下と十八歳以下の二つのカテゴリーに登録を分けており、十五歳以下のU―15では登録者数が年々増加していて、十八歳以下のU―18でも一九九六年度以降は横ばい状況だったが、二〇〇〇年度あたりから再び増加傾向となっている。前述の真田は、「全国の中学校・高校では部活動の停滞／地域クラブへの移行についての声も大きく上がっており、本連盟への加盟チーム増加については更に拍車がかかるものと思われている[45]」と予測している。

このようにサッカーの民間スポーツクラブはＪリーグ発足以来、急速に発展してきているが、高校期のクラブチームの競技者は全国高校選手権に出場することができず、長らく学校運動部の競技者と民間スポーツクラブの競技者の双方が同じ場で競技することはなかったのである。

そこで一九九〇年から両者のトップチームが雌雄を決する場として、日本サッカー協会は高円宮杯全日本ユース（U―18）サッカー選手権大会を開催することになった。その勝者をみると、表3に示すように九八年まではすべて学校運動部チームだが、九九年、初めて民間クラブチーム・ジュビロ磐田ユースが優勝している。その後、

表3　サッカー全日本ユース選手権大会決勝記録（主催：日本サッカー協会）

		優勝		準優勝
第1回	1990年	静岡市立清水商業高等学校	2-0	習志野市立習志野高等学校
第2回	1991年	徳島市立高等学校	1-0	長崎県立国見高等学校
第3回	1992年	静岡県立藤枝東高等学校	3-1	読売サッカークラブユース
第4回	1993年	静岡市立清水商業高等学校	1-0	鹿児島実業高等学校
第5回	1994年	静岡市立清水商業高等学校	3-1	読売サッカークラブユース
第6回	1995年	静岡市立清水商業高等学校	5-0	横浜マリノスユース
第7回	1996年	鹿児島実業高等学校	5-1	東福岡
第8回	1997年	東福岡高等学校	3-2	静岡市立清水商業高等学校
第9回	1998年	静岡県立藤枝東高等学校	3-2	ガンバ大阪ユース
第10回	1999年	ジュビロ磐田ユース	4-1	ベルマーレ平塚ユース
第11回	2000年	静岡市立清水商業高等学校	3-2	群馬県立前橋商業高等学校
第12回	2001年	長崎県立国見高等学校	1-0	FC 東京 U-18
第13回	2002年	長崎県立国見高等学校	4-2	星稜高等学校
第14回	2003年	船橋市立船橋高等学校	1-0	静岡学園高等学校
第15回	2004年	サンフレッチェ広島ユース	1-0	ジュビロ磐田ユース
第16回	2005年	読売ヴェルディユース	4-1	コンサドーレ札幌ユース U-18
第17回	2006年	滝川第二高等学校	3-0	名古屋グランパス U-18
第18回	2007年	流通経済大学付属柏高等学校	1-0	サンフレッチェ広島ユース
第19回	2008年	浦和レッズユース	9-1	名古屋グランパス U-18
第20回	2009年	横浜F・マリノスユース	7-1	ジュビロ磐田ユース
第21回	2010年	サンフレッチェ広島ユース	2-1	FC 東京 U-18

（出典：日本サッカー協会七十五年史編集委員会編集・制作『財団法人日本サッカー協会七十五年史――ありがとう。そして未来へ』〔日本サッカー協会、1996 年〕396 ページ、後藤健生『日本サッカー史――日本代表の九十年 資料編』〔(Soccer critique library)、双葉社、2007 年〕308 ページ、日本サッカー協会資料から著者作成）

二〇〇五年から一〇年までをみると学校運動部チーム二回の優勝に対して、民間クラブチーム四回の優勝となっていて、〇八年から三年間では、優勝・準優勝チームはすべて民間クラブチームとなっている。

この動向をみてもわかるように、一九九三年のJリーグの開幕以来、Jリーグでの二種（U―18）・三種（U―15）年代のクラブチームの設置義務とも相まって、九九年に初めてクラブチームが全日本ユースで優勝を果たし、二〇〇五年以降ではクラブチームの強さが顕著となっている。

その後、二〇一一年から高円宮杯U―18サッカーリーグプレミアリーグ（東西二地域）を最上位として、それに次ぐ、同プリンスリーグ（全国九地域）、さらに都道府県ごとに分かれた同都道府県リーグ（各都道府県）が創設され、高校生年代の第二種登録チームがすべて参加できるようになっている。そこで最終的には、プレミアリーグの東西二地域の優勝チームが高円宮杯U―18サッカーリーグチャンピオンシップで雌雄を決することになっているが、一四年はセレッソ大阪U―18が優勝、柏レイソルU―18が準優勝を果たすなど、クラブチームの優勢が続いている。

3 ■ 体操競技をめぐる民間スポーツクラブの発展過程

体操競技の動向

わが国での戦前の体操競技の動きをみてみると、一九三〇年四月十三日、全日本体操連盟が創設され、同年十一月には第一回全日本器械体操選手権大会が開催されている。三二年六月には、ロサンゼルスオリンピックに大谷武一を監督とした日本チームが初参加を果たしている。同年六月、第一回全国大学高専競技会が開催され、三五年八月には第六回国際学生体操競技大会（ハンガリー・ブダペスト）に初参加する。その後三六年十月には、全日本学生体操競技連盟の設立にいたる。そして三七年には、第一回全日本女子体操選手権大会が開催される。

一九三九年十月、新たに日本体操競技連盟が創設されるが、四二年四月に大日本体育会が大日本体育会に改組されるとともに、大日本体育会体操部として統合されている。

このように戦前の動きをみると、一九三〇年代から本格的に体操競技団体の組織化が進むと同時に全日本レベルの競技会が開催されるようになっている。また三一年二月、第一回全日本中学校器械体操選手権大会が開催されるなど、早い段階で中等学校期の全国大会が開催されているが、ここでいう中学校とは現在の高校生年齢期にあたるものであり、戦後に創設された新制中学校と小学校の大会は開催されていない状況にあった。

戦時中は、学徒動員や役員の出征で体操競技界は自然消滅の状態になったが、戦後の一九四五年十月には、体操新団体結成準備会がつくられ、翌四六年三月、平沼亮三を会長とした日本体操協会が新たに設立されるにいたる。そして同年十一月には第一回国民体育大会兼第一回全日本個人選手権大会が、翌四七年には第一回全日本学生体操競技選手権大会がそれぞれ開催される。

その後、一九五〇年八月、スイス・バーゼルで開かれた第二十九回国際体操連盟[46]（ＦＩＧ）総会で日本体操協会仮加盟が承認されるなかで、国際的な競技力の向上が課題になっていくのである。

一九五三年九月の日独交歓体操競技会開催、その後六一年十月の第一回日ソ対抗体操競技会の東京開催、そして六四年十月の東京オリンピック大会開催へと続いていく。小野喬、田中（現・池田）敬子をはじめ、当時の大学生や大学卒業生によって構成されるメンバーで出場し、成果を収めている。

この戦後から東京オリンピックまでの間、ジュニア育成の重要性を喧伝し新制中学校期の全国大会を熱望していた日本水泳連盟とは異なり、日本体操協会は、中学生期の大会を熱望している様子はみられない。その点について日本体操協会競技委員長を歴任した中島光廣は男子を例にとり、一九五二年ヘルシンキオリンピックから七二年ミュンヘンオリンピックまで日本が驚異的な強さを誇った背景について語る。「かつてわが国の競技力が驚異的な上昇を続けていた時代は、まだ世界の技術の流れがゆるやかな時代であり、わが国の技術開発のスピードが世界のそれを上回り、次々と新しい技や技術を発表して世界をリードすることができた。高等学校の部活動で育った選手が大学に進学し、そこで強化すれば世界のトップレベルの競技力に達することもまだ可能であった[47]」つまり体操競技では、戦前から戦後にかけて水泳競技のように早期トレーニングの必要性はあまり認識されてこなかったといえる。しかし、「ソ連では、一九六〇年ローマオリンピックで日本に王座を奪われる前後から、組織的な反省のもとに選手の早期養成システムづくりがはじめられた。この動きは東独、チェコスロバキア、ハンガリー、ルーマニアなどの共産圏諸国に広がり、またフランス、西独、アメリカなどの自由圏諸国にも伝わっていった[48]」のである。

これらの世界的な動きのなかで、東京オリンピックを契機として学校運動部に依存した選手養成のシステムの限界が見抜かれ、民間スポーツクラブづくりが急激に動きだすのである。

体操クラブの発展過程

東京オリンピック後には、出場選手だった小野や池田が中心になって体操クラブを誕生させていくが、その萌芽である東京オリンピック以前の動きについてもふれておきたい。

一九六一年四月、戦前からYMCAの少年部リーダーを長く務め、その後体育教師としてスポーツを教えていた三宅馨は、「生涯スポーツが僕の仕事だと思った。当時は、役所もいまほど体育に力を入れてなかったし、それにヒモつきじゃなく、自前で自由に、平等にスポーツを楽しめるクラブをつくりたい[49]」という思いから、預かっていた農園の芝生を整地して跳び箱二台を置き、会員六人（子ども）の体操教室を開設し、大泉スワロー体育クラブ（東京都練馬区）を設立している。その後、水泳やトランポリンなどの種目を取り入れ、行事や教室開催に力を入れながら、七〇年七月二十五日に株式会社大泉スワロー体育クラブとして法人化するにいたる。この取り組みは、スポーツの普及を目的とした民間スポーツクラブの萌芽として注目される。

東京オリンピック後に本格的に民間スポーツクラブが誕生することになるが、その第一が、先述したように東京都大田区の池上実相寺を活動拠点として小野によって設立された池上スポーツ普及クラブなのである。

小野の動きは、全国的に広がりをみせる。例えば、岡山県体操協会では一九六七年六月、社会体育の一環として岡山県体育館を会場に幼児から小学校六年までを対象に、山陽新聞社からの援助金を得て岡山子供体操教室を開講している。岡山県体操協会の井上寛治によれば、「参加人数に不安を抱きながら幕をあけたが、意外と大当たりし最初六十人ほどだった子供が次第に増え、三年目には実に登録児童が七百人を突破した」[50]というほどの盛況ぶりをみせている。

一方、企業の参入も早い段階からみられる。一九六六年に河合楽器は、かつてのオリンピック体操選手だった鶴見修治を監督に迎え、次第に実業団体操界で頭角を現していく。そこに地域の子どもたちが集まってくるようになり、練習をしたいという要望に応えているうちに、鶴見は、幼児に対する正しい指導の仕方の重要性を認識し、その後、幼児体育の理論と指導技術を修得しながら、六七年、静岡県浜松市教育委員会の協力を得て、約八十人の子どもを集めてモデル教室を開催するにいたる。その動きは福岡市と広島市にも広がっていき、七〇年には全国組織としてカワイ体操教室がスタートすることになる[51]。

またジュニアからの選手養成を痛感していた池田は、前述したように一九六九年に池田健康体操教室を創設し、そのなかから有望な選手を養成する目的で日本体操クラブを設立している。

また東京オリンピックの水泳選手だった後藤忠治を中心に、同オリンピックの体操選手だった小野喬・清子や遠藤幸雄が参画し、一九六九年に体操と水泳の選手の育成を目的としたセントラルスポーツクラブを創設している。

さらに宮下桂治・弘子は一九七二年に、会員二十一人でフジスポーツクラブ（千葉県船橋市）を発足している。宮下弘子は、それまで体操の選手育成を学校教育のなかでおこなっていたが、「学校体育の枠の中ではこれからの選手は育たない」この想いが八年間在職していた習志野高校を止めさせ、社会体育のクラブへと私を走らせました[52]」と述べている。

しかし、選手育成まではそう簡単な道のりではなく、「いつかは体操の選手を育てよう、そんな気持ちも、新しいクラブが軌道に乗る迄はとても無理でした。その頃、運動面で秀でた子を普通コースの中で活かし切れない現実が出るに及び、昭和四十八年、今の体操競技コースの前身が出来上がったのです[53]」と彼女は振り返っている。このように選手養成を目的としたクラブを創設しても、いきなりいい選手が集まるわけではなく、どのクラブでもまず体操教室を開講して会費による収入を確保しながら、選手になれそうな子どもをリクルートし、選手コースのなかでアスリート養成に向かうという段取りをとるのが一般的である。

企業がバックにいる民間スポーツクラブはいいが、個人で開設したクラブの場合、さまざまな困難を抱えながらの運用となる。フジスポーツクラブの宮下弘子は言う。「一番困ったのは施設です。狭い船橋教室で、平均台で倒立をした子が電気の笠にぶつかって縫う程のけがをしたり、次の練習場、山手教室では子供の背が伸びるに従って天井の梁がじゃまになり、遂に天井の梁を一部切って落とし、鉄棒の車輪がまわれるようにしたり、跳馬の助走路が足りなくて、着地したら鼻の前が壁なんてこともしょっちゅうでした[54]」。一筋縄にはいかなかった状況がうかがわれる。

また大泉スワロー体育クラブを創設した三宅は述べる。「施設がなくて、毎朝六時から預かっていた農園の芝生でやった。三十九年〔一九六四年：引用者注〕にプレハブの体操場をつくり、四十五年に、私はそれまで体育教師をしていたんですが、その退職金と会員のクラブ債で二千万円集めてプールをつくった。手作りです。とにかくお金がなくて、それまでも私のボーナスを待って用具を一つ一つ揃え、指導員の給料も払う有様でしたから[55]」。民間スポーツクラブの状況は自転車操業的運営だったことがうかがわれる。

いずれのクラブも、体操競技の普及と子どもの健全育成とアスリート養成という目的を内包しながら、学校運動部に依存しない、学校外の、社会体育としてのスポーツの場づくりとアスリート養成を目指すという点では、ほぼ共通しているといえる。しかしながら、そのなかにあっては、子どもの年齢と技術レベルに沿った体操の普及と子どもの健全育成に主眼においた大会と、体操競技のアスリート養成に主眼をおいた大会の二つの方向性がみられるようになっていく。

まず体操の普及と子どもの健全育成に主眼をおいた大会として、全国少年少女体操交歓大会が挙げられる。小野喬は、「東京オリンピック大会以後、社会体育の場として発足したスポーツクラブや体操教室の小学生グループが体操の技術を身につけ始め、クラブ交歓大会をしようということで指導者が集まって組織化されたのが全国スポーツクラブ体操競技連絡協議会であり、第一回交歓大会を昭和四十五年の夏休み期間である八月に東京の池上スポーツ普及クラブで行ったのであります」[56]と述べている。一九七〇年八月にスポーツクラブ体操競技連絡協議会（のちに全国少年少女体操普及協議会と改称）が創設され、賛同する六クラブが集まって第一回スポーツクラブ対抗ジュニア体操競技選手権大会（のちの全国少年少女体操交歓大会と改称）がおこなわれている。その後、第二回は大阪府の淀川善隣館体育館（七クラブ）で、第三回大会は愛知県瀬戸市の愛知県青少年体育館（八クラブ）で、第四回は秋田県秋田市の秋田県立体育館（十一クラブ）で、第五回は岡山県美作加茂町中学校体育館（十六クラブ）でそれぞれおこなわれている。

当時の大会の特徴としては、小学一年生から四年生までを初級コースとし、小学五年生と六年生を中級コースとしてそれぞれ規定演技だけを演技させることになっている。また、中学生を上級コースとして自由演技だけをおこなわせている。その試合の考え方と様子について小野は、「義務教育者の交歓大会ですので参加するためには教育的配慮がなされており、体操の技術交歓を通じての豊かな人間形成を本大会の主目的」としていて、「したがって、勝負には余りこだわらずに、日頃教わっている演技をのびのびと発表しているのが特に感じとられるという大会」[57]だと指摘している。この大会は、全国少年少女体操交歓大会（主催：全国少年少女体操普及協議会）として現在も継承されていて、二〇一四年度の大会では、四十五クラブ、大会参加者人数四百四十二人となっている。

一方、アスリート養成に主眼をおいた大会としては、全日本ジュニア体操クラブ協議会が主催する全日本ジュニア体操競技選手権大会が挙げられる。全日本ジュニア体操クラブ協議会は、東京オリンピックの経験から、世界に通用する選手養成はできるだけ早く適切なトレーニングを始める必要があるという認識のもとに、一九七五年に創設されたものである。この協議会には、池田が創設した日本体操クラブをはじめ、池上スポーツ普及クラブ、大泉スワロー体育クラブ、スイトピア体操クラブ、フジスポーツクラブ、セントラルスポーツクラブ、カワイ体育教室、大昭和札幌アスレチッククラブ、四天王寺クラブ、岡山子供体操教室、佐賀県体操クラブなど、三十九のクラブが加盟している。その後、登録クラブは一九七八年には五十五クラブ、八〇年には八十クラブと急激に増加している。

全日本ジュニア体操クラブ協議会の設立趣意書（一九七五年六月）には、「現今の日本における社会体育の普及は、欧米諸国に比べ、その差は顕著であり、しかも開くばかりである。わが国の体育・スポーツは、殆ど学校体育に依存し、政治行政も社会体育振興に十分なる施策を講じているとはいえない」と当時の社会体育の貧困を指摘している。そのうえで、「全国の少年・少女が、体操ならびに体操競技を通して、心身の健全な発展を図るとともに、社会体育の荷い手として活躍している個人または団体を固め、強いては相互の協調と技術の提携を通じて、体操ならびに体操競技の普及と発展を図ること」を目的としてうたっている。

その後、この協議会は日本体操協会の加盟団体に承認され、全日本選手権大会参加団体として組織的に正統な団体として承認されたのである。

その翌年、第一回全日本ジュニア体操競技選手権大会（主催：全日本ジュニア体操クラブ協議会）が開催され、以降主に十八歳以下の中高校生を中心とした競技大会として発展してきている。本大会は二〇一四年度で第三十九回大会を迎え、参加クラブは百九十クラブ、参加者数は九百八十八人となっている。[58]

一九七四年に実業団女子体操競技クラブとして朝日生命の体操クラブがスタートした。七九年五月、中延高校体育館（東京都品川区）から朝日生命久我山体育館に拠点を移し、地域の子どもたちを集めた朝日生命体操教室と、そのなかから選抜されたジュニア選手の育成を目的とした朝日生命体操クラブとが本格的にスタートしている。[59]その後、森尾麻衣子選手をはじめ数々のオリンピック選手を輩出していて、朝日生命体操クラブは全日本体操競技選手権大会で二〇一三年に二十五回目の団体優勝を飾るなど、日本女子体操界をリードし続けている。

注

(1) 前掲『水連四十年史』一四一ページ

(2) 同書一四一―一四二ページ

(3) 同書一四二ページ

(4) 前掲「オリンピック日本選手団報告書」三一ページ。なおOOCとは、オリンピック東京大会組織委員会(Olympic Organizing Committee)のこと。

(5) 前掲『日本のスイミングクラブ』一〇―一九七ページ

(6) 同書一一ページ

(7) 同書一〇ページ

(8) 同書一一ページ

(9) 同書一一ページ

(10) 同書一一ページ

(11) 同書一三ページ

(12) 同書一四ページ

(13) 同書一五ページ

(14) 同書一二―一三ページ

(15) 同書一二ページ

(16) 同書一〇―四七ページ

(17) 同書一八一―一九七ページ

(18) 全国高等学校体育連盟サッカー部編『高校サッカー六十年史』全国高等学校体育連盟サッカー部、一九八三年、一五ページ

(19) 日本蹴球協会編『日本サッカーのあゆみ』講談社、一九七四年、六六ページ

(20) 同書一二五ページ
(21) 同書一九二ページ
(22) 同書一六ページ
(23) 日本サッカー協会七十五年史編集委員会編集・制作『財団法人日本サッカー協会七十五年史――ありがとう。そして未来へ』日本サッカー協会、一九九六年、三八―四〇ページ
(24) 前掲『日本サッカーのあゆみ』一八ページ
(25) 前掲『財団法人日本サッカー協会七十五年史』三九ページ
(26) 同書三九ページ
(27) 同書三九四―三九五ページ
(28) 同書三九ページ
(29) 牛木素吉郎「クラブ四十年の歩み 読売クラブ創設事情一九六九―一九七二」、読売サッカークラブ～東京ヴェルディ四十周年記念誌発行委員会制作・著作『クラブサッカーの始祖鳥――読売クラブ～ヴェルディの四十年』所収、東京ヴェルディ1969フットボールクラブ、二〇一〇年、三一ページ
(30) 同論文一一ページ
(31) 前掲「限りない飛躍を夢見て」八ページ
(32) 岩谷俊夫「少年サッカー・スクール」「体育科教育」一九六六年五月号、大修館書店、三八ページ
(33) 同論文三八ページ
(34) 前掲『フットボールクレイ爺』一八ページ
(35) 前掲「限りない飛躍を夢見て」八ページ
(36) 賀川浩「このくにとサッカー――規制に挑戦し、普及と興隆の機関車となった偉大なドクター加藤正信（上）」「月刊グラン」二〇〇一年七月号、中日新聞社、四〇―四一ページ
(37) 賀川浩「このくにとサッカー――規制に挑戦し、普及と興隆の機関車となった偉大なドクター加藤正信（下）」「月刊グラン」二〇〇一年九月号、中日新聞社、五六―五七ページ

(38) 近江達「近江達の新・サッカーノート① 目標と育成構想の問題〈上〉」「サッカーマガジン」一九七五年六月十日号、ベースボール・マガジン社、一一六ページ

(39) 読売サッカークラブ〜東京ヴェルディ四十周年記念誌発行委員会「読売新聞の社告と記事にみる読売クラブの創設」、前掲『クラブサッカーの始祖鳥』所収、一六ページ

(40) 牛木素吉郎「牛木記者のフリーキック」「サッカーマガジン」一九七四年六月一日号、ベースボール・マガジン社、一〇四ページ

(41) 日本クラブユースサッカー連盟事務局長真田幸明によって二〇〇三年五月二十三日に作成され、〇六年九月四日に訂正された日本クラブユースサッカー連盟の文書（「日本クラブユースサッカー連盟の活動について」）である。

(42) 日本クラブユースサッカー選手権大会とは、連盟加盟チームがすべて出場して覇を競う大会。日本クラブユースサッカー選手権大会でのU―15の出場資格は、地域予選を勝ち抜いた三十二チーム（北海道二チーム、東北二チーム、関東九チーム、北信越三チーム、東海四チーム、関西六チーム、中国二チーム、四国一チーム、九州三チーム）で本大会をおこなう。第一回大会は、一九八六年に開催されている。また、U―18の出場資格は、地域予選を勝ち抜いた二十四チーム（北海道一チーム、東北二チーム、関東九チーム、北信越一チーム、東海三チーム、関西四チーム、中国一チーム、四国一チーム、九州二チーム）で本大会をおこなう。

(43) 二〇一五年一月二十日に改正されたJリーグ規約によれば、第十一条で「Jリーグクラブライセンス」を要することが定められている。そして、Jリーグクラブライセンス交付規則（二〇一〇年二月一日施行）第三十三条で、U―18、U―15については、チームを保有するか、ライセンス申請者と関連する法人内におかなければならない、ただし、U―12、U―10については、当該年齢のサッカースクールまたはクリニックで代替することができることとなっている。

(44) 日本クラブユースサッカー連盟とは、中学生・高校生年代のプレーヤーのために、学校の部活動ではなく、地域で活動するクラブチームによる連盟。Jリーグの下部組織も含まれている。二〇一一年四月一日に日本クラブユースサッカー連盟となった。

(45) 前掲「日本クラブユースサッカー連盟の活動について」

(46) 前掲『日本体操協会六十年史』二四三—二六六ページ
(47) 中島光廣「日本の強化 ジュニア体操倶へ全面援助を——ほしいスポーツ専門の小中高校」「体操」第五十四号、日本体操協会編集委員会、一九八六年、二九ページ
(48) 同論文二九ページ
(49) 日本レクリエーション協会編集部「座談会①地域スポーツの現場から クラブを地域スポーツの拠点とするために」、日本レクリエーション協会編「レクリエーション」第二百六十一号、日本レクリエーション協会、一九八二年、五五ページ
(50) 井上寛治「盛況の岡山子供体操教室 参加人数は七百人を突破」「体操」第一号、日本体操協会編集委員会、一九七〇年、二六ページ
(51) 飯嶋謙一「カワイ体育教室の紹介」「体操」第二号、日本体操協会編集委員会、一九七二年、四〇—四三ページ
(52) 宮下弘子「選手と共に歩んで」、フジスポーツクラブ／フジスポーツクラブあゆみ会編『子供と共に十年の歩み』所収、フジスポーツクラブ、一九八一年、八四ページ
(53) 同論文八四ページ
(54) 同論文八四ページ
(55) 前掲「座談会①地域スポーツの現場から クラブを地域スポーツの拠点とするために」五五ページ
(56) 小野喬「競技会レポート——第五回全日本少年体操競技交歓大会」「体操」第八号、日本体操協会編集委員会、一九七四年、二四ページ
(57) 同論文二四ページ
(58) 全日本ジュニア体操クラブ協議会「第三十九回全日本ジュニア体操競技選手権大会プログラム」全日本ジュニア体操クラブ協議会、二〇一四年
(59) 塚原光男／塚原千恵子『熱中夫婦ここにあり！——体育館は道場だ』実業之日本社、一九八九年、八八—一三四ページ

第4章

民間スポーツクラブの正統性の獲得過程と学校運動部の葛藤

東京オリンピック後、民間スポーツクラブの創設が相次ぐが、児童・生徒の対外運動基準を決めてきた文部省は、どのような動きをしてきたのだろうか。本章では児童・生徒の対外運動競技の基準がどのような変遷をたどってきたのかについて文部省の通達を軸に整理し直し、東京オリンピック後の対外運動競技の基準の動きを確認する。そのうえで、学校運動部を中心とした児童・生徒の対外運動競技のなかに民間スポーツクラブがどのように参入し、正統性を獲得してきたのか、その経緯のなかで生じてきた学校運動部の困惑と葛藤について検討する。

1■東京オリンピック以後の児童・生徒の対外試合の位置づけと学校運動部

東京オリンピックまでの対外運動競技に関する通達の変遷

戦後、青少年期の対外運動競技のあり方、競技会の範囲や主催者などについて規定してきた通達は、一九六四年に開催された東京オリンピックまでに四八年、五四年、五七年、六一年の計四回出された（表4、5を参照）。ここでは通達内容の変遷に焦点を絞り、この四回の改訂の動きを整理する。

まず、一九四八年三月二十日付「学徒の対外試合について」（文部省体育局長通達、発体七十五号）が出された。

主な内容は以下のとおりである。

①小学校では校内競技にとどめる。②中学校では宿泊を要しない程度の小範囲のものにとどめる。③新制高等学校では地方的大会に重点をおき、全国的大会は年一回程度にとどめる。④学徒の参加する競技会は教育関係団体がこれを主催し、その責任において適正な運営を期する。なお対校競技は関係学校において主催する。

この通達によって戦後、新制学校制度下の小・中・高校別に、対外運動競技の範囲や主催が明確にされたのである。

ところが、誰が大会を主催するのか、また国際的な競技力の向上にどう対応するのかという問題が出てきた。まず、誰が大会を主催するのかという問題である。

この通達では、学校教育活動としての大会については規定されていたものの、夏期と冬期の休暇中に個人として参加する学校教育外の活動や教育関係者以外が主催する大会などは想定されていなかった。そのようななか「少年の野球熱に着目した警視庁と東京防犯協会は、二四年〔一九四九年：引用者注〕にＣＩＥ[1]警察担当官の助言により、激増する青少年犯罪防止策の一つとして、少年防犯野球大会を読売新聞社・軟式野球連盟の後援で開催、翌二五年〔一九五〇年：引用者注〕には同協会連合会主催の下に、第一回全日本少年野球大会を後楽園球場で行なった。参加資格は十六才未満の少年とされたが、大多数は中学生であった。これは当然、「基準」の〝中学生の競技会は、宿泊を要しない小範囲に留める〞項に違反する[2]」事態が発生したのである。この大会を容認した文部省は、教育関係者以外が主催する競技大会に教育関係者がどう関与するのかという課題を抱え込むことになる。

次に国際的な競技力の向上にどう対応するのかという問題である。

一九五一年、オーストリアのウィーンで開催されたＩＯＣ（国際オリンピック委員会）総会で、日本のオリンピ

表４　児童・生徒の対外運動競技に関する通達（通知）の経緯①（抜粋）

	「学徒の対外試合について」（1948年〔昭23年〕3月20日　文部省体育局長通達　発体75号）	「学徒の対外競技について」（1954年〔昭29年〕4月20日　文部事務次官通達　文初中第220号）
小学校	○校内競技会にとどめる。	○対外競技はおこなわない。親睦を目的とする隣接校との連合運動会は、その目的を逸脱しないかぎりおこなってさしつかえない。 ○この場合主催者は教育関係者（学校・教育委員会）とする。
中学校	○宿泊を要しない程度の小範囲のものにとどめる。	○府県大会にとどめる。全県大会をおこなう場合でもなるべく宿泊を要しないような計画にする。北海道の場合は支庁単位が望ましい。 ○宿泊を要しないでできる隣県およびブロックの大会は、当該県の教育委員会の責任で開催されるかぎりさしつかえない。
高等学校	○地方的大会に重点をおき、全国的大会は年１回程度にとどめる。	○府県内でおこなうことを主とし、地方大会、全国大会の開催は、それぞれ年1回程度にとどめる。 ○地方大会、全国大会への参加は生徒1人につきそれぞれ年1回程度とする。 ○国民体育大会への参加は例外とする。
主催者	○学徒が参加する競技会は教育関係団体がこれを主催し、その責任で適正な運営を期する。 ○対校競技は関係学校でこれを主催する。	○学徒が参加する競技会は、教育関係団体または機関が主催し、その責任で運営されるものに限る。 ○対外競技（数校間の狭い範囲）は関係学校で主催する。
個人参加		○学校を代表しないで競技会に出場する場合もこの基準によって指導する。
全日本選手権または国際競技会などへの参加		○（中学校について）個人競技では、世界的水準に達している者およびその見込みがある者を、別に定める審議機関の審査を経て、個人として全日本選手権大会や国際競技に参加させることができる。

（出典：文部省『復刻版文部行政資料（終戦教育事務処理提要）第四集』図書刊行会、1997年、279―280ページ、文部省『復刻版文部行政資料 第十集』図書刊行会、1997年、357―359ページから著者作成）

ック復帰が可決され、日本は、五二年ヘルシンキオリンピックに戦後、初参加を果たすことになる。そこで日本水泳競技は不振に終わるが、水泳代表選手に一人の女子中学生が含まれていたこと、五三年、日本選手権水泳競技大会に十一校二十五人が出場したことなど、基準にそぐわない事態が起こるとともに、第1章でも詳述したとおり、競技団体から基準の見直しが強く求められることになったのである。

そこで一九五四年四月二十日付「学徒の対外競技について」（文部事務次官通達、文初中二百二十号）が出された。主な変更は次のとおりである。

①小学校においては、対外競技は行わない。親睦を目的とする隣接校との連合運動会は、その目的を逸脱しない限り行ってさしつかえない。②中学校の対外競技の範囲は府県大会にとどめる。宿泊を要しないでできる隣県およびブロック大会は当該県の教育委員会の責任において開催される限りさしつかえない。個人競技では、世界的水準に達している者およびその見込みのあるものを、別に定める審議機関（保健体育審議会学校体育分科審議会）の審査を経て、個人として全日本選手権大会や国際競技大会に参加させることができる。③高等学校の対外競技は、府県内で行なうことを主とし、地方大会、全国大会の開催は、それぞれ年一回程度にとどめる。国民体育大会への参加は例外とする。④学徒の参加する競技会は、教育関係団体（日本体育協会、それに加盟している競技団体、それに準ずる競技団体、学校体育スポーツ団体及びそれらの下部組織）、または機関（文部省、教育委員会等学校教育行政に関するもの）が主催し、その責任において運営されるものに限る。⑤学校を代表しないで個人の資格で競技会に参加する場合もこの基準で指導すること。（傍点は引用者）

ここで、主に水泳を中心とした個人競技で世界的水準にある者が全日本選手権大会や国際大会に出場できるようになったこと、さらに学校を代表しないで個人の資格で参加する競技会もこの基準を適用することが明示されたことで、誰が主催するのかという点についても一定の基準が設けられることになったのである。

この基準が出されたのちも誰が競技会を主催するのかという問題は、必ずしも解決していなかった。例えば、新聞社に対して文部省は、一九四八年の通達に基づいて主催ではなく後援の立場を求めてきたが、全国高等学校野球連盟は、五六年八月の全国高等学校野球選手権大会の開催にあたり、朝日新聞社と共同主催として実施したのである。さらに日本水泳連盟などからは、中学生の全日本選手権大会や国際大会などへの参加の要請がますます強まってきていた。

「学徒の対外運動競技について」（1961年〔昭36年〕6月10日　文部事務次官通達　文体体第139号）
○対外競技はおこなわないものとするが、親睦を目的とする隣接学校間の連合運動会はおこなってもさしつかえない。 ○小学校の連合運動会は、関係の学校または教育委員会が主催するものとする。
○都府県（北海道の場合は、支庁の管轄区域内程度とする）内でおこなうこととする。（宿泊に関する規定は削除） ○隣接県にまたがる小範囲の競技会は、当該県の教育委員会の責任で開催されるかぎりさしつかえない。この場合、経費面での負担が増大しないように配慮するものとする。
○都道府県内でおこなうことを主とし、地方的および全国的大会の開催は、各競技種目についてそれぞれ年1回程度にとどめる。
○学徒だけを対象とする対外競技の主催者は、次のとおりである。ア　小学校の連合運動会は、関係の学校または教育委員会（以下、教育機関と略記）が主催するものとする。イ　中学校の競技会は、教育機関もしくは学校体育団体の主催またはこれらと関係競技団体との共同開催とする。ウ　高等学校の競技会は、教育機関もしくは学校体育団体の主催またはこれらと関係競技団体との共同主催とするが、他の団体を協力者として主催者に加えてもさしつかえない。
○休暇中などに学徒が個人的に競技会に参加する場合であっても、この基準の趣旨によって指導することが望ましい。
○中学校生徒の個人競技については、特に優れた者を国際的競技会または全日本選手権大会もしくはこれに準ずる大会に参加させることができる。なお、水泳競技については、その特殊性に鑑み、一定の水準に達した者を選抜して開催される全国中学生選抜水泳大会に参加させることはさしつかえない。 ○中学校生徒または高等学校生徒を、国際的競技会または全日本選手権大会もしくはこれに準ずる大会に参加させようとする場合は下記による。ア　国外でおこなわれる国際的競技会に参加させようとする場合は、文部省に協議するものとする。イ　国内でおこなわれる競技会に中学校生徒が参加する場合は、都道府県の教育委員会の承認を得るものとする。

表５　児童・生徒の対外運動競技に関する通達（通知）の経緯②（抜粋）

	「学徒の対外運動競技について」 （1957年〔昭32年〕5月15日　文部事務次官通達　文初中第249号）
小学校	○対外競技はおこなわないものとする。ただし、親睦を目的とする隣接の学校との連合運動会は、その目的を逸脱しないかぎり、おこなうことができる。 ○この場合において、その主催者は、当該学校または教育委員会とする。
中学校	○都府県（北海道の場合は、支庁の管轄区域内程度とする）内の競技会にとどめる。 ○隣接県にまたがる宿泊を要しない小範囲の競技会で当該県教育委員会の承認を得たものはこの限りではない。なお、県内の競技会の場合も、なるべく宿泊を要しない計画とする。
高等学校	○県内でおこなうことを主とし、地方大会、全国大会の開催は、各種目についてそれぞれ年1回程度にとどめる。 ○地方大会、全国大会への参加は、生徒1人についてそれぞれ年1回程度とする。 ○国民体育大会への参加は、例外として取り扱うものとする。
主催者	○学徒が参加する競技会は、教育関係団体または機関が主催し、その責任において教育的に運営されなければならない。ただし、高等学校以上の学徒が参加する競技会については、教育関係団体が中心となって自主的に構成される審議機関の審査を経て、教育関係団体以外の団体を協力者として主催者に加えることができる。 ○数校間の狭い範囲での対校競技の場合には、関係学校が主催することができる。
個人参加	○学校を代表しないで競技会に参加する場合についても、この基準の趣旨によって指導するものとする。
全日本選手権または国際競技会などへの参加	○中学校または高等学校の生徒を次に掲げる競技会に参加させようとする場合は、文部省に協議するものとする。（１）中学校生徒の個人競技では、世界的水準に達している者またはその見込がのある者が、全日本選手権大会または国際的競技会に参加する場合。（２）高等学校の生徒が国際的競技会に参加する場合。

（出典：文部省『復刻版文部行政資料 第十二集』図書刊行会、1997 年、355—357 ページ、文部省『復刻版文部行政資料 第十六集』図書刊行会、1997 年、162—164 ページから著者作成）

そこで文部省は一九五七年五月十五日付「学徒の対外運動競技について」（文部事務次官通達、文初中二百四十九号）を出した。その主な変更点は、以下の二点である。

①高等学校以上の学徒の参加する競技会については、教育関係団体が中心となって自主的に構成される審議機関（教育関連団体が中心となり、学識経験者を加えて構成されるもの）の審査を経て、教育関係団体以外の団体を協力者として主催者に加えることができる。②中学校生徒の個人競技において、世界的水準に達しているものまたはその見込みのある者が、全日本選手権大会または国際的競技会に参加する場合、高等学校の生徒が国際的競技会に参加する場合、文部省に協議するものとする。（傍点は引用者）

この通達によって教育団体以外の団体（新聞社など）を主催者に加えることができるようになった。そして一九五七年六月、審議機関として「高校スポーツ中央審議会」が全国校長協会、全国高等学校体育連盟、日本高等学校野球連盟、日本体育協会からの推薦者と学識経験者によって構成され、審議にあたることになった。

また本通達によって、全日本選手権大会や国際的競技会の参加が、「別に定める審議機関の審査を経ること」から「文部省との協議」に変更されることで手順がより簡素化されることになったのである。

一九五九年、東京オリンピックの招致が決まると、第1章でも詳述したように日本水泳連盟をはじめとした競技団体から、東京オリンピックを見据えた中学生の全国大会の開催がより強く要請されるようになる。

そこで一九六一年六月十日、文部省は「学徒の対外運動競技について」（文部事務次官通達、文体体百三十九号）を出すにいたる。主な変更点は以下のとおりである。

①中学校の県内および隣接県にまたがる小範囲の競技会については、当該県の教育委員会の責任において開催される限りさしつかえない。宿泊に関する規定は削除。②学徒のみを対象とする対外競技の主催者につ

いて、中学校の競技会は、教育機関もしくは学校体育の主催またはこれらと関係競技団体との共同主催とする。高等学校の競技会は、それに加え、他の団体を協力者として主催者に加えてもさしつかえない。③中学校生徒の個人競技については、特にすぐれた者を国際的競技会または全日本選手権大会もしくはこれに準ずる大会に参加させることができる。④水泳競技については、その特殊性に鑑み、一定の水準に達した者を選抜して開催される全国中学生選抜大会に参加させることはさしつかえない。⑤中・高生において国外で行なわれる国際的競技会に参加させようとする場合は文部省に協議するものとする。国内で行なわれる競技会に中学校生徒が参加する場合は、都道府県教育委員会の承認を得るものとする。（傍点は引用者）

このように東京オリンピックを控えて水泳競技について中学生の全国大会が承認されたこと、中学校生徒の国際的競技会と全日本選手権大会への参加資格が世界的水準に達しているあるいは見込みがある者から「特に優れた者」へと緩和されたこと、また国内大会に中学生生徒を参加させる場合、都道府県教育委員会の承認を得るだけで参加を認めるなど、手続きが簡素化されたこと、また主催者についても高校生以上の場合、教育関係団体または機関以外の団体（新聞社など）を協力者として主催者に加えることができるようになったことなど許容範囲を広げている点に特徴がみられる。

東京オリンピック後の児童・生徒の運動競技基準の変遷

東京オリンピック以降、「児童・生徒の運動競技について」（文部省事務次官通達）は、二〇一三年に廃止されるまで、一九六九年と七九年の二回にわたって改訂されている（表6を参照）。この間の流れについて主に中学校の全国大会開催との関係で検討する。

「児童・生徒の運動競技について」 （1979年〔昭54年〕4月5日　文部事務次官通知　文体体81）
○校内での運動競技を中心としておこない、原則として対外での運動競技はおこなわないものとする。ただし同一市町村又は隣接する市町村程度の地域内での対外運動競技については、学校運営および児童の心身の発達からみて無理がない範囲で実施してさしつかえない。
○都道府県内を原則とする。 ○地方ブロック大会および全国大会への参加の回数は、各競技について、それぞれ年1回とする。この場合に、中学校の全国大会は、陸上競技、水泳のように個人の成績で選抜できる種目等を除き、地方ブロック大会で選抜された者が参加しておこなうものとする。
○都道府県内を原則とする。 ○地方ブロック大会および全国大会への参加の回数は、各競技について、それぞれ年2回とする。
○前記のほか、体力に優れ、競技水準の高い生徒については、国、地方公共団体または日本体育協会の加盟競技団体が主催する全国大会で広く国民のうちから競技水準の高い者を選抜しておこなうものに学校教育活動の一環として参加させることができる。
○国、地方公共団体もしくは学校体育団体の主催またはこれらと関係競技団体との共同主催を基本とすること。
○児童・生徒の参加する学校教育活動以外の運動競技については、競技団体等の関係者は相互に密接な連絡をとり、次の事項に留意のうえ、その適正な実施が図られるよう努めるものとする。また、学校教育活動以外の運動競技に児童・生徒が参加するにあたっては、保護者が十分責任をもつものであるが、学校としても次の事項に留意するよう保護者に対し適切な指導をすることとする。ア　運動競技会の規模、日程などが児童・生徒の心身の発達からみて無理がなく、学業にも支障がないこと。イ　主催者が、運動競技会に参加する児童・生徒の保護について適切な配慮をおこなっていること。ウ　運動競技会へ参加に要する経費の負担が過重にならないこと。エ　運動競技会が営利などの目的に利用されないこと。オ　運動競技会での表彰は、児童・生徒にふさわしい方法でおこない、金銭や高価な賞品を授与しないこと。
○学校は、生徒等が国外でおこなわれる国際的競技会等に参加する状況を絶えず把握しておくものとする。

表６　児童・生徒の対外運動競技に関する通達（通知）の経緯③（抜粋）

		「児童生徒の運動競技について」 （1969年〔昭44年〕7月3日　文部事務次官通達　文体体208）
学校教育活動としての対外運動競技	小学校	○校内での運動競技を原則とし、対外運動競技はおこなわないものとする。
	中学校	○都道府県内を原則とする。 ○隣接都道府県程度の地域での対外運動競技ついては、関係都府県の教育委員会が適当と認めた場合にはこの限りではない。なお、この場合の参加の回数は、各競技についてそれぞれ年1回程度にとどめるものとする。
	高等学校	○都道府県内を原則とする。 ○地方的および全国的大会への参加の回数は、各競技についてそれぞれ年1回程度にとどめるものとする。
	その他	
	主催者	○中学校または高等学校の対外運動競技は、教育機関もしくは学校体育団体の主催またはこれらと関係競技団体との共同開催を基本とする。
学校教育活動以外の対外運動競技		○児童生徒の参加する学校教育活動以外の運動競技については、その適正な実施を期するため、（略）学校体育団体、競技団体、社会教育関係団体、教育機関などが協議し、主催者、競技会の規模、参加に要する経費、参加回数などについて具体的基準を設け、その適正な実施を図るものとする。
		○中学校生徒または高等学校生徒を国外でおこなわれる国際的競技会に参加させようとする者は、都道府県教育委員会に協議するものとし、都道府県教育委員会は文部省に報告するものとする。

（出典：文部省体育局監修『体育・スポーツ指導実務必携（昭和四十七年版）』帝国地方行政学会、1972年、188—189ページ、体育・スポーツ実務研究会監修『体育・スポーツ指導実務必携（平成十七年版）』ぎょうせい、2005年、597—598ページから著者作成）

①学校教育活動と学校教育活動外の活動が区別された時期（一九六九—七八年）

戦後、東京オリンピックの反省の一つとして子どもの体力の低下問題が喧伝され、さらに社会体育の重要性が指摘されるようになったことを受けて、一九六九年七月三日、文部省は「児童生徒の運動競技について」（文部事務次官通達、文体体二百八）を出した。

この通達の主な変更点は、児童・生徒の対外スポーツ活動を学校教育活動と学校教育活動以外の運動競技を明確に分けて提示したことである。

まず学校教育活動としての対外運動競技に関する要点は以下のとおりである。

> ①小学校では対外競技は不可。②中学校では都道府県内を原則とし、隣接都道府県程度の地域における対外運動競技は、関係都道府県の教育委員会が適当と認めた場合は可。この場合における参加の回数は、各競技についてそれぞれ年一回程度にとどめるものとする。③主催者については、中学校又は高等学校の対外運動競技は、教育機関若しくは学校体育団体の主催またはこれらと関係競技団体との共同主催を基本とする。

また学校教育活動以外の対外運動競技に関する要点は以下のとおりである。

> ①児童生徒の参加する学校教育以外の運動競技については、その適正な実施を期するため、学校体育団体、競技団体等が協議し、主催者、参加回数などについて具体的基準を設け、その適正な実施をはかるものとする。②中学校生徒または高等学校生徒を国外で行なわれる国際的競技会に参加させようとする者は、都道府県教育委員会に協議するものとし、都道府県教育委員会は文部省に報告するものとする。（傍点は引用者）

この通達で、学校教育活動以外の競技を社会体育として扱い、一般的な基準を示すだけにとどめ、活動を認めたのである。

学校教育活動外の対外運動競技の具体的な基準については、一九六九年七月二十八日、「青少年運動競技中央連絡協議会」[3]によって設定された。この協議会で決定された「学校教育活動外の運動競技会の基準」によると、十五歳以下の児童・生徒では、地域的大会一回、全国的大会一回、十五歳以上の生徒では、地域的大会二回、全国的大会三回がそれぞれ許可された。ブロック大会までは学校教育活動として開催され、全国大会については、競技団体と学校教育団体との共催で、学校教育活動外として認められることになったのである。

その結果、中学生が参加した全国大会が一九六九年までは水泳と陸上、スキーの三競技だけだったのに対し、七〇年には八競技になっている。

この通達の背景としては、望月健一も指摘するように「オリンピック東京大会を契機として社会体育が発展し、学校でのスポーツとともに、学校を離れて行うスポーツが増加したこと」(4)が挙げられる。スポーツ少年団などの地域スポーツクラブや民間スポーツクラブの登場がその背景にある。文部省が、これらスポーツクラブの活動を、学校体育の本体とは一線を画しながらも、学校教育以外の社会教育活動であるとして承認を与えたという点は重要な変化である。改訂の背景にはまた、学校運動部を指導する教員を含む教員全体の超過勤務時間の増大がある。ＩＬＯ（国際労働機関）の批准に伴って教員の超過勤務時間を抑えることが求められ、本通達では、全国大会を学校教育活動外の活動に位置づけ、教員の勤務外の活動としたのである。しかしながら、全国大会への引率は、実態的には教員がおこなうことが多かったことには留意しておく必要があるだろう。

②全国大会が学校教育活動として位置づけられた時期（一九七九―二〇〇〇年）とその後の動き

一九七二年の保健体育審議会答申「体育・スポーツの普及振興に関する基本方策について」と七三年の経済審議会答申「経済社会基本計画」では、スポーツを通じたコミュニティーの形成の重要性が指摘された。コミュニティースポーツ構想が打ち出されるなど、スポーツ振興への基盤が整えられ、中学生の大会についても青少年スポーツ活動振興費が文部省から交付されるようになる。

このような流れのなかで、学習指導要領の改訂に伴う教育課程審議会は、一九七六年十二月十八日の最終答申として「部活動」を教育活動の一つに明確に位置づけて、ゆとり教育の名のもとに学校教育活動内でやるべきだという見解を示した。

さらに中学生の対外運動競技であるブロック大会と全国大会への国庫補助を決定するなど、条件整備が進んできた。そのような状況下、保健体育審議会の学校体育・社会体育合同分科審議会の答申を経て、一九七九年四月五日付で文部事務次官通知「児童・生徒の運動競技について」（文体体八十一）が出されることになった。まず、学校教育活動としての対外運動競技についての変更点は以下のとおりである。

（1）小学校については、新たに同一市町村又は隣接市町村程度の大会を実施してもよいことにすること。（2）中学校については、地方ブロック大会に年一回参加することができること、および新たに全国大会に年一回参加できるようにすること。全国大会の参加者は、個人種目を除き、地方ブロック大会で選抜された者が参加して行うようにすること。（3）高等学校については、地方ブロック大会及び全国大会の参加を現行の一回程度から年二回とすること。（4）体力に優れ、競技水準の高い生徒については、国、地方公共団体又は（財）日本体協の加盟競技団体が主催する全国大会で広く国民のうちから競技水準の高い者を選抜して行うものに、学校教育活動の一環として参加させることができるようにすること。（傍点は引用者）

また学校教育活動以外の運動競技については、以下のとおりである。

（1）競技団体等関係者は、相互に密接な連絡をとって、競技会の適正な実施を図るとともに、学校は保護者に対して適切な指導を行うこととすること。（2）生徒等の国外での国際的競技会等の参加状況については、学校においてたえず把握しておくこと。

この改訂によって、小学校の対外試合が容認され、年一回に限り中学生の全国大会を「学校教育活動」として実施することを認めたのである。また国・地方公共団体または日本体育協会の加盟競技団体が主催する社会体育の全国大会に学校教育活動の一環として参加させることができるようになった点も見逃せない。さらに学校教育活動以外の運動競技については、競技団体や学校に対して「適正実施」のための留意事項を示すだけにとどめられた。

この改訂の背景には、「競技団体の強い要望があったこともあったが、学校教育関係者の理解と、昭和四十六年七月に、教員に時間外勤務を命ずる場合の規程（文部省訓令）によって、教員が勤務を必要としない日曜休祭日等に対外試合に生徒を引率した場合の特殊業務手当の支給ができる制度ができた」[5]ことが挙げられる。それまでは、中学生を実際に引率指導して全国大会に参加しながらも規定上は責任をもてなかった教員が、この通知によって業務として従事することができるようになったのである。

中学生の全国大会は、一九七九年では、陸上、水泳、バスケットボール、ハンドボール、軟式野球、サッカー、スキーの七種目だったが、八〇年には、体操、軟式庭球、バドミントン、ソフトボール、柔道、剣道、相撲、バレーボール、卓球、スケートの十種目が加わり、十七種目となったのである。

この一九七九年（昭和五十四年）の通知（通称「五四通知」）のあとには、しばらく通知は訂正されてこなかったが、二〇〇一年三月三十日、文部事務次官通知「児童生徒の運動競技について」（十二文科ス百六十）によってこの「五四通知」の廃止が決定され、四八年から続いた児童・生徒（学徒）の運動競技についての通達・通知は終わりを告げた。この通知の内容は以下のとおりである。

子どもの個性を伸ばし、豊かな心をはぐくむためには、学校の自主性・自律性を確立し、学校が自らの判断で特色ある学校づくりに取り組むことが必要です。このため、文部科学省では、各地域や学校における主体的かつ積極的な活動を促進することとし、国の地方公共団体や学校への関与の見直しを行っています。児童生徒の運動競技についても、各教育委員会や学校の判断により行われることが適当であることから、文部事務次官通知「児童・生徒の運動競技について」（昭和五十四年四月五日付、文体体第八十一号）を廃止します。

この廃止を受けて、二〇〇一年三月三十日の同日、「文部省通知「児童・生徒の運動競技について」の廃止に伴う新たな児童生徒の運動競技の取り扱いについて」という申し合わせが全国都道府県体育・保健・給食主管課長協議会幹事長、全国高等学校体育連盟会長、日本中学校体育連盟会長、全国連合小学校長会会長の連名で出された。そこでは、従来の通知を踏襲する方針が打ち出されている。

一九四八年に始まる学徒（児童・生徒）の対外運動競技に関する一連の通達・通知は、二〇〇一年に廃止を迎えることになったが、この一連の流れをみると、学校関係者と全国中体連、文部省は、学校の内外を問わず青少年期の運動競技については、あくまでも教育の一環として学校が中心になって運営すべきだという基本線を堅持しようとする方向性がみられる。しかしながら、東京オリンピックの開催が近づくにつれて優れた競技成績を収めることが国家的課題になり、文部省もその動きに呼応して、「教育としてのスポーツ」の強調から、全国大会の容認や「競技としてのスポーツ」の許容へといたったのである。

東京オリンピックを契機として、民間スポーツクラブの誕生とともに学校外での活動が盛んになってその動向が無視できない状況になると、中学校期の全国大会の開催に反対の立場にあった文部省は、学校活動と学校活動外に分けて、後者を社会体育のカテゴリーとしながら中学校期の全国大会を許容することになる。その後、文部省は、学校教育内でも中学校期の全国大会の開催容認へと舵を切ったのである。

このような流れのなかで、中学校期のスポーツ競技を誰が担うのか、民間スポーツクラブを中心とした学校教育以外のスポーツ団体・組織と学校機関との間で、スポーツ競技を担うのは誰か、ということをめぐって象徴的な闘争が本格化するのである。

2 ■ 民間スポーツクラブの学校機関主催の大会への参入と学校運動部の葛藤

民間スポーツクラブ指導者の中学校体育連盟・高等学校体育連盟主催大会への参加過程

民間スポーツクラブにとっては、学校運動部中心のアスリート養成〈場〉にあって、日本中学校体育連盟（以下、日本中体連と略記）や全国高等学校体育連盟（以下、全国高体連と略記）[6]が主催する大会への参加は重要な意味をもった。民間スポーツクラブは、既存の日本中体連と全国高体連の大会にどのようにして参入する機会を得ていったのだろうか。ここでは、指導者の参入、という視点に絞ってみていく。

前節でみたように、東京オリンピック後、一九六九年七月三日に文部事務次官通達「児童生徒の運動競技について」が出され、それまで学校教育活動外の大会は教育的な観点から制限してきたが、社会体育の振興の見地から学校教育活動外としての全国大会への参加が承認されている。

その後、一九七九年四月五日に文部事務次官通知「児童・生徒の運動競技について」が出され、ついに年一回に限り、中学生の全国大会が「学校教育活動」として認められたのである。

このように中学生の全国大会が一九七九年に「学校教育活動」として承認されるなか、主に個人競技種目のクラブ競技者は、従来のように自身が通う学校に運動部があればその運動部に所属し、学校の代表として大会に出場することができた。しかしながら、学校機関の主催であることからクラブ指導者は大会に参画することはできず、たとえクラブ競技者が大会時にクラブ指導者にアドバイスを求めたくてもできない。また、例えば体操の場合、難度が高い技を取り入れている競技者も多く、難度が高いほどけがのリスクが高まるために適切な補助を必要とする。しかしながら大会時は、日頃直接指導を受けている指導者からの補助は得られず、経験がない引率の教員は対応に苦慮することになった。クラブ指導者は大会への参画を望んだが、それは非常に難しいものだった。

一九八〇年代後半になると運動部活動の指導者の不足は深刻化し、文部省は、八八年、運動部活動の推進と指導者確保の観点から運動部活動指導者派遣制度[7]を創設するなど、学校外からの指導者の受け入れを推進しつつあった。そのような状況下、外部指導者の大会への引率を検討していた日本中体連は、九五年、民間スポーツクラブ指導者も含め、外部指導者のベンチ入りを正式に承認したのである。

また、全国高体連では、一九九二年、全国高等学校総合体育大会（インターハイ）への引率責任者について協

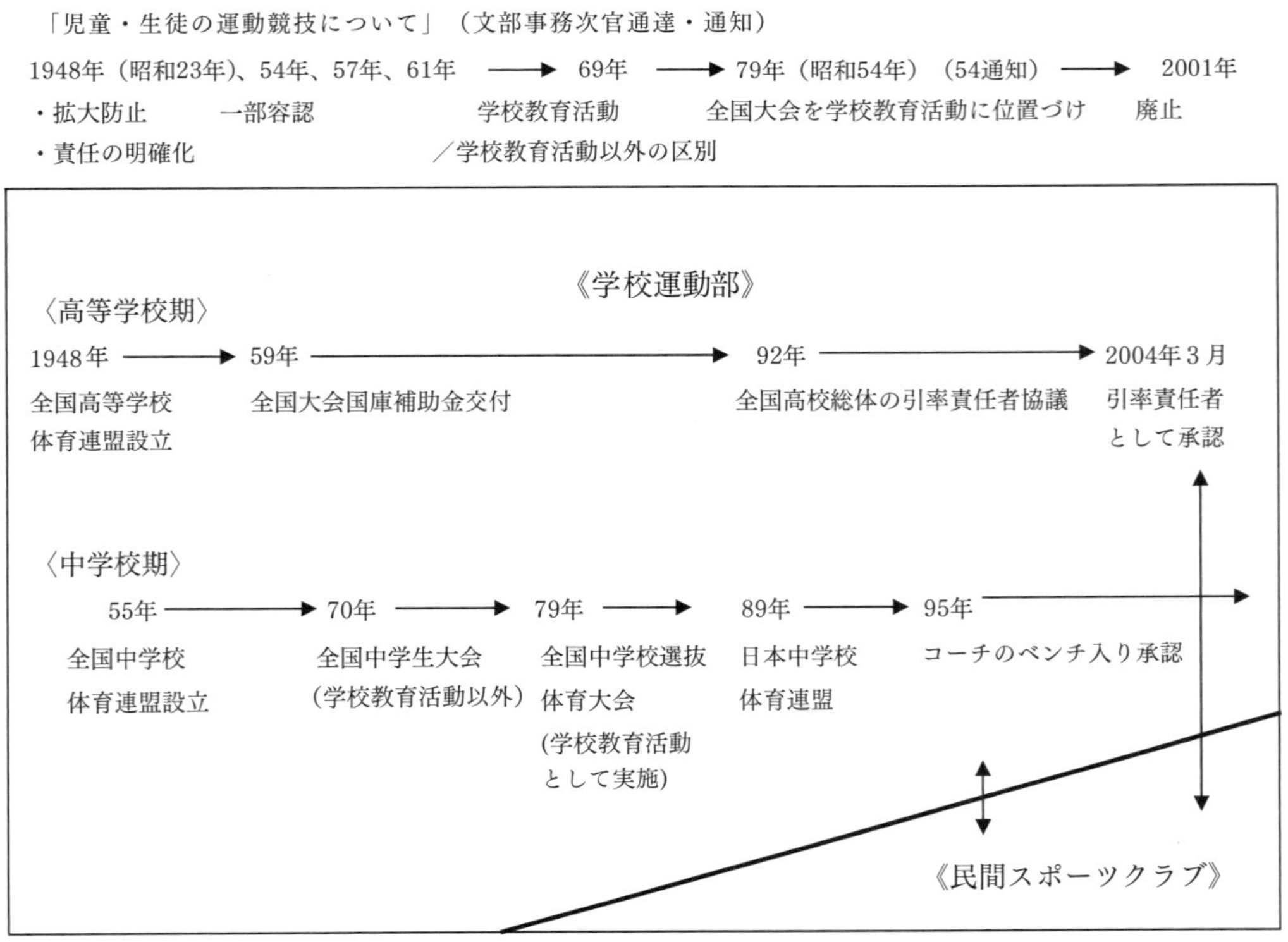

図６　「児童・生徒の運動競技について」（文部事務次官通達・通知）の動向と
中・高校期の全国大会と民間スポーツクラブ（著者作成）

議を開始し、二〇〇四年三月におこなわれた「全国高等学校総合体育大会開催基準要項」の規定改正によって、「監督、コーチ等は校長が認める指導者とし、それが外部指導者の場合は傷害・賠償責任保険（スポーツ安全保険等）に必ず加入することを条件とする(8)」という一項が加えられることになった。協議が開始されて約十一年間を経て、民間スポーツクラブ指導者をはじめ教員以外の外部指導者の引率が正式に認められたのである。運動部指導者の確保という観点から外部指導者の需要が生じ、それを契機として民間スポーツクラブ指導者が学校運動部の大会に携わる機会を得ることになった。こうしてクラブ指導者は、学校運動部団体のなかで一定の組織的な位置づけと正統性を獲得したのである（図6を参照）。

民間スポーツクラブの〈競技力〉という文化資本の獲得と学校運動部の葛藤

民間スポーツクラブの競技力が高まるにつれて、学校運動部の困惑と葛藤が生起することになる。

例えば、先述した山田スイミングクラブの活躍と学校の戸惑いについて、新谷時雄は「〝ピンク帽旋風〟が巻き起こった、昭和四十一年（一九六六年）の秋の事です。全国高等学校体育連盟会長田中喜一郎氏（当時都立日比谷高校校長）は、高体連中央委員会で「山田スイミング・クラブは、高校教育の一環としての体育ではないから、高校総合体育大会への出場は望ましくない。……」という趣旨の発言をしていました。山田スイミング・クラブ員の通学する、大阪市生野区の浪花女子高校・巽中学校は、それまで水泳部のなかった学校ですが、これが、一躍、日本高校選手権水泳競技大会や全国中学校選抜水泳競技大会で優勝するわけですから、学校や学校水泳関係者は、大きな戸惑いがあった事は、確かです(9)」と指摘する。

また、体操競技でも民間スポーツクラブの競技力が急激に高まるなかで、民間スポーツクラブ側の態度に対する全国高体連の違和感を示すものとして、次の事例を挙げることができるだろう。東京都で一九八八年のソウルオリンピックに出場した三選手は、日頃民間スポーツクラブで練習していて、全国高体連の大会には学校名で出場していた。ところが九〇年にその三選手が突然転校してしまい、全国高体連の参加出場規定に抵触し、東京都の高等学校総合体育大会に出場できなくなったのである。全国高体連の規定のなかに「転校後六カ月未満のものは大会に出場することはできない。ただし、一家転住等やむを得ない事由のある場合は、当該都県の会長の許可があればこの限りではない」という一項があることから、民間スポーツクラブ側から理由書が提出された。しかしながら、東京都高等学校体育連盟（以下、東京都高体連と略記）は、今回特別な理由は示されておらず、この事由にはあたらないとして出場を許可しなかった。東京都高体連は、理由書を出した民間スポーツクラブ指導者の態度と行動について「規程があって残念ながら出場できない。他の競技大会で全力を尽くそう」[10]というのが指導者のとるべき態度だろうと指摘している。

さらにこの点について民間スポーツクラブの選手が日本の体操競技を引っ張っていると認めたうえで「民間クラブの指導者は規約・規則をしっかり把握し守らなければならない。選手に不利にならぬよう心掛けることが必要である。又、学校はその選手に理解を示し協力するようお願いしたい。喜ぶのは選手であり、悲しむのも選手なのだから」[11]と間に立つ高体連の役員らは指摘する。学校側からすれば、民間スポーツクラブ側の都合で選手を転校させておいて大会には出場させようとしたことに対して違和感があったのだろう。そこから生じる両者のぎくしゃくした関係をここにみることができる。

一方サッカーの状況は、一九九九年の東京都高体連の報告書で、「クラブユース連盟、Jリーグから全日本ユース選手権を冬季休業中に実施し、クラブチーム、高体連を統合した最高権威の大会にしてほしいとの要望が頻繁に寄せられている。将来的には検討すべき課題であるが、各地域での意識の相違など克服すべき課題は山積しており、ただちに実施するという状況にはない」[12]と指摘されている。この指摘にみられるように民間スポーツクラブ側の要望に学校運動部側が対応に苦慮している場面もみられる。

これらの困惑と葛藤の背景には何があるのだろうか。ここでは、〈競技力〉という文化資本という点から検討してみたい。

アスリート養成〈場〉では、競技成績に対する関心が高く、競技成績によって厳格に序列化されることから、勝利を収めることが強さの証明として重要な意味をもつ。このため、強さの証明としての〈競技力〉は、その競技者個人やチームの名声を高め、関係者内での相対的な地位を高める効果を発揮するなど、社会関係資本や経済資本への転換を可能にする文化資本となるのである。

元来、「正しいスポーツのあり方」「スポーツ指導の正しいあり方」の定義は意図的・恣意的なものである。このため、その定義に客観性を与えるという意味で、競技力の客観的位置づけを示す〈競技力〉という文化資本が、文化的正統性の獲得に向けてきわめて有効に機能するのである。

戦後、いわば「正しいスポーツのあり方」「スポーツ指導の正しいあり方」に関する文化的正統性を担ってきた学校運動部は、「強さの証明」という意味でも正統性を有していて、その文化的正統性も揺るぎないものだった。しかしながら、近年の水泳や体操でのクラブ競技者の競技力の高さ、また前述のようにサッカーでも一九九九年に初めて全日本ユースでクラブチームが優勝を果たし、二〇〇五年以降クラブチームの強さが顕著になっている。学校運動部と民間スポーツクラブが直接、雌雄を決する大会で学校運動部が敗れることで、民間スポーツクラブの強さが証明されることになったのである。

このように民間スポーツクラブは、強さの証明としての〈競技力〉という文化資本を得ることで、クラブ側が有する「正しいスポーツのあり方」「スポーツ指導の正しいあり方」に関する考え方や価値観に承認が与えられ、一定の教義的正統性を得たものと推察される。その結果、学校運動部が有してきた文化的正統性に揺らぎが生じたということが、学校運動部側の困惑と葛藤の背景にあるものと考えられる。なお、学校運動部指導者が抱える葛藤については、第８章で詳細に検討することにしたい。

注

（1）民間情報教育局（Civil Information and Education Section）のことで連合国軍総司令部（ＧＨＱ）の一部局である。

（2）竹田清彦「学徒の対外運動競技基準に関する考察1――基準の改正とその背景」「東京教育大学教育学研究集録」第四集、東京教育大学大学院教育学研究科、一九六五年、六七ページ

（3）青少年運動競技中央連絡協議会は、日本体育協会、全国中学校体育連盟、全国高等学校体育連盟、全国連合小学校長会、全国教育長協議会、全国体育主管課長協議会、日本PTA全国協議会、学識経験者などのメンバーで構成された協議会である。

（4）望月健一「児童生徒の対外運動競技の基準の変遷」、国士舘大学体育学部編「国士舘大学体育学部紀要」第六巻、国士舘大学体育学部、一九八〇年、一〇ページ

（5）同論文一〇―一一ページ

（6）全国高等学校体育連盟は日本の高校スポーツを統括する団体である。一九四八年に創設され、二〇〇一年に財団法人、そして一二年に公益財団法人として認可されている。

（7）一九九八年度文部省事業として開始された。地域の指導者を運動部活動の指導者として導入する制度のこと。

（8）「12．引率・監督」「全国高等学校総合体育大会開催基準要項」全国高等学校体育連盟、二〇〇五年

（9）前掲『金メダルへの挑戦！』七五ページ

（10）東京都高等学校体育連盟『東京都高体連五十周年記念誌』東京都高等学校体育連盟、一九九九年、三六ページ

（11）同書三七ページ

（12）同書一二五ページ

第5章

各競技団体での民間スポーツクラブの承認過程と葛藤

民間スポーツクラブが次々と創設されるにつれて、各競技団体はどのような対応をしてきたのだろうか。ここでは体操競技やサッカー、水泳に着目し、民間スポーツクラブとそれらを統括する団体が競技団体に承認されていく経緯と背景、そしてその参入過程で生じた葛藤状況についてみていく。

1 ■ 日本体操協会での民間スポーツクラブの承認過程とその背景

全日本選手権大会への参加問題と全国ジュニア体操クラブ協議会

日本体操協会では、東京オリンピック後、増えていく民間スポーツクラブをどのように位置づけるかが課題になった。その契機となったのが全日本選手権大会への参加問題である。

日本体操クラブで育った岡崎聡子選手と野沢咲子選手は、中学生ながら一九七六年に開催されたモントリオールオリンピックに最年少の日本代表選手として出場を果たしている。しかし、その道は容易なものではなかった。オリンピック選手を決める全日本選手権大会への参加問題が横たわっていたのである。前述した池田敬子は、「岡崎・野沢その他中学生は、学校に体操クラブがないため、全日本選手権への道がなかった。全日本選手権への道がなければ、オリンピックへの道はない。そこで、当時日本体操協会の専務理事の野坂氏と、事務局長の小川氏の二人と話し合い、体操協会の中にジュニア選手をどうしたら正式に位置づけできるか、どうすれば良いかとの意見を交換した」[1]と述懐している。

民間スポーツクラブに所属する競技者は、たとえ民間スポーツクラブの全国的な大会でいい成績を残しても、その競技の統括団体である日本体操協会がその大会を正式な大会として認めないかぎりは、全日本選手権には参加できない。仮にその競技者が通う学校に体操部があれば、その部にも所属し、中体連や全国高体連が主催する大会を経て全日本選手権に参加することができるが、部がない場合、その道は閉ざされてしまうのである。

そこで池田を中心とした全日本ジュニア体操クラブ協議会は、設立趣意書に「本協議会は、将来法人格を取得し、財団法人日本体操協会の加盟団体として密接な連係を保ちつつ活動したいと考えるものである」[2]とうたい、設立当初から日本体操協会に加盟団体として位置づけることを求めたのである。

同年、日本体操協会は全日本ジュニア体操クラブ協議会を正式な団体として承認することになる。この早期の承認が可能になった背景としては、岡崎・野沢両選手がすでに日本のトップクラスの競技力を有していたことに加え、池田を中心としたクラブ協議会設立を意図したリーダーのはたらきかけの迅速さが挙げられる。さらに受け皿としての日本体操協会内に以下のような認識があった点も見逃せない。一九七五年、日本体操協会競技委員会は、今後の体操競技のあり方と改革の方向について審議し、以下のような見解を出している。

まず体操競技の世界主要諸国の動向に関して、一九六〇年頃から十歳前後の若年層からの専門的トレーニングと一貫性がある選手養成の仕組みにシフトしていて、六六年頃には女子では十四、五歳、男子では二十歳前後で世界のトップクラスの競技力を有するにいたっていることに言及している。[3]そのうえで競技委員会は、「わが国においては、学校クラブ活動を基礎とした中・高・大学・一般という年齢枠の試合方法が定着し、学校クラブ活動の指導者に選手養成をゆだねていた。このため、学校がかわるごとに指導も変化し、そこに一貫した方針がなく、選手養成の立場から、極めて効率の悪い方式であった。また、学校クラブの場合、早期トレーニングにしても、器械設備にしても、専門の指導者にしても、その整備充実がむずかしい[4]」という認識を示している。そして、選手養成と事故防止の観点から年齢や能力に基づいた一貫指導体制の重要性を指摘し、全国ジュニア体操クラブ協議会の発足を契機とした地域社会の体操施設の整備充実、優れた指導者の配置、年齢別や能力別の競技会方式の導入などの必要性を示唆した。

また同時期に体操競技連盟内に特別委員会として設置された事故防止対策委員会は、若年層の選手が練習過程で重大な事故に遭遇していることに鑑み、男子中学生に対して禁止技を定めるにいたっている[5]。アスリート養成と事故防止の観点から、学校運動部の限界をふまえ、民間スポーツクラブを好意的にとらえている様相がうかがわれる。このような認識を背景として、民間スポーツクラブは、日本体操協会から一定の承認を得ていくのである。

早期養成システムの波及過程――まず女子競技に、続いて男子競技へ

全国ジュニア体操クラブ協議会が日本体操協会から一定の承認を得たあと、さらに民間スポーツクラブが増加していくが、当初は、女子を中心としたものだった。日本体操協会競技委員長を歴任した中島光廣が「諸外国の早期養成への取り組みによって、その成果はまず短期養成が可能な女子選手に現れ、ハイレベルの競技力をもった十四―十五歳の少女選手が続々と出現した。そして数年おくれで男子にもその傾向がみられるようになった[6]」と指摘しているように、世界的な情勢と同様に日本でも女子から始まり、男子に波及するという経緯をたどっていくことになる。

中島は、男子をめぐる一九八五年当時の課題として「学校制度の枠組みから脱皮できず、高等学校の部活動にジュニア選手養成の大半を委ねているのが現状であろう[7]」という認識を示したうえで、「スポーツクラブを後援して積極的に底辺を広げるよう努力すること[8]」の重要性を指摘している。

オリンピック選手であり日本体操協会を支えてきた遠藤幸雄は、そうした現状をふまえ、一九八五年、全日本

ジュニア体操クラブ協議会が開催している国際ジュニア競技会に男子選手を参加させている。その意図について遠藤は、「それは男子の再建を願うことに他ならず、英断は近い将来、開花するものと確信したい。そのメリットは日本の選手だけでなく、指導者も世界のジュニア層の実力がいかに高レベルにあるかの現実を直視し、受けた刺激を指導上に反映させる点にある[9]」と述べている。また、遠藤は、八五年の日本代表選手の平均年齢に言及し、女子代表が全員スポーツクラブ育ちで前回十七・三歳、今回十七・一歳であるのに対し、男子で「代表選手の平均年齢は、大学生が加わり一見若返ったのではと、期待してみたものの、前回二十五・三歳、今回二十五・七歳という結果だった[10]」と残念がっているところからも、男子ジュニア選手育成が急務であると認識していたことがわかる。

しかし早くも二年後、ソウルオリンピック男子代表七人が決定した際、成果があらわれた。「特筆すべき一つは高校三年生（清風高校）が二人も加わったことである[11]」。この二人とは、西川大輔選手（一九八八年ソウルオリンピック、九二年バルセロナオリンピックともに団体総合三位）と池谷幸雄選手（西川選手と同様の成績に加えて、ソウルオリンピックで床銅メダル）であり、彼らはともに民間スポーツクラブ出身の選手である。そのうえで遠藤は、平均年齢二十・七歳（上が二十四・一歳、下が十七・九歳〔代表決定時〕）のチームが誕生したことにふれ、「最大の理由、それはいうまでもなくスポーツクラブの存在にあり、七名の内、一名が学校クラブ、一名が町スポーツ少年団、五名が民間スポーツクラブ[12]」だったと指摘している。

この時点で、男子でも民間スポーツクラブによるジュニア育成が日本体操協会のなかで必要不可欠の動きであることが全面的に認められるにいたった。

その後、体操競技の強豪諸国で男女ともに早期養成システムが整備されるにつれて、「必然的に専門コーチの養成や組織化、コーチング方法論を含めた研究体制の確立、能力別課題や評価法、練習環境の整備などもすすみ、世界の技術の流れを急速なものにしていった[13]」のである。つまり、早期養成システムが世界の技術向上をより急速なものにし、その結果、ますます早期養成システムの確立に向かうことになるのである。

このように日本体操協会での民間スポーツクラブの承認過程では、全日本ジュニア体操クラブ協議会の動きにその特徴をみることができる。全日本ジュニア体操クラブ協議会は、クラブ競技者の全日本選手権参加を可能にするために、クラブの全国組織としての協議会設立と同時に日本体操協会加盟を標榜し、協会に積極的にはたらきかけ、承認を取り付けたのである。また協議会の設立当初から日本体操協会の傘下に入ることを表明したことで、団体の独立による団体間の葛藤を未然に防ぐことにもつながったものと考えられる。日本体操協会は競技団体として、すでに日本のトップレベルにあったクラブ競技者を日本代表にする方途を探る必要があったことに加え、強豪諸国の早期育成システム化への対応が求められていたことなどを背景として、全日本ジュニア体操クラブ協議会を承認するにいたったのである。こうして民間スポーツクラブは日本体操協会で青少年のアスリート養成を担う重要な〈場〉になってきたのである。

2■民間スポーツクラブをめぐる日本サッカー協会内部での動きと葛藤

民間スポーツクラブが誕生した当初から、日本サッカー協会内で問題になったのが、選手の大会参加資格をめぐる問題である。

前述したように一九七四年に、藤和不動産がユースチームを創設しているが、当時の監督である下村幸男は、年齢別登録制と関連して、競技会制度について懸念を表明している。当時の制度では、牛木も指摘するように十五歳から十八歳までの公式の全国大会は、夏の全国高校総合体育大会、秋の国民体育大会高校の部、正月の全国高校選手権大会の三つだった。国民体育大会は、都道府県単位の高校選抜チームになっていて、一つの高校からは五人までと制限されているし、夏と正月の高校大会は単一の高等学校の生徒をもって構成されるチームとされているので、藤和ユースチームには出場できる大会がないのである。

そこで下村監督は、「サッカー・チームですから、試合をやらないわけにはいかないでしょう。当面は高校チームに練習試合をお願いすることになるんじゃないでしょうか」と控えめのコメントをするが「で、将来は？」と聞かれて、「神戸や静岡で同年代の子供たちのクラブ・チームができるときいていますし、読売サッカー・クラブにも高校生チームがあるそうですから、将来はそういうチームで大会を組織する必要があるかも知れません(14)」と回答している。そして翌年、藤和ユースを含む五クラブが一堂に会し、那須ハイランドパークで独自の大会を開催しているのである。

当時の様子について、神戸FCの中心人物であり日本クラブユースサッカー連盟を支えてきた加藤寛によれば、一九七四年、日本サッカー協会が法人化されて登録制が年齢制に変更されたことに伴い、「これまでは、高校生は学校の部活動チームでしか登録できなかったが、年代が同じなら学校が異なってもチームとして登録することが出来るようになったのである。神戸FCユースチーム（高校生年代）がこの変更に伴い日本サッカー協会第二種に登録し、高校選手権大会に出場をはたらきかけたが、大会制度の壁により認められなかった。このため、一種登録をし社会人リーグに加盟した。第二種登録が認められなかったため、全国のユース年代チームは自分たちだけで独自の大会を開かざるを得ない状況となった(15)」のである。

この選手登録と出場資格制度の根底には、日本サッカー協会の登録制度がある。選手登録をめぐっては、体操競技や水泳のような個人競技では、各競技団体と民間スポーツクラブ団体の双方に登録できることから、大会の主催が、中体連や高体連の大会であれ、競技団体が認めた民間スポーツクラブ団体の大会であれ、ともに参加することが可能である。しかしながらサッカーの場合、一選手は一つのチームしか所属できないことになっている。この点が大会参加をめぐる大きな葛藤の種となってきたのである。そこで日本サッカー協会は、登録制度を社会的属性から年齢制に移行し、青少年期でいえば学校期別ではなくエイジグループ制を採用した。すべての大会がエイジグループ制であれば民間スポーツクラブのチームも問題なく参加できるが、中体連や高体連が主催する大会は学校期別の大会であり、民間スポーツクラブの競技者は大会に参加できない。エイジグループ制を標榜する日本サッカー協会と学校運動部を統括する学校期別に組織された中体連や高体連との葛藤がこの参加問題に顕在化したのである。

その後、全国サッカークラブユース連合に加盟登録するチームには、当時の日本サッカー協会寄付行為にうたわれていた種別大会[16]に出場する機会が与えられないままに三年以上が経過した。そこで、この全国サッカークラブユース連合に加盟登録しているチームの試合参加をめぐって、日本サッカー協会では一九七八年、二・三種懇談会（座長：二宮洋一）が開催されている。そこで全国高校選手権予選へのクラブチームの出場、あるいは新しい種別大会の開催などについて検討されたが、「高校選手権への出場は認められぬまま今日に至っている[17]」という状況なのである。

この大会参加問題は、解決されないまま十年以上経過するが、その間、前述のように、一九八二年には日本クラブユースサッカー連盟が、八五年には日本クラブジュニアユースサッカー連盟がそれぞれ結成され、全国組織化が進む。そして、独自の全国大会が整備されるにつれて、この学齢期の大会のあり方が問われることになる。つまり学校運動部の競技者とクラブ競技者がともに競技することなく、それぞれ独自に大会などを運営してきたが、クラブの存在が大きくなるにしたがって、それでいいのかという懸念が顕在化したのである。

そこで一九八八年、再び二・三種懇談会（クラブユース、ジュニアユース、全国高体連、中体連）と協会強化部の代表者で二・三種別大会開催について話し合いがもたれ、この懇談会を契機として前述したような高円宮杯U―18、U―15開催へと発展していくのである。つまり本来であれば、学校運動部と民間スポーツクラブの区別なく全員が参加できる統一した全国大会の開催が望まれるが、制度的に困難であることから、U―18年代を例にとれば全国高体連と日本サッカー協会が共催する全国大会とクラブチームが出場する日本クラブユースサッカー選手権大会の上位チームが一堂に会し、雌雄を決する場として九〇年に高円宮杯全日本ユースサッカー選手権（U―18）大会が日本サッカー協会の主催で開催されることになったのである。その後、日本サッカー協会の「協会登録全選手に公式戦を担保するために、各年代別、レベル別に七～八ヶ月間のリーグ戦を制度化する考え方」が普及し、前述したように二〇一一年から高円宮杯U―18サッカーリーグプレミアリーグ（東西二地域）を最上位として、同プリンスリーグ（全国九地域）、同都道府県リーグ（各都道府県）が創設され、最終的に東西のプレミアリーグの優勝チーム同士の「チャンピオンシップ」で雌雄を決することになっている。こうして高校生年代の第二種登録チームがすべて参加できる仕組みが構築されてきている。

しかし、旧来の勝ち抜き戦（トーナメント戦）としては、学校期別の大会とユースの大会は別途、それぞれに開催されている。学校期制とエイジグループ制という競技のあり方をどのように統一的に展開するのか、ここに学校運動部と民間スポーツクラブの双方を抱える競技団体のジレンマがみえる。

3■日本水泳連盟での日本スイミングクラブ協会の承認過程と葛藤

日本スイミングクラブ協会は、日本水泳連盟の加盟団体である。しかし、日本スイミングクラブ協会は、一九六八年に日本スイミングクラブ協議会（二十一クラブ）として発足以来、七九年の同協会（四百五十六クラブ）創設を経て八七年三月まで、日本水泳連盟の加盟団体になることなく、一つの民間団体として独自に活動をしていた。どのような経緯で加盟団体になったのだろうか。

ここでは、日本スイミングクラブ協議会が日本水泳連盟に加盟することになった経緯も含め、両者間での大会の参加と選手登録の問題、さらには指導者養成をめぐる問題に着目し、日本水泳連盟と日本スイミングクラブ協議会（のちの日本スイミングクラブ協会）の関係と葛藤についてみていきたい。

大会の開催と選手登録をめぐって

一九六五年以来、次々に民間スポーツクラブが創設されていくなかで、日本水泳連盟は、主催者としてクラブ対抗年齢別通信競技会を開催している。その際、「全国的に広がるスイミングクラブの対抗通信競技会については、クラブ単位の登録を義務付け、高校生以上については個人登録も必要[18]」と日本水泳連盟への登録が求められたのである。六八年の登録数は、二十五クラブである。

一九六七年三月二十七・二十八日、日本水泳連盟学童対策委員会は、全国から十五クラブ二十六人のスイミングクラブ代表者を集めて初めての全国スイミングクラブ代表者会議を開催している。そこで登録のあり方、クラブの組織化について以下のようなやりとりがなされている。

急激に増えていくスイミングクラブについて、「日本水泳連盟の中にスイミングクラブだけの部門を設けては」「登録の窓口もこの部会で扱っては？[19]」という意見が出されている。この発言に対して、日本水泳連盟は「それでは二つの水連ができるのではないか。クラブの指導が水連の強化計画と別のものであっては困る。大筋は一本でありながら、各クラブの指導者の考え方を尊重してやって行くのがいい[20]」と、日本水泳連盟内でのスイミングクラブの組織化には消極的な動きをみせている。その翌年の一九六八年、スイミングクラブ間の団体として日本スイミングクラブ協議会が設立されるのである。

この時期の日本水泳連盟と日本スイミングクラブ協議会の関係について、日本水泳連盟は、「日本では東京オリンピック後に誕生したスイミング・クラブが、次第に輪をひろげて全国的に分布し、連絡機関として生まれたスイミング・クラブ協議会が連絡調整に当たったが、実施する施策については、水泳競技の統括団体たる日本水泳連盟の方針と、必ずしも一致するものではなかった。とくに水泳強化の基盤となるジュニア層のうち、小学生、なかでも十歳以下については、この時期に興味をもたせることを主眼とする水連と、児童に対しても一律に英才教育を施すべきだとする協議会との喰い違いは致命的なものとなった[21]」と述べている。

その後、日本水泳連盟は、一九七八年八月、第一回全国ＪＯＣジュニアオリンピック夏季水泳競技大会を開催し、競泳種目には百七十二クラブ、千七十人が参加している。この大会について日本水泳連盟は、「水連としてはスイミング・クラブ以外の学校単位の競技者に対しても、同じように広く門戸を解放して強化の実をあげる責任があるので、双方を包含することにし、都道府県大会とともに全国大会としてのジュニア・オリンピックを創設する決意を固めたのである。これには、スイミング・クラブ協議会が、水連の許可を得ることなく、全国規模の競技会を組織せんとする動きがみられたので、これを防遏《ぼうあつ》する意図も含まれていたと言ってよい」(22)と指摘していて、スイミングクラブ協議会の動きに敏感に反応している様相がみえる。これらの動きは、ジュニア層に対する「スポーツ指導の正しいあり方」をめぐる両者の象徴闘争の存在を示すとともに、競技の統括者としての日本水泳連盟の立場を顕示するものといえるだろう。

指導者養成システム

一九六五年以降、スイミングクラブは、独自に指導者研修に取り組んでいて、六七年八月には、第一回スイミングクラブ研修会(十四クラブ、五百人参加、代々木オリンピックプール)が、また日本スイミングクラブ協議会が発足した翌年の六九年一月にはコーチ資格認定制度が独自に創設され、四月にはコーチ資格者として百四十四人が認定されている(23)。

一方、日本水泳連盟の取り組みは古く、一九三二年には日本水泳連盟内に普及に関する専門委員会である標準泳法委員会が発足し、水泳指導者講習会を実施するとともに指導者検定をおこなっている。戦後、四六年、日本水泳連盟は活動を再開し、四九年には各地で指導者検定を実施するようになり、六五年には指導者実施規則を改めて指導者に一種と二種の区別を設け、一種指導者は二種指導者の検定を実施できるものとしている。また七九年四月には公認競泳コーチ登録制度を開始している(24)。

このように双方の団体はそれぞれ独自の指導者養成制度を構築していて、一九七〇年代以降、双方の団体の資格が併存する状況になっていたのである。

このようななか、双方の組織の関係のあり方に転機が訪れる。その契機となったのが文部省の社会体育指導者の知識・技能審査事業制度の創設である。各種民間スポーツ団体の自主性を尊重し、その活動の促進を図る観点から、一定の基準に合致し、社会体育の振興上奨励すべき事業を文部大臣が認定するという事業認定方式で、一九八七年に「社会体育指導者の知識・技能審査事業の認定に関する規程」（文部省告示）によって創設された(25)。その事業主体者は民法第三十四条の規定によって設置された法人であり、わが国のスポーツ振興に積極的に寄与する団体とされている。

そして、その指導者の区分は、①地域スポーツ指導者、②競技力向上指導者、③商業スポーツ施設での指導者、④スポーツプログラマーの四つである。

日本スイミングクラブ協会は、この制度が動きだす段階で、特に③商業スポーツ施設での指導者の資格付与の事業主体者になるべく検討を進め、そのための法人格取得を計画していた。その際、日本スイミングクラブ協会は、申請先としていた文部省から、承認の前提として日本水泳連盟の加盟団体になることが求められていたのである。

ところが、日本水泳連盟もこの資格の事業主体者になるべく検討をおこなっていて、ここで、日本水泳連盟に日本スイミングクラブ協会を加盟させるのかという加盟問題と、事業主体者が二者になることに伴う混乱をどうするのか、いわば誰が事業主体者になるのかをめぐる問題が同時に生じたのである。

日本スイミングクラブ協会から出された法人化と加盟に関する提案について日本水泳連盟は、一九八五年度第三回評議員会と同日に開催された第六回理事会議事録によれば、日本スイミングクラブ協会（SC協）の法人化について「水連との重複部が多く、SC協の法人設立は根拠が薄弱であると思われる(26)」と否定的な見解を示している。

当時、日本水泳連盟顧問であり、企画委員長だった太田光雄は、協会の法人化に対して「協会が法人資格取得後、指導者養成に乗りだしたら、日本水泳連盟が認めた指導者ライセンスと協会発行のライセンスを持つ指導者が出現することになります。現場が混乱し競合するのは明らかでしょう。この点を恐れるのです。何も協会の法人化にやみくもに反対の態度を取っているのではありません。競合せず、協調できる形の法人化なら話し合いはうまくつくはずと考えます[27]」と指摘していた。

その後、双方の団体の検討が重ねられ、一九八六年度第五回理事会の議事録によれば、「水泳連盟とSC協は十回にも及ぶ懇談会を繰り返し、指導員の資格付与問題についても協議を重ねてきた。まだ協議中であるとはいえ、相互に協力して水泳界の発展に尽くそうという方向に進んでいる[28]」という経緯を経て、八七年三月十二日に開催された第七回理事会で、日本水泳連盟「寄付行為」の変更が承認され、日本スイミングクラブ協会の加盟が承認されたのである。

その際、日本水泳連盟と日本スイミングクラブ協会は相互に二人の理事を推薦して役員にすることが両団体の執行部の会議で決定していて、本理事会で日本スイミングクラブ協会から推薦された二人を理事にすることが承認されたのである[29]。このように両組織にそれぞれ二人の理事を配置することで、相互の連携と相互承認・相互監視を強化する方法は、それぞれの団体の相対的自律性を高める方法論として注目される。

その後、一九八七年四月二十七日、文部省から日本スイミングクラブ協会が社団法人の認可を得ることになる。この間、日本水泳連盟専務理事として尽力した小林徳太郎は、「日本スイミングクラブ協会が社団法人の認可を得て（財）日本水泳連盟に加盟し新発足することになった。当連盟としても新しい仲間の参加を歓迎するとともに、一日も早く両者の信頼関係確立に努めなければならない[30]」とし、「苦労の末に出来あがった絆を大切にし、大きな立場でまとまって行くことを期待したい[31]」と記す。この文言からも日本水泳連盟には日本スイミングクラブ協会を加盟団体とすることに葛藤があったことをうかがわせる。また、「ボランティアとビジネス、異質な面があるのは率直に認める。だが、日本の水泳を発展させ、盛んにするという目的は同じである[32]」とも述べているが、この文言からは、当時の日本水泳連盟には、ボランティアとしての日本水泳連盟と、ビジネスとしての日本スイミングクラブ協会という認識があったことがわかる。すなわち協会には、民間スポーツクラブはビジネスであり、商売だという認識があった。この点が加盟にまつわる葛藤の背景にあったものと推察される。

この加盟問題は一応の決着をみたが、しかし誰が事業主体になるのかという問題は解決にはいたらなかった。

日本水泳連盟と日本スイミングクラブ協会は、一九九〇年三月に文部省に事業申請書を提出し、五月二十三日、その申請が許可された。「事業は、（財）日本水泳連盟が地域スポーツ指導者（公認水泳スポーツ指導者）・商業スポーツ施設における指導者（公認水泳教師）の二部門の指導者養成を実施し、（社）日本スイミングクラブ協会も商業スポーツ施設における指導者（公認水泳教師）養成を実施する」[33]（一九九〇年五月二十三日、日本体育協会と日本水泳連盟、日本スイミングクラブ協会による連名文書）ことになったのである。

公認水泳教師の事業主体が一本化できなかった背景の一つとして、各種商業スポーツ関係団体の連携が挙げられる。文部省で本事業が計画された段階から、日本スポーツクラブ協会、日本プロゴルフ協会、日本職業スキー教師協会、日本プロテニス協会、日本スイミングクラブ協会は、五団体の連絡協議機関をつくり、商業スポーツ施設の指導者養成に対する主体性確立に努力してきたという経緯があったのである。[34]

すなわち、商業スポーツ施設を用いて事業を展開しているという共通のカテゴリーによって相互の承認と連携づくりが別途進んでいたことが、日本水泳連盟と日本スイミングクラブ協会の事業を一体化できなかった背景にあったのである。

このような動きのなかで、各競技団体を統括する日本体育協会はどのような動きをみせたのだろうか。日本体育協会は、「日本におけるスポーツの唯一の統轄団体であり加盟競技団体、即ち水泳に関しての唯一の統轄団体は（財）日本水泳連盟である」[35]との認識に立って、一九八七年九月十八日、文部大臣に日本体育協会長名で陳情書を提出している。陳情書では、地域スポーツ指導者、競技力向上指導者、商業スポーツ施設での指導者の三領域について、「三領域とも本会および本会加盟競技団体を唯一の認定団体とされるよう適切に措置を講じられたい」[36]と述べている。日本体育協会は、スポーツ組織の唯一の統括団体であり、その傘下の団体が正統な団体であることを文部省に示し、資格認定事業の事業主体の重複化を避けるとともに自らの団体の正統性を主張している点が注目される。

日本体育協会から陳情書が出されたものの、結果的には、前述のようにそれぞれが独自に同様の資格を付与する、つまり日本体育協会・日本水泳連盟と日本スイミングクラブ協会が別々に同様の資格を付与することになったのである。現場の指導者にすれば、文部省による事業認定資格であることは同様だが、同様の資格が別の団体から認定されるという、いびつな状況が続いたのである。誰が指導者資格を付与するのか、それは資格がスポーツ〈場〉で正統なる指導者の証しともなるために、その団体の存在証明に関わる重要な案件であり、両団体とも引くに引けない状況にあったものと考えられる。ここに、正統なる指導者を認定するのは誰か、をめぐる競技団体と民間スポーツクラブ団体間の葛藤と象徴闘争をみることができるだろう。

その後、このような状況がしばらく続くことになるが、規制緩和の流れのなかで二〇〇五年、文部科学省による社会体育指導の知識・技能審査事業が廃止されることになった。そこで商業スポーツ施設での指導者資格も、日本体育協会の公認資格として再整備されることになった。その際、日本水泳連盟と日本スイミングクラブ協会は、このいびつな状態を解消すべく定期的に会議をもち、役割分担を明確にして連携を図りながら、〇六年度から日本体育協会を含めた三者の連名で資格を付与することになったのである。

この関係改善の背景には現場の混乱を避けたいという両者共通の認識があったものと考えられるが、組織を構成するメンバーの動きも見逃せない。

日本水泳連盟の設立経緯からもわかるように、連盟では創設以来、有力大学で活躍したOBなどを中心とした役員によって組織が構成されてきた。

しかし、日本水泳連盟顧問であり、企画委員長だった太田光雄が述べたように、「東京オリンピックを境に大きく変わった、それも激変したように思えてならないのです。先ほども話に出ましたが一部のOBを除き、大半のOBが水泳から離れていったのが第一です。第二はスイミングクラブの誕生だと思います。この二つは無関係ではなく、期待した東京オリンピックで日本選手が余り振るわなかった。そこでスイミングクラブが出来てほとんどの選手の所属が学校からクラブになった。籍をおく学校名で大会に出場するのは高校選手権、学生選手権、中学校大会ぐらい。OBと現役の縁が薄れてきたといえないでしょうか。もちろんスイミングクラブ所属の選手が日本水泳を支えていることは十分承知しております[37]」といった変化があった。

この記述からもわかるように、スイミングクラブが誕生・発展する過程で、学校のＯＢが水泳から離れていく現象が顕著にみられたのである。そして、スイミングクラブが誕生して約五十年を経て、例えば、二〇一四年度に日本水泳連盟の会長となった鈴木大地（ソウルオリンピック百メートル背泳ぎ金メダル）のような民間スポーツクラブ出身のメンバーが役員になって中心的な役割を果たすという組織構造の変動によって、日本水泳連盟と日本スイミングクラブ協会の関係がより緊密になってきているのである。

換言すれば、独自に発足してきた民間スポーツクラブが組織化され、アスリート養成の中心的役割を担うようになり、その結果、競技者ＯＢが中心になって構成されやすい競技団体の特色とも相まって、次第に民間スポーツクラブ出身の競技者ＯＢが競技団体の役員になっていく。そして徐々に学校運動部だけを中心とした組織から、民間スポーツクラブとの併存型の組織へと変容するにいたっているのである。これはスポーツアスリート養成〈場〉が暗黙裏に変容している一端を示すものとして注目されるだろう。

注

（１）前掲「クラブ時代とジュニア大会」九八ページ
（２）全日本ジュニア体操クラブ協議会「設立趣意書」全日本ジュニア体操クラブ協議会、一九七五年
（３）日本体操協会競技委員会「体操競技のあり方に関する専門委員会の設置について」、前掲「体操」第八号、一一ページ
（４）同論文一一ページ
（５）日本体操協会事故防止対策委員会「違反種目は〇点 中学生の体操競技における禁止技」、前掲「体操」第八号、一二ページ
（６）前掲「日本の強化 ジュニア体操倶へ全面援助を」二九ページ

(7)同論文三〇ページ
(8)同論文三〇ページ
(9)遠藤幸雄「男子の高齢化と持久力不足――女子は体操クラブ出身が奮闘 アジア大会の報告」「体操」第五十七号、日本体操協会編集委員会、一九八七年、八ページ
(10)同論文八ページ
(11)遠藤幸雄「ソウル五輪男子代表へ 二人の高校生選手 スポーツクラブの成果出る」「体操」第六十三号、日本体操協会編集委員会、一九八八年、七ページ
(12)同論文七ページ
(13)前掲「日本の強化 ジュニア体操倶へ全面援助を」二九―三〇ページ
(14)前掲「牛木記者のフリーキック」一〇四ページ
(15)二〇〇五年に日本クラブユースサッカー連盟理事である加藤寛によって作成された兵庫県クラブユースサッカー連盟の文書(「クラブ発展の歴史」)である。
(16)日本サッカー協会は加盟登録チームの種別を次のように分けている。一種は十八歳以上、二種は十八歳未満、三種は十五歳未満、四種は十二歳未満、シニアは四十歳以上、女子の計六種別がある。
(17)日本クラブユースサッカー連盟事務局長真田幸明によって二〇〇三年五月二十三日に作成され、〇六年九月四日に訂正された日本クラブユースサッカー連盟の文書(「日本クラブユースサッカー連盟の活動について」)である。
(18)前掲『日本のスイミングクラブ』三一ページ
(19)同書三三ページ
(20)同書三三ページ
(21)『水連創立六十周年記念誌』日本水泳連盟、一九八四年、一六五―一六六ページ
(22)同書一六六ページ
(23)前掲『日本のスイミングクラブ』一八二ページ
(24)菊池章「水飛沫 今一度資格について考えよう」「水泳」第百四十二号、日本水泳連盟、一九八八年、一―二ページ

(25) 戸村敏雄「社会体育指導者資格付与制度について——保健体育審議会建議に基づいて」、日本体育学会編「体育の科学」一九八七年四月号、杏林書院、二六二—二六六ページ
(26) 日本水泳連盟「一九八五年度第三回評議員会第六回理事会議事録」「水泳」第百十八号、日本水泳連盟、一九八六年、五ページ
(27) 日本水泳連盟「訪問 藍綬褒章を受章した水連顧問、企画委員長太田光雄さん」「水泳」第百十九号、日本水泳連盟、一九八六年、四ページ
(28) 日本水泳連盟「第五回理事会議事録」「水泳」第百二十八号、日本水泳連盟、一九八七年、五ページ
(29) 日本水泳連盟「第七回理事会議事録「寄付行為の変更」などを審議」「水泳」第百二十九号、日本水泳連盟、一九八七年、二五ページ
(30) 小林徳太郎「水飛沫 最後までベストを尽くせ」「水泳」第百三十号、日本水泳連盟、一九八七年、二ページ
(31) 同論文二ページ
(32) 同論文二ページ
(33) 日本水泳連盟「社会体育指導者・技能審査事業 新資格へ移行措置決まる」「水泳」第百六十五号、日本水泳連盟、一九九〇年、三ページ
(34) 菊池章「水飛沫 社会体育指導者の資格付与制度」「水泳」第百五十号、日本水泳連盟、一九八八年、五ページ
(35) 日本水泳連盟資格審査委員会「社会体育指導者資格付与制度について」「水泳」第百三十八号、日本水泳連盟、一九八七年、九ページ
(36) 同論文九ページ
(37) 前掲「訪問 藍綬褒章を受章した水連顧問、企画委員長太田光雄さん」四—五ページ

第6章

教育〈場〉の変動と民間スポーツクラブの発展

民間スポーツクラブが誕生し、全国的に拡大する背後には何があったのだろうか。ここでは、スポーツ〈場〉の内部構造の変容という側面から少し枠を広げて、スポーツ〈場〉の外部にあって、青少年期のアスリート養成に深く関わっている教育〈場〉の構造変動、なかでも需要―供給のバランス変動に着目しながら、民間スポーツクラブの誕生と拡大の要因を探る。さらに後半では、学習塾に着目して、教育〈場〉での私教育の誕生と展開が民間スポーツクラブの誕生・発展に与えた影響について検討する。

1■スポーツ活動に関連した教育〈場〉の変動と民間スポーツクラブの拡大

ここでは、高校・大学での推薦入学の展開、体育・スポーツ関係学部の増加と推薦入学、高校・大学での国公立―私立間の象徴闘争と私立学校の戦略、保健体育教員の供給過剰と民間スポーツクラブへの供給などの点から民間スポーツクラブ拡大の要因についてみてみたい。

高校・大学入試での推薦入試の展開とスポーツ競技力

①高校入試と推薦入試の展開とスポーツ競技力

一九四七年に公布された学校教育法によって新制高等学校（以下、高校と略記）が四八年四月からスタートした。高校は理念として、希望者全員が入学できる教育機関として発足したことから、最大の課題は、どのように入学競争が激化しないようにするかにあった。当初は、希望者全員入学を原則として、入試選抜は定員を超えたときだけ実施された。選抜の材料は、調査書だけであり、学力試験は実施されなかったのである。しかしながら、進学希望率の高まりに収容力が追い付かず、五一年、発足から三年後には学力試験が認められ、その後、公立高校の場合、学力試験と調査書による試験が一般的になった。[1]

その後、高校進学率は着実に高まり、一九六〇年には五七・七％に達した。そこで文部省は、六三年、適格者主義を打ち出し、学校教育法施行規則の改正に伴って高校入試が原則実施されることになった。

学力試験の実施と同様に調査書の重視が高校入試の特徴だったと指摘する中澤渉は、この調査書の重視によって保健体育をはじめ、音楽・美術・技術・家庭といったいわば受験科目に入らない科目も無視できない科目として位置づけられ、「調査書が中学校の授業の形骸化を防ぐ機能をもっていたことは否定できない」[2]と言及していて、注目される。この調査書の重視によって、運動部活動の活動成績も評価対象に含まれていたが、その後、推薦入学制度が始まることでより直接的な評価対象になっていくのである。

高校入試に推薦入学を取り入れるのは一九七四年である。最初に愛知県で導入され、その後、福井県（一九七六年）、栃木県（一九七七年）で導入、そして七八年度には加えて十一県で導入されている。その後、急速に全国に広がっている。七四年に高校進学率が九割を超えて、高校はいきたい人がいくというよりも、特別なことがないかぎり基本的には全員いくものとして位置づけられるようになっていく。その頃問題になっていったのが、いわゆる「落ちこぼれ」の問題であり、その後の校内暴力の問題である。その原因の一つが、「それまで高校に進学しなかった学力層が、大学入試に不利で人気のない職業系高校に不本意入学していたことに求められた」[3]。このため、意欲がある生徒を早い段階で調査書によって選抜する目的で職業科の活性化を狙いとした推薦入学が始まったのである。

その後、一九八四年七月には、高校教育の学校教育法施行規則が一部改正され、文部事務次官通知によって入学者選抜の多様化・弾力化が示された。各高等学校や学科などの特色を生かした選抜基準の多様化、受験機会の複数化、推薦入試の積極的利用が打ち出されたのである。知識偏重に基づく偏差値重視から多様な個性を重視する入試へと変容するなかで、普通科でも推薦入学が導入され、学科やコースの多様化傾向と相まって学力試験を伴わない推薦入学が拡大することになる。

中澤によれば、一九九九年の公立高校の推薦入学者は全国で一八・一%と約二割にのぼり、二〇〇〇年には、四十五都道府県で実施、私立高校の八割以上で実施していること、私立高校で推薦枠が定員の五〇%以上を占める高校が四割もあるという[4]。

当初、職業科や下位校で、事前にやる気がある生徒を獲得することを目的とした入試制度だったが、少子化が顕著になるにつれて有名進学校でも事前に学力が高い生徒を獲得する目的で導入するなど、推薦入学は入試で大きな位置づけを与えられてきたのである。

このような流れのなかで、問題用紙上の正答率による評価以外に、人間の多様な能力と可能性を評価する必要があるという論調が強まり、一芸入試をはじめスポーツ推薦入試など多様な入学試験が導入されることになった。スポーツ推薦入試の成立はスポーツの競技成績による進学の道を開き、この入試制度が一般化するにつれて、スポーツ競技歴は学歴を勝ち取る文化資本として認知されるようになってきたのである。

②大学入試とスポーツ推薦入試

わが国の大学入学選抜方法に関する法的な定めはなく、戦後の新制大学発足後、各大学は、文部省が出す「大学入学者選抜実施要項」が示す基準を手がかりとして各大学の自治によって実施してきた。

文部省は戦後、大学の入学者選抜は、進学適性検査を加えた総合判定による選抜（一九四七―五四年）とし、一九五五年から面接を承認、六六年、内申書を重視・活用する総合判定、そして六七年、入学定員の一部への推薦制度を認めたのである。

それまで学力検査を重視してきた大学入試でなぜ、推薦入試が一九六七年に正式に導入されたのだろうか。この背景には、戦後の第一次ベビーブーム期の生徒が一気に大学受験期を迎えたことによる十八歳人口の急増と、高等教育機関への進学率の向上による「試験地獄」とも揶揄される試験激化がある。

文部科学省によれば、東京オリンピックが開催された一九六四年の十八歳人口は約百四十万人であるのに対し、六五年では約百九十五万人、六六年では約二百四十九万人、六七年では約二百四十三万人、六八年では約二百三十六万人となっている。(5)

一方、高校進学率は一九六五年には、七〇・七％と七割を超え、大学進学率（現役だけ。通信制除く）は同年、二五・四％を超えている。このような状況で受験競争は激化の一途をたどる。この急激な受験競争の激化に伴い、過度の受験準備教育への弊害や、いわゆる一発勝負の学力検査による選抜の合理性への疑問の声が強まることになる。そのなかで学力検査による一元的な入試から、多様な能力の評価と大学入学者選抜方法の多様化の必要性が喧伝され、推薦入学制度が公認されることになったのである。この第一次ベビーブーム世代の動きは、学習塾なども含め教育〈場〉の動きと深く関わっていて、この点についてはさらに後述することにしたい。

推薦入学導入にあたって、教育社会学者の中村高康は、前述の状況に加え、当時の文部省の動きと高校長協会の動きに注目している。一九六七年の推薦入学の公認をめぐっては、当時、教職員組合などから反対の声が強かった統一テストである能研テストを進めたい文部省は、能研テストの正式実施とそれまで導入に消極的だった推薦入学の双方を同時に提案している。推薦入試では、調査書が重要な意味をもつが、能研テストを共通の尺度として学力を測り、推薦入学の判断基準として活用する。このことで能研テストの存在意義とともに学力測定の客観性を担保し、推薦入学制度の正当化に結び付けたのではないかと分析する。その動きに同調したのが高校長協会である。高校での進学準備教育化の弊害が顕在化するなか、競争原理による試験ではなく、能力・適性を原理とした教育的発達を目指す選択という観点から、入試での調査書の重視を訴える高校長協会も文部省と足並みをそろえ、その結果、推薦入学が推進されることになったという指摘[6]は重要である。

次に推薦入学の状況をみると、文部省の大学入学者選抜実態調査によれば、一九七三年には推薦入学を実施している学部（昼間部だけ）の割合は、国立大学約四%、公立大学約七%、そして私立大学では約四九%となっている。そして次年度（一九七四年）に入学した推薦入学者数の割合（昼・夜の区別なし）は、国立大学約一%、公立大学約二%、そして私立大学では約一九%となっている。このように、国公立大学ではこの時点ではまだわずかだが、私立大学ではすでに約半数の学部で実施していて、全学生数の約二割に達している[7]。

推薦入学実施率（昼間部だけ）は年次的に漸増していて、一九八四年には、国立大学約二五%、公立大学約二四%、そして私立大学では約八四%の学部が実施し、同年の推薦入学者数の割合は、国立大学約二%、公立大学約五%、私立大学約三〇%となっている。ほぼ十年間で国公立大学では約四分の一の学部で、私立大学では八割以上が実施するようになっていて、国公立大学では推薦入学者数自体はまだ低く抑えられているが、私立大学では三割に達している。この三割という数値は、文部省の大学入学者選抜実施要項で推薦入学の目安を三割と定められていたためであり、九九年に発表された同要項で五割へと緩和されるなど、大学入試の一つの柱ともいうべき大きな領域になっている[8]。

このように推薦入学は導入以降、私立大学を中心に急速に増加傾向にあるが、どのような基準で選抜されているのだろうか。一九七〇年度の大学入学者選抜要項によって、推薦入学すなわち学力検査を課さず、調査書を主な資料として合否を判定する場合には、面接と小論文を課すことが望ましいという指摘がなされ、以降、推薦入学では、主に調査書と面接、小論文が課されることが多い。

調査書が重要な判断基準になるなかで、一九八一年の大学入学者選抜実態調査（文部省）によれば、内容的にみるとその主な項目としては、「人物：人物が特に優秀なもの」「成績：学習成績概評が基準点以上であること（特定の教科・科目の学業成績が優秀であること）」「特定分野の優秀性：ある分野にすぐれた能力をもつもの」などが挙げられている。なかでも特定分野の優秀性については、国立大学一二％、公立大学八％、私立大学一二％が要件として挙げている。(9) スポーツ推薦は主にこの特定分野の優秀性の項目に該当する。

推薦入学の主な批判のなかで学業成績での学校間格差の問題、人物評価の主観性の問題など、評価に際して主観的になりがちなのではないかという点が挙げられる。そのなかにあって、例えばスポーツ推薦に関しては、競技能力を示す指標として、全国高等学校総合体育大会（インターハイ）や国民体育大会などの全国的な大会の競技成績、あるいはそれに連なる大会の競技成績が使用される。この結果は、学校間格差や主観性を排し、一定の客観性を担保することになる。入試で客観性が求められれば求められるほど、競技成績という客観的位置づけがより重要な意味をもってくるのである。

推薦入学の制度化は、スポーツ競技成績という文化資本を、高等教育機関の一員となるといった一定の社会的資本へと変換することを可能にしたともいえる。社会的名声を得るなど、社会的位置を高めて社会的関係を形成するうえで有利にはたらく、いわば社会的資本への変換率が高まれば高まるほど、スポーツ競技という文化資本の獲得へと競技者を傾倒させることになるのである。その意味でも推薦入学の制度化は、選手自らのスポーツ競技のパフォーマンスの向上が進学の手段として有効であることを明示し、青少年の競技者が「競技としてのスポーツ」を目指す民間スポーツクラブへの志向を強めていく一因となったものと考えられる。

③体育・スポーツ関係学部の増加と推薦入学

大学各学部での推薦入学の増加がスポーツ競技成績を求める傾向を強めたという点について述べてきたが、体育・スポーツ関係学部の創設が、一九六〇年代から増加している点も競技者の専門的・直接的受け入れ先の増加という点で見逃せない。

国立大学の体育・スポーツ関係学部としては、東京教育大学（一九七三年から筑波大学）、各国立の教育系大学での保健体育科教員養成をおこなう大学がみられたが、受け入れ人数としてはあまり大きなものではなかった。スポーツ競技者の受け入れ人数が多い私立大学の専門学部の創設によって飛躍的に受け入れ人数が増加することになる。

主な私立大学の体育・スポーツ系大学・専門学部の設置年（戦後の新制大学制度に基づく。大学名称は当時）をみると、一九四九年には日本体育大学、五一年には順天堂大学体育学部、五五年には天理大学体育学部、五八年には国士舘大学体育学部、その後、東京オリンピック開催が決定した五九年と軌を一にして、五九年に中京大学体育学部、六二年に東京女子体育大学、六三年に中京女子大学体育学部（現・至学館大学）、東京オリンピック開催後の六五年には日本女子体育大学体育学部、大阪体育大学体育学部、六七年には東海大学体育学部、仙台大学体育学部、六九年には福岡大学体育学部となっている。このように東京オリンピック前後から体育・スポーツ関係学部が相次いで創設されているのがわかる。

体育・スポーツ系関係学部が東京オリンピック前後に設置が相次ぎ、これらの学部は推薦制度を積極的に活用してきている。スポーツ競技をさらに高める場として専門学部が全国的に増加し、推薦入学などが年次的に増加するなかで、競技力という文化資本の活用度がさらに高まってきたのである。

2■私立大学・高校の経営戦略と民間スポーツクラブ

大学での国立―私立大学の関係と私立大学の経営戦略

私立大学の体育・スポーツ系大学と学部が設置された設立年が一九五〇―六〇年代に多くみられたことについては前述のとおりだが、どうしてこの時期に増加したのだろうか。ここでは、主に戦後の国立―私立大学の動きに注目してみてみたい。

天野郁夫によれば、明治期から「「富国強兵・殖産興業」に象徴される、「国家ノ須要」の充足を目的とした「官学」、なかんずく「帝国大学」におき、これを欧米諸国の「大学」に匹敵する高度の教育研究機関とすると同時に、「専門学校」には短い年限と簡易な教育課程、低い教育コストによる進学要求と人材需要の充足を期待するという、資源の傾斜的な配分と官学中心主義を基軸とした政策方針[10]」によって高等教育政策は進められた。

そのなかで専門学校（のちの大学）は官立と私立に分かれ、官立専門学校は、「国家の須要」の充足に資するプロフェッション（専門職）の育成に重点をおく帝国大学とほぼ共通の属性をもち、その機能的補完が期待された高等教育機関だった。大正期以降、進学要求の上昇と人材需要の増大に対応するために官立専門学校の増設・拡充をおこなったが、同一の組織形態・規模・水準の学校の「同型繁殖的」なものだった。

一方、私立専門学校は、職業専門教育中心の官学に対して、「いわば「国家の須要」からはみ出した社会のニーズの充足に、その生成・発展の現実的基盤をもったのである[11]」。

そして、私立専門学校は、進学要求の圧力の高まりのなかでプロフェッショナルとしての国家資格取得のバイパスを提供する一方で、社会の中堅的なリーダー層や企業の経営者層といった民間セクターの人材を育成する要となっていく。しかし、国家からの傾斜的な資源の配分構造のなかで、最も低い序列に位置づけられ、官学と常に競合関係に立たされたのである。

このため私立の専門学校ではどのように効果的・効率的な独自の経営・組織形態を展開するかが存続上の死活問題になり、社会のニーズに対してきわめて敏感にならざるをえず、ニーズに対応した多様な学部編成が求められることになる。

その後、一九一八年に公布された大学令によって、それまでの専門学校は次々と大学に昇格していくことになる。そして第二次世界大戦後の四七年、学校教育法の施行とともに大学令は事実上廃止され、新制大学が成立するのである。

わが国の大学進学率の向上と量的拡大の中心的な担い手となったのは私立大学であり、経営の多角化と規模拡大の道をたどることになる。その結果、一九五〇年、私立大学の総数は百五校であり、その二十年後の七〇年には二百七十四校となっている。この間に百六十九校が新設され、なかでも六一―七〇年の十年間にその八〇%、百三十四校が集中的に増加している。[12] また東京オリンピック後の六五―七〇年に新たに十三校が一万人以上の学生を抱えるマンモス大学となっているが、この頃の大学の特徴について天野は、戦後社会の新しいニーズを鋭敏にとらえたいわば「戦後派」学部の積極的な新設という点に特徴があり、社会学部・経営学部・体育学部・海洋学部などに特徴がみられると指摘している。[13]

このように私立大学は、歴史的にみて、国家からの傾斜的な資源の配分構造のなかで低い序列に位置づけられ、官学と常に競合関係に立たされながら、国立大学に対してプロフェッショナルとしての国家資格取得のバイパスを提供する一方で、いわば「国家の須要」からはみ出した社会のニーズを的確に把握しながら、対応することを余儀なくされたのである。そのなかにあって、東京オリンピック前後に私立大学を中心としながら、時代のニーズとして体育・スポーツに目を向け、体育・スポーツ系学部が急激に新設されていったと考えられる。

また、新設の私立大学は、大学間のインフォーマルな社会的評価や威信の序列に応じて形成されるヒエラルキー構造の下位におかれるのが常であり、既存の大学に対抗して序列を上げるのは容易なことではない。しかし、高等教育のハイラーキカルな構造のなかでどのようにして自校のポジションを高めるかということは、安定的に受験生を獲得する意味でも経営上きわめて重要な課題となる。

そこで、可視化されるスポーツでの勝利は、自校の知名度の向上のため、自校の卓越性を示すための有効な広報戦略として浮上することになる。さらに大学への誇りと帰属意識の向上、大学のイメージアップという効果を期待する大学も多い。このことによってますます、新設大学をはじめ大学に競技者を入れることが大学側の大きな需要となってきたのである。

一方、大学での体育・スポーツ系学部の新設は、スポーツ競技者にとって高等教育機関でスポーツ・体育について専門的に学びながら競技に専心できる環境が整ったことを意味する。あわせて高校時代までに競技力という文化資本を獲得することによって推薦入学の道が整備されることで、高校時代までに競技力を高めることが大学入学のパスポートになる。それまで、高校で活躍した競技者は、より専門的に競技を継続するためには実業団が有する運動部への入部か、ごく一部の種目に用意されていたプロ選手契約をする以外に道がなかったが、大学という新しい競技者への道が開かれたのである。また体育・スポーツ系学部で保健体育教員免許取得に向けた教育課程を準備していたことから、競技生活を終えたあとに中学校・高校での保健体育教員として就職する道も開かれ、進学要求の圧力の高まりとともにますます競技に打ち込む青少年が増加することになったのである。

私立高校の経営戦略と民間スポーツクラブ

文部科学省によれば、一九五〇年から七〇年の二十年間に私立高校は約一・四倍に増加し、全体での私立高校の割合も約二一％から約二六％と四分の一を占めるようになっている。[14]そして前述のような私立大学と同様の課題に直面することになる。天野も指摘するように、「ごく少数の例外を除いて、設置運営に必要な資金の源泉が、学生の支払う授業料以外に事実上ないという状況に変わりはなかったから、進学要求の上昇に応じて次々に新設される私学は、既成の私学にくらべて資源の貧困を免れることができず、したがってつねにハイラーキーの底辺部に組み込まれ、その底辺部を拡大し、頂点との距離を広げて、格差の構造を拡大再生産する役割を果たさざるを得なかった[15]」のである。

そこで新設に限らず私立高校では、ヒエラルキー構造のなかで承認と卓越性を獲得するために、例えば、「文武両道」の高校として運動部に力を傾注してスポーツ競技の成績を高め、あわせて大学受験に向けて「特進クラス」を設置して学業にも力を入れる。そして、個人の文武両道というよりも、いわゆる「文の生徒」と「武の生徒」の双方を抱えて文武両道を標榜する戦略を採用するなど、自校の地位向上に力を入れるのである。

以上の点をふまえ、スポーツで知名度を上げたい私学と民間スポーツクラブの相互補完関係について言及しておきたい。私学と民間スポーツクラブの相互補完関係をみると、次の二つのパターンがみられる。

一つは、クラブ競技者は、学校運動部には登録はするが、学校運動部では練習をせず、民間スポーツクラブで練習をするパターンである。このパターンは、競泳で二〇〇八年北京オリンピック百メートル・二百メートル平泳ぎで金メダルを獲得した北島康介選手や体操競技で一一年の全日本選手権で個人総合六連覇を達成した鶴見虹子選手の事例をはじめ、水泳や体操競技で散見される。クラブ競技者は、インターハイのような全国高体連の主催するような大会には、学校運動部の名称で参加する。学校は、その競技者を学校運動部に所属させ、勝利を得ることで学校の知名度を高めることができる。また、クラブ側は、自分のクラブの競技者を私立中学校や私立高等学校に入学させやすくなり、競技者や親の進学希望をかなえることで、本人はもとよりほかのクラブ員や親の信頼と社会的評価を獲得することができるのである。

二つは、私立学校のなかに運動部に加えて、民間スポーツクラブを併設するパターンである。これは、体操競技などでみられるパターンであり、神奈川県にある日本大学藤沢高等学校内の日藤ジュニア体操クラブや京都府の京都西山高等学校内の西山体操クラブが事例として挙げられる。[16] 幼児期からそのクラブで練習をし、大会にはその主催団体に応じて学校名で出場したり、民間スポーツクラブ名で出場したりするのである。このパターンは、学校運動部と民間スポーツクラブという対抗図式を超えて、学校のなかに民間スポーツクラブを併設することで自校への競技者の確保を容易にし、継続的な競技者強化システムを構築しているものといえる。このパターンは、学校運動部と民間スポーツクラブとの新しい相互補完関係の構築という点でも、また新しいアスリート養成システムという点でも注目される。

保健体育教員の供給過剰と民間スポーツクラブへの供給

民間スポーツクラブの誕生と発展過程では、指導者をどのように供給するかが重要な問題となる。この点について、一九六五年以降の教員養成と教員採用状況からみてみよう。

まず大学・短期大学の進学率（過年度高卒者などを含む）をみると一九六五年には一七・〇％だが、七三年には三二・七％と三〇％を超える。この急速な進学率の高まりとも相まって、教育系学部の学生数は、六五年から七五年には約一・七倍になっている。[17] さらに前述したように六五年前後に体育・スポーツ系学部が相次いで新設されている。

教育学部の保健体育専攻や体育系・スポーツ系学部の入学者のうち、保健体育の教員を志望する学生が多く、体育・スポーツ系学部にとっては、中学・高校の保健体育教員の養成は、教育課程の大きな柱の一つになっている。その意味では、中学・高校の保健体育教員の供給体制は急激に整ってきたといえる。

そこで一九六五年以降、中学・高校の教員数（本務教員数）の変化をみると、中学校では、六五年で二十三万七千七百五十人だったものが八七年には二十九万二千五十七人とピークを迎え、その後減少傾向になって二〇一三年には、二十五万四千二百三十五人となる。東京オリンピック後、一九八七年までに全体として二十二年間で五万四千三百七人増加しているが、平均すると年に二千四百六十九人の増加であり、仮に現行の九科目で計算すると年一科目あたり二百七十四人の増加になる。

一方、高校では一九六五年で十九万三千五百二十四人だったものが、中学校に四年遅れて九一年には二十八万六千九十二人とピークを迎え、その後減少傾向になり、二〇一三年には、二十三万五千六十二人となる。一九九一年までに全体として二十六年間で九万二千五百六十八人増加しているが、平均すると年に約三千五百六十人の増加であり、仮に現行の十科目で計算すると年一科目あたり約三百五十六人の増加となる。[18]

つまり東京オリンピック後、一九九〇年あたりまで教員数は増加傾向にあり、中学・高校を合わせると一科目あたり年平均約六百三十人の新規採用分として増加しているが、教育学部学生の増加、さらには体育・スポーツ系学部の急増に伴って、教員需要に対する学部生の過剰供給状況が顕著になっていく。その結果、保健体育教員の採用倍率は年々高まり、保健体育教員は狭き門になっていく。学校の教員採用試験が狭き門になればなるほど、過剰供給状況が常態化し、ほかの指導現場、例えば、民間スポーツクラブの指導者の供給源となっていったのである。このような過程のなかで、民間スポーツクラブ指導者が安定的に供給される構造が整ったとみることができるだろう。

3■学習塾の発展過程からみた民間スポーツクラブの発展要因

以上、スポーツに関連した教育〈場〉の動向に着目して検討してきたが、ここでは「学習塾」に着目し、民間スポーツクラブ誕生、拡大に大きな影響を与えたと思われる教育〈場〉での「公教育」に対する「私教育」の誕生と展開という点から検討する。

学習塾の発展過程

①一九五〇―六〇年代の学習塾

戦前から島本時習塾のように旧制中学のための塾はあったが、非常に少なかった。戦後に入ってもその状況はあまり変わらなかったが、一九五〇年代に入ると様相が変わる。

一九五〇年代には、菊名小学学習教室(日能研)、野田塾、四谷大塚、中萬英学塾(中萬学院)、大阪数学研究会(日本公文教育研究会)、英語・数学塾(浜学園)などが創業し、学習塾が表舞台に出てくることになるが、六五年以降、七五年までの間に真間進学会(市進学院)、進学会、四谷学院など多くの学習塾が創業している。創業時期別にみた学習塾数に注目すると五五―六四年の間に三百六十五カ所で創業しているのに対し、六五―七四年では千五百四十四カ所にのぼる。(19)

一九六五年の東京オリンピック開催後、日本経済は、飛躍的な拡大を続け、六八年には、国民総生産(GNP)で世界第二位となる。まさに高度経済成長を続けた年代といえる。

どうして学習塾が一九六〇年代に増加したのか。その主な要因の一つに戦後の第一次ベビーブームがある。前述したように第一次ベビーブームによって、戦後、四七年から四九年に出生数が毎年二百五十万人を超え、三年間で約八百万人になっている。二〇一三年の出生数が約百三万人[20]だから、その約二・五倍にあたる。この年代層の年齢が上がるにしたがって、従来の教育環境では対応できなくなってくるのである。

この第一次ベビーブーム期に誕生した子どもは、一九六〇年代に入ると高校受験期を迎える。それだけではない。東京オリンピックが開催された翌年の六五年には高校進学率は七〇％を超えるなど、高校への進学志望が高まる。いわゆる高校が大衆化する年代でもある。高校進学率の増加の要因はさまざま考えられるが、高卒と大卒、中卒と高卒の賃金格差があったことから高学歴を望む親子が増加し、「教育を投資と考える親がふえてきた時代[21]」となったことが一因として挙げられる。その背景には、六七年、『国民生活白書』（経済企画庁）が「国民の九割は中流意識を持っている」と発表したように国民の生活レベル意識の向上がある。またこの間、六一年十月から中学校二・三年生全員に全国一斉学力調査が始まり、六二年七月には、全国小・中学一斉学力調査が実施されている。この学力調査によって明確な学力の序列化が進行することになる。

このベビーブームによる生徒数の急増と進学率の高さ、双方が重なるとどうなるか。当然、中学卒業者の進学志望数と進学者数の開きは大きくなる。一九六三年から六六年の間が最も開きが大きく、八万人から十万人が高校進学を断念せざるをえない状況が生まれている。この落差が学習塾の需要を生み出し、多くの学習塾を誕生させる誘因となったのである。[22]

一九六八年に実施された「国民生活に関する世論調査」によれば、子どもが生まれてから義務教育が終わるまでに、これだけのことはしてやりたいという質問（複数回答）に対して、「学習塾へいかせる、家庭教師をつける」と回答した人の割合は二〇％を超え、約二割の人が学習塾や家庭教師への学びを求めていることがわかる。また「水泳、スキー、柔道、テニスなどを正式に習わせる」がすでに一〇％を超えている点も注目される。[23]

社会学者の竹内洋は、大学などの高等教育進学者が一九六〇年の約二十一万人から六六年には約四十一万人と四十万人を超えるにいたり、大学・短大進学率も六六年の一六・一%から六八年には一九・二%と急増している点に着目し、「エリート受験の時代ではなく、大衆受験社会がはじまった」[24]と指摘する。

学習塾の組織化をみると、一九六〇年十二月に全国私塾連盟が創設されている。また東京オリンピック開催の二年後、六六年には全日本私塾協会と日本私塾会が結成されるなど、六〇年代に全国的な組織化が進んでいることがわかる[25]。

またこの時期、高校入試制度にも新たな動きがみられる。一九六七年、東京都は都立高校入試に学校群制度を導入した。いくつかの学校で群をつくり、学校群内の学力が均等になるように合格者を割り振る方法である。制度導入の背景には、旧制時代のナンバースクールをはじめとする名門校に志望が殺到し、学区内に住民票を移して受験するいわば越境入学が増加していたことが挙げられる。学校群導入は東京だけでなく、千葉県や愛知県、岐阜県、三重県などでも導入されている。

この方法のほかに総合選抜制度を導入した都道府県もみられる。総合選抜制度は学区内の複数の高校を一つの高校とみなし一括して願書を申請させ、入試と調査書の総合成績によって全体の合格者を決め、希望校の指定なしで高校間の格差が生じないように割り振る方法である。導入した都道府県には、京都府や兵庫県、岡山県、広島県、長崎県などがある[26]。

これらの入試制度改革の結果として、学校群内、あるいは地域内での均質化は一定程度図られたが、いままでのいわば名門校からの東京大学合格率が低下し、よりレベルが高い大学を狙える高校を目指して私立高校に注目が移行する。希望をかなえるためにはいずれにしてもより高いレベルの高校に入る必要があり、学習塾はより活性化することになるのである。

②一九七〇—八〇年代の学習塾の発展

一九六〇年代から続く高度経済成長は、日本の産業構造を大きく変動させた。第二次産業の成長が高度経済成長を支えたが、第三次産業が台頭し始め、雇用需要の拡大に伴い、雇用の移動が顕著になる。なかでもサービス業は、五〇年には九・二%だったものが七〇年には一四・六%に上昇し、その後、九〇年代には卸売り・小売業の割合を超えて最も構成比が高い産業になっている。(27) 日本の産業別就業者構成をみると、農林漁業中心の構造から、製造業へ、そしてサービス業へと移行しているとみることができるが、七〇年代に入り、サービス業への移行が進むなかで、学習塾や民間スポーツクラブに大企業が参入し始めている。小宮山博仁によれば、九八年売り上げベスト30の大手塾は、半数近くが七〇年代までに設立されたものである。(28)

一九七四年、高校進学率はついに九〇%を超えた。高校は、特別に学びたい人のためのものでなく、いくことが普通となったのである。高校の大衆化は、どうして高校までいかなければならないのか目的が明確でないままに学校にいくという生徒の増加を生むことになる。そのようななか、前述したように七〇年末から八〇年代にかけて主に公立中学校の校内暴力問題が急増し、(29) 私立中学校・私立高校への志向が強まる。さらに第一次ベビーブームの子どもたち（第二次ベビーブーム）世代の高校進学を迎え、学習塾は進学塾へと変容しながら、増加することになる。

学習塾は、補習塾から補習教育と進学指導の双方を備えた総合塾へ、そして進学塾へと変容しながら、高校生・中学生から中学受験を志向する小学生へとその対象を広げて、拡大・発展してきたのである。

学習塾の正統性の獲得と学校——学習塾と学校の正統性をめぐる象徴闘争

学習塾は、その多くが学校教育の不足する部分を補う役割として誕生したが、教育を担う機関としてどのように認知、承認されてきたのだろうか。

明治期以降、教育の正統な機関はいうまでもなく文部省に連なる学校が担ってきた。そのなかに新たな学習機関として学習塾が誕生した。しかしそう簡単に、正統な教育機関として承認が与えられることはなかった。

学習塾の誕生・揺籃期である一九六七年に寄稿された田中道宣の論考には塾に対する批判の大部分が教師の側

から提起されていることが示され、その理由について以下のような記述がみられる。

その理由を探ってみると、（1）学校教育が軽視され、塾をもって万事足れりと考えられやすい、（2）教育ママ的熱意によって、生徒の自由な学習が阻害され、のびのびとした人格形成が歪められる、（3）塾の勉学が先行することによって、学校の授業の新鮮さと真剣さを感じなくなる、（4）知ったかぶりをする生徒ができて（ママ）、授業がやりにくくなる、（5）塾の学習内容が適切でなく、その誤った指導によって、学校の学習活動に困難を感ずる、（6）塾に通うためにクラブ活動を忌避しようとする傾向ができ、全人的教育に欠陥が生じ、入学試験のみが関心事となる、（7）学校教育のみでは習得できず、特殊な塾に行かなくては完全ではないという風潮を醸し出す、（8）塾の教師の指導が大きく評価され、学校の教師の能力が過小評価されているのではないかと不安、などがあるようである。[30]

学習内容が適切でなく混乱を招く、塾の勉学の先行や学習内容が適切性を欠くため授業の混乱を招く、塾に通うことでクラブ活動に支障をきたすなど、学校教育現場の混乱が懸念されている。その背景には、塾の教師の指導が評価され、自らの指導の評価が下がること、また学校教育の軽視をもたらすのではないかといった不安が示唆されている。

見方を変えれば、全人教育志向の学校教育に対して、成績重視志向の学習塾の誕生によって正しい教育を担うのは誰かという教育の正統性をめぐる象徴的な闘争が誘発されたことを示すものともいえるだろう。

その後、学習塾への通塾率が高まるなかで、学習塾の存在を無視しえなくなった文部省は、一九七六年と八五年、九三年に学習塾への通塾率を調査している。中学生では七六年段階ですでに三八・〇％を占めていて、八五年では四四・五％、九三年には五九・五％と全体の約六割が学習塾に通っている。また小学校高学年でもそれぞれ一九・七％、二二・三％、三二・一％と増加していて、七六年段階でも約二割が通っている。

このように一九七六年段階で、すでに小学校高学年の約二割、中学生の約四割が学習塾に通い、それが九三年には、中学生の約六割に達している[31]。

しかも前述のように学習塾は、学校の授業についていけない子どもを中心とした補習塾から、進学熱の高まりとともに進学相談や進学指導も含む総合塾へ、そして進学に特化した進学塾へと移行する過程で、「第二の学校」と呼ばれるようになっていく。

この段階にいたって学習塾は正統なる教育機関として認められたのか、といえば必ずしもそうではなかった。一九七五年当時、学習塾の指導に携わる八杉晴実は、学習塾に対する学校関係者からの反応について、「学校で「分からない子」が増え、街の塾に「かけ込む」子どもたちが増えるに従って、塾に対するある部分の教師たちの心の動きは「無視」「敵意」から「軽蔑」と変わってきたように思う[32]」とまで指摘している。そのうえで、学習塾への非難に対して当時、中学生の約四割もの生徒が学習塾に通う現実を学校がどう受け止めるかが重要であり、学校自らの姿勢を振り返るべきだと主張する。さらに「今、塾がやっている部分は本来学校でなされる部分の補完的応急処置である。塾にはもともとやりたい教育がある。しかもそれは学校教育と相いれない性質のものではないはずである。「教育」は「学校」と同義語ではないのである[33]」と、正しい教育とは何か、どこが担うのかに関する教育〈場〉の正統性が学校に占有されていることに対する批判を展開し、学習塾の正統性を主張する。

一方、当時、小学校教員の原田治子は、学校からの帰途、学習塾のかばんをさげた多くの子どもたちと出会った際、「「どこへ行ってきたの?」などと聞く必要もないし、その気にもなれない。路上で遊んでいる子ども、お使いをしている子どもの姿を目にすることの方が珍しい。教師として、こんな情景に心を痛めながらも、いつの間にか目をつぶりはじめた自分に「無力さ」を感じるのもしばしばである[34]」と、学習塾にいく子どもたちに対して教員としての「無力さ」を吐露している。その背景として学習塾が繁栄するのは、自分の仕事に無責任な教員が多いことに起因し、「教師であるならば、自分の無責任によって、子どもたちが学習塾に流れるような教育をしてはならない。「教師にとっての塾」を考える時、「自分の教育力が欠けているために子どもたちを塾に追いやることは教師失格」という考えを、すべての教師が持つべきであるとわたしは思う[35]」と学習塾の繁栄の正統性というよりも、学習塾を生み出した学校に批判のまなざしを向ける。

また、学校教育に害を及ぼすとして塾の存在価値を認めない見方はすでに建前となっていて、「学校の教師として、わたしは塾を否定したい。しかし、したくてもできないのである[36]」と、学習塾の存在が否定できないところまできていることを認めている。

学習塾が増加するなかで、学校が正統な教育を独占してきた教育〈場〉で学習塾の存在が無視できないところまできていて、学校教育はこのままでいいのかという新たな問いと教育〈場〉での学習塾の位置づけに関する問いが顕在化している様子がうかがえる。

それでは、教育〈場〉を管轄する文部省は当時、どのような見方をしていたのだろうか。

ジャーナリストの前屋毅は一九七七年三月十三日付「朝日新聞」での当時の海部俊樹文部大臣の言動に着目している。

「海部文相は学習塾が『第二の学校化』している実態について、十二日の衆院予算委分科会で『公教育が責任を果たしていないことを示している』と述べ、教育の荒廃に対する文部行政の責任を正式に認めた」と伝えている。学習塾が「第二の学校化」しているのは、「教育の荒廃」であり、当時の海部俊樹文部省大臣が、その責任を国会で認めたというのだ[37]。

つまり学習塾が第二の学校化していることは、公教育が責任を果たしていないことの証左であり、教育の荒廃であるとの認識が示されたのである。学校教育の見直しを主眼としての発言だと思われるが、学習塾が正統なる教育を担う場としての承認が得られていないことを示すものといえるだろう。

一九八〇年代に入り、八八年に文部省ではなく通商産業省（現・経済産業省）は、同省の外郭団体として全国学習塾協会を認可した。教育を担う文部省ではなく、産業を担う通商産業省が教育産業の一翼を担う団体として認可を与えたのである。

その後、一九九九年六月八日、生涯教育審議会は学校と塾の共存を答申し、文部省は学習塾が教育を担う部門であることを正式に認めることになる。小宮山は、その答申に関して、「学校がスリム化するが、塾にその部分の受け皿になってほしいという気持ちがあったに違いない[38]」と指摘する。

恒常化していた学校教員の過剰負担の問題に起因する学校のスリム化の議論の受け皿として学習塾を認める。学習塾は、教育産業の部門として正統性を獲得しながら、教育部門では学校を補完する部門としての正統性を獲得してきたのである。

この過程を学習塾が教育〈場〉でどのように正統性を獲得してきたのかという点で整理しておきたい。

正統性を「組織としての正統性」と「教義としての正統性」に分けて考えてみると、学習塾が組織的に正統性を獲得する過程は、約三十年間の月日を要して、まず教育〈場〉ではなく、産業〈場〉で組織的正統性を獲得し、その後、教育〈場〉でその存在の正統性を認められるという過程を経ていることがわかる。また教義的正統性に関しては、顕在的には、あくまでも全人教育を旨とする学校を補完するという立場での正統性の獲得にとどまっているようにみえるが、受験競争の激化に直接的に対応する機関として成果を上げながら、補習と進学に特化した指導内容と個別指導を含めた教科成績向上の支援方法という点で教義的な正統性を獲得してきたのである。

この過程は、教育〈場〉で学校以外の教育機関（ここでは学習塾）が正統なる教育機関としての承認を得ていく過程であり、正統なる教育、正しい教育は誰が担うのかという象徴的な闘争の過程でもある。これらの過程を経て教育〈場〉で学校外の教育機関の存在が承認されることで教育〈場〉の構造変動が生起したのである。

この教育〈場〉に生起した学校外の教育機関の存在と承認は公教育に対する私教育の承認と深く関わっているように思われる。この点については次節で検討する。

学習塾と民間スポーツクラブ

東京オリンピック後に本格的に参入してきた青少年を対象とした民間スポーツクラブの発展が可能となるためには、教育〈場〉で、学校教育内ではなく、学校教育外の教育活動が教義的にも組織的にも承認されなければならない。

そこで、ここでは学習塾(39)だけでなく、いわば学校教育外の稽古事(習い事)がどのような状況にあったのかについてみてみよう。

文部省は、一九七六年に初めて、児童・生徒の学校外学習活動に関する実態調査を実施している。その結果、通塾率は小・中学生全体では二〇・二%、男子二一・八%、女子一八・四%であり、小学校低学年五・三%、小学校高学年一九・七%、そして中学生では三八・〇%と約四割に達している。また家庭教師による学習状況は、小学生で一・五%、中学生で六・一%、中学校三年生では八・七%となっている。

次に稽古事についても聞いていて、小学生で六二・八%、中学生で二五・一%、小・中学生の計で五一・〇%となっている。稽古事の学習者のうち、小学生では習字五二・四%、音楽関係三八・八%、そろばん三一・九%、体育・スポーツ関係一五・二%(柔道・剣道六・四%、水泳四・七%、野球・ソフトボール一・四%など)の順になっている。また中学生では音楽関係四三・六%、習字三六・四%、そろばん一七・六%、体育・スポーツ関係一三・六%(柔道・剣道七・一%、水泳一・六%、テニス一・五%など)となっている。稽古事は土曜日に習っている者が多く、四割を超える。

月謝については、学習塾への通塾者一人あたり平均で、小学校低学年三千六百円、小学校高学年六千円、中学生は五千二百円である。家庭教師は、平均で一人あたり小学校低学年八千四百円、小学校高学年一万二千九百円、中学生は一万三千八百円である。そして稽古事では、平均で一人あたり小学校低学年三千四百円、小学校高学年三千二百円、中学生は三千百円となっている。

小・中学生のうち、学習塾や家庭教師、あるいは稽古事のうち、いずれか一種目以上について学習したことがある者の割合は、小学生で六七・五％、中学生で五六・二％、小・中学生の計で六四・〇％となっている[40]。一九七六年時点で、小・中学生の約三人に二人が学習塾や家庭教師、稽古事のいずれかに通っていて、学校外での学習活動が相当に一般化・大衆化しているのがわかる。

その当時、保護者は学習塾や学校外での活動についてどのように考えていたのだろうか。内閣府が一九七六年に実施した教育に関する調査によれば、まず子どもに対してどの程度の教育を受けさせたいかという質問に対して、大学（大学院）か高専・短大までと回答した割合は、子どもが男子の場合五九・三％（大学〔大学院〕五六・八％）、女子の場合四二・六％（大学〔大学院〕二四・八％）となっている。七六年当時の大学など（大学、短大）の進学率が、三八・六％（男子四三・三％、女子三三・六％）だったことを勘案すれば、大学などの高等教育を受けさせたいと思う保護者が多いことがわかる。

また学習塾について小・中学生が学習塾や進学教室に通ったり、家庭教師についたりすることについてどう考えるかという質問に対して、「やむをえない」が四七・二％、「好ましくない」が三二・二％、「好ましい」が一〇・三％の順であり、必ずしも好ましいものとは考えていないが、やむをえないものとして認知されていることがわかる。また約七割（七一・七％）の人が学習塾などと比較して学校での勉強が子どもにとって学力の向上に役立つと回答している。

また家族の小・中学生の子どもは、何か習い事や活動を続けているものがあるかとの質問に対しては、約半数（四九・一％）の人が「ある」と回答していて、あると回答した人のなかでその種目（複数回答）では、「柔・剣道や野球などのスポーツ活動」が二七・五％、「音楽や演劇などの文化活動」が一九・六％となっている。この時点でも習い事や活動がかなり広範に実施されている[41]。

これらの結果は、学校外での学習の場が教育〈場〉のなかで確実に組み込まれている様相を示している。青少年を対象とした民間スポーツクラブがいわば稽古事の一領域として定着するうえで、学校中心の教育〈場〉から、学校外の学習を含み込んだ場へと構造が変化することを求める需要が不可欠であり、その需要の高まりが新たな枠組みを生み出す原動力になって、学習塾や民間スポーツクラブなどが定着していったものと考えられる。

換言すれば、学習塾や民間スポーツクラブが誕生して発展する背景には、高等教育への社会的要請が強まるなかで個人の利益の獲得を目指す教育の私事化（privatization）の進行[42]がある。この教育の私事化に対する需要の高まりと進行によって公教育中心の教育〈場〉は学校外の教育機関の存立を可能にする場として変動し、私教育を含み込んだ教育〈場〉へと構造変動を果たしたのである。

このように学習塾や民間スポーツクラブは、決して単独で成立したものではなく、私教育を含み込んだ教育〈場〉への構造変動のなかで誕生・発展してきたのである。

さらに学習塾や民間スポーツクラブが自律的に展開し、社会的承認が与えられるにつれて、教育〈場〉の変動の原動力となるなど、この循環的なメカニズムによって私教育を含み込んだ教育〈場〉はより強固なものに再構成されてきたのである。

注

（1）中澤渉「高校入試の変化と高校生――とくに推薦入学の拡大に注目して」「ＩＤＥ――現代の高等教育」二〇〇一年四月号、ＩＤＥ大学協会、二四ページ

（2）同論文二五ページ

（3）同論文二五―二六ページ

（4）同論文二六―二七ページ

（5）文部科学省生涯学習政策局政策課調査統計企画室「平成二十五年度学校基本調査報告書」文部科学省、二〇一四年、九〇〇ページ

（6）中村高康「推薦入学制度の公認とマス選抜の成立――公平信仰社会における大学入試多様化の位置づけをめぐっ

て」、中村高康編集『大学への進学——選抜と接続』(「リーディングス日本の高等教育」1)所収、玉川大学出版部、二〇一〇年、二七三—二七五ページ

(7)文部科学省は一九七二年から大学入学者選抜実態調査結果を公表している。佐々木享「大学入試の歴史第三十回——推薦入学の増大と多様化」「大学進学研究」第十二巻第四号、一九九〇年、大学進学研究会、五六—六一ページ参照

(8)佐々木享「わが国の大学入試制度の変遷」、日本科学者会議編「日本の科学者」一九八四年十一月号、日本科学者会議、五ページ

(9)前掲「大学入試の歴史第三十回」六〇ページ

(10)天野郁夫「エリートからマスへ——大衆化の過程と構造」、前掲『大学への進学』所収、四二ページ

(11)同論文四四ページ

(12)同論文五七ページ

(13)同論文六〇ページ

(14)高等学校数に関して、一九五〇年から五年ごとの変動をみてみると、公立高校の数は五〇年には三千三百八十八校だったものが五五年では三千六百九十一校、六〇年では三千五百五十四校、六五年では三千六百三十三校、七〇年では三千五百五十校とほぼ横ばいで推移しているのに対して、私立高校は、五〇年には八百八十二校だったものが五五年では八百九十五校、六〇年では千二十一校、六五年では千百九十二校、七〇年では千二百二十四校と増加傾向にある。このように五〇年から七〇年の二十年間に私立高校は約一・四倍に増加し、全体での私立高校の割合も約二一%から約二六%と四分の一を占めるようになっている(文部科学省大臣官房『データからみる日本の教育』文部科学省、二〇〇六年、六〇ページ)。

(15)天野郁夫『教育と選抜の社会史』(ちくま学芸文庫)、筑摩書房、二〇〇六年、二八六ページ

(16)日本大学藤沢高等学校は神奈川県藤沢市にある日本大学付属の私立高等学校であり、日藤ジュニア体操クラブを併設している。また、京都西山高等学校は、京都府向日市にある私立高等学校であり、西山体操クラブを併設している。

(17)大学・短期大学への進学率は、一九五五年で一〇・一%だったものが、六五年で一七・〇%になり、七五年には三

八・四%となるなど、大学・短期大学への進学率は急速に高まっている。また、学部学生数からみると、六五年には教育系学部約七万人、七五年には約十一万九千人と約一・七倍になっている。(前掲『データからみる日本の教育』六四ページ)。

(18)前掲「平成二十五年度学校基本調査報告書」八七八ページ

(19)小林弘典「学習塾変遷の歴史と概観 最新の資料からみた塾業界の動向」、佐藤勇治編『学習塾百年の歴史――塾団体五十年史』所収、全日本学習塾連絡会議、二〇一二年、二二二ページ

(20)厚生労働統計協会「厚生の指標」二〇一四年十月号、五九ページ

(21)小宮山博仁「戦後の塾の歴史と日本の教育の課題」、前掲『学習塾百年の歴史』所収、二八〇ページ

(22)同論文二八〇―二八三ページ

(23)「国民生活に関する世論調査(第十一回)」(内閣総理大臣官房広報室、一九六八年、四六―四七ページ)は、十五歳までの子どもがいる親を対象に質問したものである。「学習塾へ行かせる、家庭教師をつける」では小学四年生から六年生の親で最も高く、二五%にのぼる。また「水泳、スキー、柔道、テニスなどを正式に習わせる」では、小学一年生から三年生で最も高く、一五%となっている。

(24)竹内洋『学校と社会の現代史』(放送大学叢書)、左右社、二〇一一年、五五ページ

(25)藤原信「塾の歴史七十年史 昭和と平成の時代」、前掲『学習塾百年の歴史』所収、二五二―二六二ページ

(26)岩木秀夫「総合選抜制度の教育効果――学力水準との関連で」(日本教育社会学会編集委員会編「教育社会学研究」第三十二集、東洋館出版社、一九七七年)八〇―九二ページ、金秀妍「高等学校における入試選抜システムに関する社会学的分析――韓国と日本における学校群制度を事例として」(大学院紀要編集委員会編「法政大学大学院紀要」第七十号、法政大学大学院、二〇一三年)八三―九七ページを参照。

(27)厚生労働省編『労働経済白書(平成二十二年版)――産業社会の変化と雇用・賃金の動向』日経印刷、二〇一〇年、八八―八九ページ

(28)前掲「戦後の塾の歴史と日本の教育の課題」二八二ページ

(29)小・中・高校生の校内暴力に関する、事件数は一九八三年(二千百二十五件)を、検挙・補導人員は八一年(一万

四百六十八人）を、それぞれピークとして減少している（法務総合研究所『平成十七年版犯罪白書――少年非行』国立印刷局、二〇〇五年、二〇九―二一〇ページ）。
(30) 田中道宣「学習塾を論ず」、教育と医学の会編「教育と医学」一九六七年八月号、慶應通信、三〇―三一ページ
(31) 前掲『学習塾百年の歴史――塾団体五十年史』一〇三四ページを参照。
(32) 八杉晴実「「塾」から見た学校――「塾」の教師は訴える」「児童心理」一九七五年十二月号、金子書房、九五ページ
(33) 同論文九五ページ
(34) 原田治子「教師にとっての「塾」――教師からの告発」、前掲「児童心理」一九七五年十二月号、七九ページ
(35) 同論文八一ページ
(36) 同論文八三ページ
(37) 前屋毅『学校が学習塾にのみこまれる日』朝日新聞社、二〇〇六年、三二ページ
(38) 前掲「戦後の塾の歴史と日本の教育の課題」二八三ページ
(39) ここで「学習塾」とは、小・中学生が国語、算数・数学、社会、理科と英語（中学生だけ）のうちのいずれか一教科以上の学習指導を受けるために通っている塾のことである。家庭教師について学習している者とは、家庭教師について国語、算数・数学、社会、理科と英語（中学生だけ）のうち、いずれかを学習したことがある者である。また、稽古事を学習している者とは、習字やそろばん、ピアノなどの音楽関係舞踏、外国語の会話、各種のスポーツなどのうち一種類以上を習っている者である（前掲『児童生徒の学校外学習活動に関する実態調査報告書 昭和五十一年度』二九―三七ページ）。
(40) 同書三―九七ページ
(41) 総理府広報室編『教育に関する世論調査 昭和五十一年八月調査』（内閣総理大臣官房広報室、一九七六年）による。進学率については、前掲「平成二十五年度学校基本調査報告書」九〇一ページ。
(42) 大内裕和「象徴資本としての「個性」」、前掲「現代思想」二〇〇一年二月号、八六―一〇一ページ

第2部

民間スポーツクラブ、学校運動部の再生産戦略とアスリート文化の再生産

第7章

運動部とクラブ間のハビトゥス様相の差異と民間スポーツクラブの再生産戦略
――競技者間・指導者間比較を通して

はじめに

わが国のスポーツアスリート養成とそれをめぐるハビトゥス形成は、歴史的に主に学校運動部という〈場〉によって担われ、再生産されてきた。このため、「ハビトゥスが構成された諸条件とハビトゥスが機能する諸条件とが、ぴったりおなじか相似の場合には、ハビトゥスがうみだすもろもろのプラチック〔実践、慣習行動：引用者注〕は、現在の客観的諸条件にまえもってあるいはただちに完璧に適合させせられ、循環的な再生産の関係がなりたつ[1]」という指摘のように、循環的再生産過程では、比較的に安定的なスポーツ競技者のスポーツ観や行動習慣が形成され、それがアスリート養成〈場〉の基本的なハビトゥスとして定着してきたといえる。

しかしながら、サッカー・水泳・体操競技・テニスなどの種目に顕著にみられるように、民間スポーツクラブの台頭によってアスリート養成〈場〉をめぐる枠組みは再編されつつある。民間スポーツクラブの台頭は、おのずと従来の学校運動部が有してきたハビトゥスを変容させるものと考えられる。

このような問題意識から、本章では、学校運動部と民間スポーツクラブの競技者間でのハビトゥスの様相の差異と指導者間の指導意識などの差異を明らかにしたうえで、後発の民間スポーツクラブの文化的正統性の獲得をめぐる再生産戦略について検討する。

1■分析枠組み

スポーツ競技者は、競技者として専門的にスポーツに携わるようになると、アスリート養成〈場〉の集団や指導者とのダイナミックな相互作用のなかでスポーツに関わる文化資本（獲得的文化資本）を形成していくことになる。

競技者は、所属した集団や指導者との交わりのなかで経験を蓄積することで、無意識的にその集団特有の立ち居振る舞い方や感じ方を獲得する。それが、いわばハビトゥスとして内面化され、内面化されたハビトゥスは、競技者のその後の実践と表象の産出、組織の原理として機能することになる。

逆にいえば、アスリート養成〈場〉を構成する主な集団である学校運動部と民間スポーツクラブは、その〈場〉のなかで地位を上昇させ、独自の文化的正統性の獲得と再生産に向けて競技者のハビトゥス形成を意図した戦略を講じるのである。

従来、文化的正統性を担ってきた学校運動部に対して後発の民間スポーツクラブは、文化的正統性を獲得するためにどのような再生産戦略を駆使しているのだろうか。

「再生産」とは、宮島喬によれば、同一のものの機械的な反復的生起を指すのではなく、社会・経済過程での先行状態のある種の変化を意味するものであり、生産の変容過程としてとらえられる(2)。また、その変容過程で共同体が継続していくためには、常に新しい環境に適応するために変容を遂げながら、同時に組織としての同一性を保って再生産をおこなわなければならない(3)。その再生産を可能にするためには、再生産のための戦略が不可欠となる。再生産戦略とは、ある特定の社会的単位（個人であれ家族であれ集団であれ）が、社会構造のなかで自分の位置を保持、あるいはその地位を上昇させるためにおこなう戦略を意味する。[4]

再生産戦略について、以下では、教育戦略・象徴戦略・対人戦略に着目して検討する。

まず教育戦略に関しては、文化的恣意性を自明なものとして押し付け、通用させることを意味する。[5] 自らの文化的正統性を維持し、展開するための効果的な教育的はたらきかけについて、小内透は次のように指摘する。「教育的働きかけが効果的に行われるためには、恣意的な力と恣意的な文化が「誤認」により正統なものとして受け入れられなければならない。そうでなければ、恣意的であることが露見してしまい、教育的働きかけは受け入れられないからである」[6]。また高橋一郎は、「あらゆる教育的営為は、恣意的な権力によって恣意的な文化を教え込み、かつ、この二重の恣意性を、恣意的な教育的権威によって隠蔽＝正統化するものである」[7]と指摘する。これらの指摘をふまえると、クラブ指導者はクラブ競技者に対して、自らの集団の文化的正統性を示しながら、指導方法や内容について、どのようにしてより正統なものとして受け入れさせるか、どのようにして恣意性を隠蔽＝正統化しているのか、どんな種類の戦略をとっているのかが検討される必要がある。具体的には、民間スポーツクラブに特有のスポーツに対する態度決定に深く関わる目的志向性とスポーツ観が、どの程度、自明なものとして競技者に受け止められているか、また主に日常のスポーツに関する習慣化された行動や立ち居振る舞いなどが重要な論点になるだろう。

次に象徴戦略では、自らを正統化するような新しい表象システムを発明するとともに、それを強制的に通用させることが重要な問題になる。この点に関連して、宮島は、「表象の生成と構造化」というハビトゥスの機能的側面に目を向け、ハビトゥスでの表象の次元としては、根拠が問われない自明視されたものの見方が相当するとしている。[8] また、常田夕美子は、共同体の同一性は集団の記憶に基づく集合的な主観的認知によって維持されることを指摘している。[9] 以上のことから、民間スポーツクラブと学校運動部に対する表象は、いわば集合的記憶としてあらわれ、それぞれの集団に対する自明視された見方を提示するとともに、それぞれの同一性の維持だけでなく、文化的正統性の獲得戦略と深く関わっているものと考えられる。

また、対人戦略では、クラブ指導者が保護者に対して、指導上、どのような位置づけを与え、関係性を構築しているかが重要だろう。

このようにアスリート養成〈場〉で、後発の民間スポーツクラブは、アスリート養成〈場〉での文化的正統性を獲得するために、学校運動部との間で象徴闘争を起こしていて、民間スポーツクラブの内部では、教育戦略・象徴戦略・対人戦略といった再生産戦略を駆使しているものと考えられる。

2■調査の概要

調査の対象・方法・時期

①高校生スポーツ競技者調査（調査1）

●調査対象
本章では、学校運動部と民間スポーツクラブそれぞれが独自の大会や運営システムを有するサッカーに着目し、高校生のサッカー競技者を対象とした。また、学校運動部と民間スポーツクラブ間でのサンプル特性と運動部やクラブの組織化レベルのばらつきを少なくするために、両者ともに全国トップレベルの競技成績を有するチームを対象にした。

●学校運動部
一九九九年度全国高校総合体育大会ベスト16のうち三チーム（私立二チーム、公立一チーム）と九八年度全国高校総合体育大会優勝校一チームの計四チーム、三百十三人。

ただし、分析には、中学校・高等学校を通して学校運動部に所属している百九十四人のデータを用いた。

●民間スポーツクラブ

一九九九年度第二十三回日本クラブユースサッカー選手権（U—18）大会出場チーム（地区予選を通過した二十四チーム）で大会優勝チームを含むJリーグ傘下の五チーム（関東三チーム、東海一チーム、九州一チーム）、百五人。

ただし、分析には、中学校・高等学校を通して民間スポーツクラブ（入会金や月謝などが必要で、専門的な指導者によって指導されるクラブ）に所属している七十八人のデータを用いた。

●調査方法

調査員を各練習場へ派遣し、集合法によって質問紙法を用いた社会調査を実施した。

●調査期間

予備調査：一九九九年八月十—二十日（民間スポーツクラブ二チーム計四十人に対して予備調査を実施し、内容とワーディング〔言い回し〕の検討をおこない、その結果をもとに本調査用の調査用紙を作成した。）

本調査：一九九九年九月一—三十日

②民間スポーツクラブ指導者調査（調査2）

●調査対象

日本ユースサッカー連盟加盟クラブ七百十四クラブのうち、無作為に抽出した四百クラブ

●調査時期

二〇〇一年二月十五日—三月十二日

●調査方法

郵送法による質問紙調査

●回収数と回収率

回収数は二百二部（有効回答数二百二部）であり、回収率は五〇・五％だった。

この分析には、全調査回収者二百二人のうち、より専門的なクラブ指導者を対象とするためにクラブの非常勤職員（パートタイム）、ボランティア指導者などを除き、フルタイムの専任職員、フルタイムの契約職員、自営業主として勤務する、いわゆる職業、本業として指導しているクラブ指導者八十三人を分析対象とした。

なお、ここでは学校運動部のサッカー部指導者と比較するために民間スポーツクラブ指導者のなかのサッカークラブ指導者（以下、クラブ指導者と表記）八十三人を分析対象とするが、水泳・体操の各クラブ指導者についても同様の調査を実施していて、サッカークラブ指導者と大きな差異があった場合など、必要に応じてクラブ（水泳・体操含む）指導者として表記する。[10]

③学校運動部指導者調査（調査3）

●調査対象

二〇〇七年度全国高校サッカー選手権大会都道府県大会ベスト8以上の高校サッカー部監督三百八十四人（八校×四十七都道府県＋八校〔東京都が二つのブロックで開催されたため〕）を調査対象とした。

●調査時期

二〇〇八年十一月二十二日―〇九年一月二十二日

●調査方法

郵送法による質問紙調査

●回収数と回収率

回収数は二百七部（有効回答数二百七部）であり、回収率は五三・九％だった。

変数と測定

ここでは、主に「目的志向性、スポーツ価値意識とスポーツ観」「行動習慣」「学校運動部と民間スポーツクラブに対する表象」「保護者との関係性」と、調査3独自の項目として「運動部に関する項目」を設定した。

①目的志向性、スポーツ価値意識とスポーツ観（調査1・2・3共通）

スポーツに対する見方、考え方に関するハビトゥスの様相については、スポーツに対してどのような目的を志向しているのか（目的志向性）、価値意識を有しているのか（価値意識）、そしてスポーツに対してどのような見方や考え方を有しているのか（スポーツ観）の三つの視点で分析することにした。

まず目的志向性については、勝利志向・楽しさ志向・全力志向・フェアプレーの四項目[11]を設定した。スポーツ価値意識については、上杉正幸の価値意識の尺度[12]を援用し、スポーツ観については、日下裕弘・菅原禮・丸山富雄のスポーツに対する社会態度尺度[13]、黒須充[14]、松尾哲矢ら[15]の尺度などを参照しながら、独自の項目を加えて設定した。またこれらの項目に加えて、調査1では進路に関する項目を、調査3では運動部での指導意識（力点）に関する項目を設定した。

②行動習慣（調査1）

その集団特有の行動に関するハビトゥスの様相については、行動習慣に関する項目を設定した。この項目の設定に際しては、学校運動部で形成されてきたと思われる行動習慣に着目した。学校運動部の特徴について、森川貞夫は、「日本におけるスポーツの体質としてこれまでも指摘されてきた勝利至上主義・根性論・鍛錬主義が学校の部活動にもある」[16]と述べ、また藤田昌士は、上級生と下級生との間の非民主的な人間関係、教師集団・生徒集団の世論が及ばない部活動の「聖域」化、「密室」化を指摘している。[17]そこで、これらの指摘をふまえ、今回の調査では、場所や施設に対する対応や対人行動に関わるものとして「競技場に対する神聖視」「必要以上の大声での対応」「上下関係への過剰な配慮」を操作的に設定した。

③学校運動部と民間スポーツクラブに対する表象（調査1・2・3共通）

自明の表象に関するハビトゥス様相は、前述のとおり、正統の「自明」性を支える恣意性と結び付き、さらにはその集団の正統性獲得の戦略と深く関わっている点で見逃せない。そこで、前述の学校運動部に関する森川や藤田らの指摘や、イメージ調査を用いた高島稔、小山田信子ら、柏倉久代らや服部芳明らなどの研究[18]を参照しながら、学校運動部と民間スポーツクラブに対する表象を検討することにした。調査項目と尺度の設定にあたっては、SD法[19]を用いて相対する意味の言葉を用意し、その間を五段階に分けて尺度化した。具体的には、〈トラディショナル―モダン〉〈暗い―明るい〉〈地味―華やか〉〈かたい―やわらかい〉〈ファッショナブル―ダサイ〉〈メジャー―マイナー〉〈集団的―個人的〉〈ハイクラス―カジュアル〉〈形式的―合理的〉〈プロフェッショナル―素人《しろうと》〉〈新鮮―古くさい〉〈格好いい―格好悪い〉〈ライト（軽い）―ヘビー（重い）〉〈上下関係（強）―上下関係（弱）〉〈高圧的―民主的〉という項目を設定して分析をおこなった。

④保護者との関係性

指導者（調査2・3）に関しては、クラブ運営での保護者の位置づけについて項目立てをおこなった。また、クラブ競技者（調査1）に関しては、保護者の応援度と応援に対する競技者の態度について質問をおこなった。

⑤運動部に関する項目（調査3）（以下については第8章で分析）

（1）運動部競技者とクラブ競技者の態度・考え方・立ち居振る舞いの相違とその特徴

（2）運動部競技者とクラブ競技者の行動習慣の差異

（3）高校運動部競技者のマナーや関係性に関する行動習慣の評価と必要度
（4）高校期に最も権威がある正統な大会に対する認知
（5）民間スポーツクラブの狙い、指導方針・指導方法に対する評価

サンプル特性

①高校生スポーツ競技者調査

学年構成としては、学校運動部競技者（以下、運動部競技者とする）では、一年生四七・三％、二年生五〇・五％、三年生二・一％であり、民間スポーツクラブ競技者（以下、クラブ競技者とする）では、一年生三二・九％、二年生六一・八％、三年生五・三％だった。またサッカーの経験年数は、運動部競技者が平均八・三年（SD＝一・八）、クラブ競技者では平均九・三年（SD＝一・八）だった（幼児期の相続的文化資本については注（20）に記載）。

②民間スポーツクラブ指導者調査

クラブ指導者は全員が男性であり、平均年齢は三十四・九歳（SD＝七・〇六）、指導歴は平均十一・〇年（SD＝六・五三）、現在のクラブでの指導歴は平均六・五一年（SD＝四・〇五）である。現在のクラブの競技レベルは、「全国レベル大会出場」が四二・七％と最も多く、国内ブロック大会出場以上の競技レベルを有するクラブが六割以上を占める。また、クラブ指導者自身のサッカーの競技レベルは、全国レベル大会出場が五二・六％と最も多く、国際レベル大会出場（一三・二％）を加えると約六六％が全国レベル大会以上の競技レベルを有している（クラブ［水泳・体操含む］指導者については注（21）に記載）。

③学校運動部指導者調査

学校運動部（サッカー部）指導者（以下、運動部指導者とする）の性別は、男性九九・〇％、女性一・〇％、年齢は平均四十二・三歳（SD＝八・七九）であり、サッカーの指導歴は平均十七・九年（SD＝八・七六）である。現在、指導している高校の設置主体は公立（六三・四％）、私立（三六・六％）であり、勤務形態は、高校教諭（九三・七％）、常勤講師（一・九％）、非常勤講師（一・九％）となっている。また現在の高校でのサッカー指導歴は、平均十・四年（SD＝八・四六）であり、指導者自身のサッカーを含むスポーツ競技経験年数は平均二十三・七年（SD＝十二・八一）、サッカーの競技経験年数は平均二十・七年（SD＝十・七九）である。

指導者自身のサッカーの競技レベルは、全国レベル大会出場が五五・〇％と最も多く、国際レベル大会出場（九・〇％）を加えると六四％が全国レベル大会以上の競技レベルを有していて、Jリーグ・実業団での選手経験者の割合は二二・二％だった。その一方で、大会出場経験なしは四・〇％だった（指導者自身の競技時の活動拠点については注（22）に記載）。

現在、指導しているサッカー部の部員数は、平均五十五・三人（SD＝二十七・一九）であり、中学生時で、民間スポーツクラブ（クラブチーム）に所属していた部員が「いる」と回答した者の割合は九四・二％と大半を占める。ここ三年間の競技成績は、今回調査の全対象部が都道府県八位以内だが、そのなかでも、国内ブロック大会が一五・九％、全国レベル大会は三二・九％となっている。

3　運動部競技者とクラブ競技者の比較

進路、目的志向性、スポーツ価値意識とスポーツ観の様相

まず進路に関して両者で比較すると、運動部競技者で「大学での競技継続」（四四・九％、クラブ競技者は三四・六％）と回答した者が多いのに対して、クラブ競技者では「すぐにプロになりたい」（五六・四％、運動部競技者

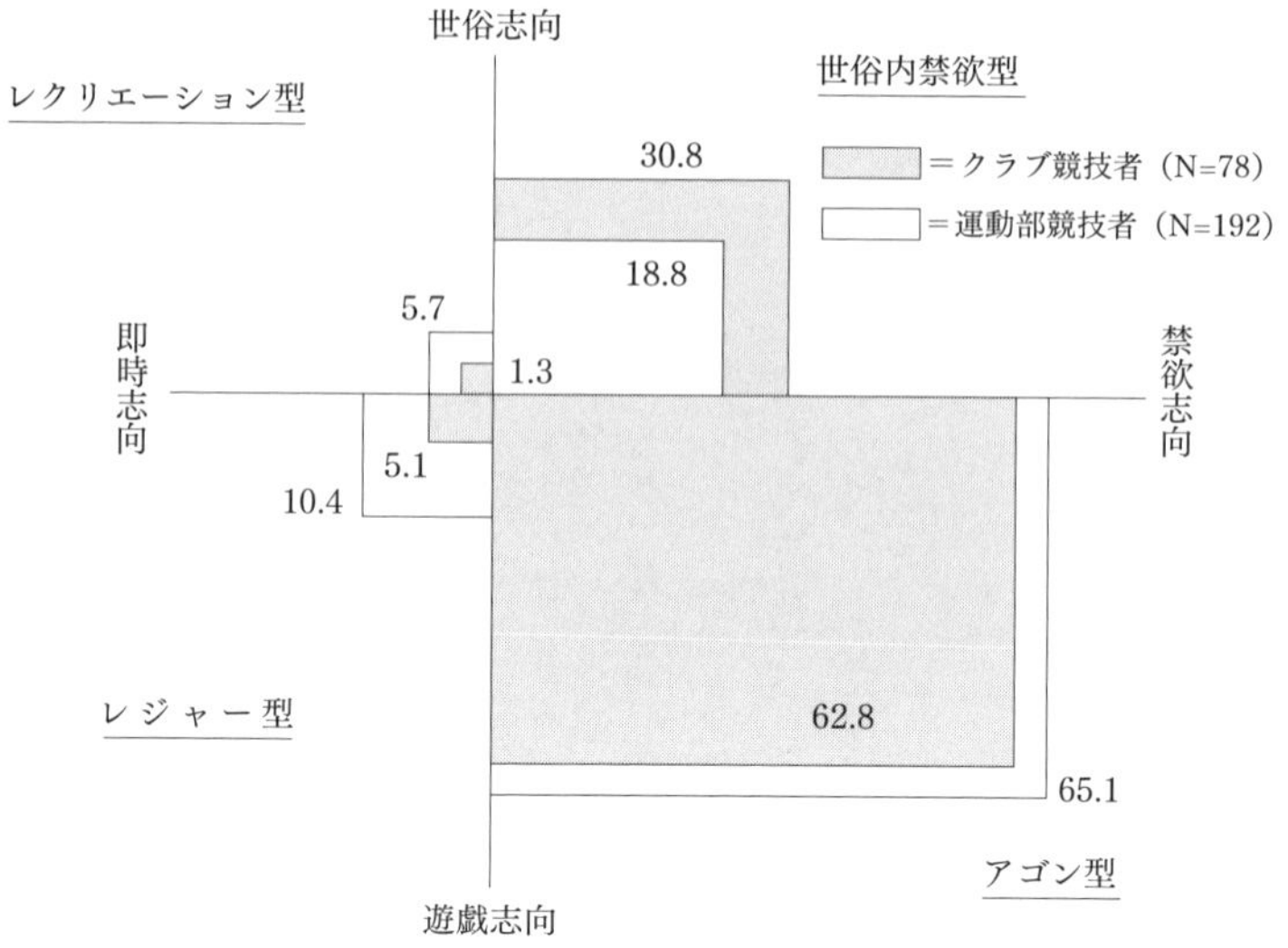

P＜ .05

図7　スポーツ価値意識（競技者）（著者作成）

は八・三%）と回答した者が半数を超えるなどプロ志向が強くなっていた。またスポーツ価値意識を比較すると、クラブ競技者で「世俗内禁欲志向型」（禁欲的鍛錬を経たスポーツ欲求の充足過程を通して何らかの世俗的目的を達成しようとするタイプ）の者が多くなっていた（図7を参照）。この結果からクラブ競技者で〈世俗内禁欲志向―プロ志向〉が、運動部競技者と比較して相対的に強いことが確認されたが、この結果は、目的志向性として勝利志向の強さを予測させるものともいえるだろう。しかしながら、「勝利をつかむこと」（クラブ：一二・八%、運動部：二二・二%）、「全力を尽くすこと」（クラブ：七三・一%、運動部：五一・〇%）、「活動を楽しむこと」（クラブ：一四・一%、運動部：二四・七%）となっていて、クラブ競技者では勝利志向は約一割にすぎず、「全力を尽くすこと」と回答した者の割合が七割を超えるという結果だった（表7を参照）。

スポーツ観については、因子分析の結果、第一因子は伝統主義、第二因子は修養主義、第三因子は遊戯志向、第四因子は禁欲主義、第五因子は努力主義、第六因子は自己犠牲、第七因子は実力主義、第八因

表7　目的志向性（著者作成）　（%）

	全力を尽くすこと	勝利をつかむこと	フェアプレーする	活動を楽しむこと	合計
運動部競技者（N=194）	51.0	22.2	2.1	24.7	100.0
クラブ競技者（N=78）	73.1	12.8	0.0	14.1	100.0

N．S

表8　項目別にみたスポーツ観の比較（著者作成）

運動部競技者で賛成傾向が強い項目

		運動部競技者		クラブ競技者	p
伝統主義	（クラブや部の過去の栄光は尊重し、それを伝えるべきである）	92.1%	>	74.4%	※※※

クラブ競技者で賛成傾向が強い項目

		クラブ競技者		運動部競技者	p
楽しさ志向	（スポーツの本質は勝敗よりもゲームを楽しむことにある）	59.0%	>	52.4%	※
努力志向	（スポーツでは、結果よりもそれまでの努力が大切である）	84.6%	>	66.3%	※
鍛錬志向	（スポーツ技能の向上のために厳しく鍛錬すべきである）	92.4%	>	79.1%	※※※
練習第一志向	（スポーツでは倒れるほど、練習することが大切である）	24.4%	>	14.8%	※

注：%は「賛成」+「やや賛成」だけを示している　※ $p<.05$　※※※ $p<.001$

子は技術主義が抽出された。それらの結果を運動部競技者とクラブ競技者の両者間で比較すると、クラブ競技者では「伝統主義に反対し、技術主義を肯定する」傾向が認められた。さらに項目ごとに詳細にみると、運動部競技者では伝統を重んじる傾向が、クラブ競技者では、ゲームの本質は楽しむことだという意識、さらには努力・鍛錬や練習を肯定する傾向が強くなっていた（表8を参照）。

スポーツに関する行動習慣

ここでは、従来、学校運動部で経験的に一般化されてきたと思われる「競技場に対する神聖視」「必要以上の大声での対応」「上下関係への過剰な配慮」の三点から検討する。なかでも「競技場に対する神聖視」は、競技場や体育館への礼として、「上下関係への過剰な配慮」は、年上の人が練習場に残っているときの帰りにくさとして操作化した（表9を参照）。その結果、

表9　スポーツに関する行動習慣（著者作成）　（%）

	競技場に対する神聖視			必要以上の大声での対応			上下関係への過剰な配慮		
	競技場や体育館に入るとき、その場所に礼をする			必要以上に大きい声で挨拶や返事をする			年上の人が残っていると何となく練習場に残ってしまう		
	よくある	ときどきある	ほとんどない	よくある	ときどきある	ほとんどない	よくある	ときどきある	ほとんどない
運動部競技者（N=194）	24.7	34.0	41.2	18.6	50.5	30.9	18.6	44.9	36.6
クラブ競技者（N=78）	9.0	24.4	66.7	10.3	43.6	46.2	15.4	26.9	57.7
	p<.001			p<.05			p<.01		

いずれの項目でも運動部競技者で実施傾向が強かった。この結果は、従来指摘される運動部のハビトゥスの様相を運動部競技者は内面化していて、一方、クラブ競技者は、これらの行動習慣を有していないことを示唆するものとして注目される。

学校運動部と民間スポーツクラブに対する表象

双方の競技者が学校運動部と民間スポーツクラブに対してどのような表象、イメージを有しているかについてみたものが図8である。運動部競技者とクラブ競技者がともに共有している各集団の特徴的なイメージを要約的に示せば、以下のとおりである。

まず、学校運動部に対しては、「トラディショナル」「かたい」「集団的」「形式的」「古くさい」「ヘビー（重い）」「上下関係（強）」「高圧的」であり、民間スポーツクラブに対しては、「モダン」「やわらかい」「ファッショナブル」「個人的」「ハイクラス」「合理的」「プロフェッショナル」「新鮮」「格好いい」「ライト（軽い）」「上下関係（弱）」「民主的」というイメージを有する傾向がみられた。この結果は、どちらに所属していても両集団に対して共有しているイメージであり、全体の競技者に定着している各集団のイメージといえるだろう。この結果の特徴としては、学校運動部に対するイメージについては、従来のステレオタイプ化されたイメージが保持されているのに対して、民間スポーツクラブに関しては、学校運動部と異なる方向性、例えば、個人的・合理的・民主的であり、新鮮でファ

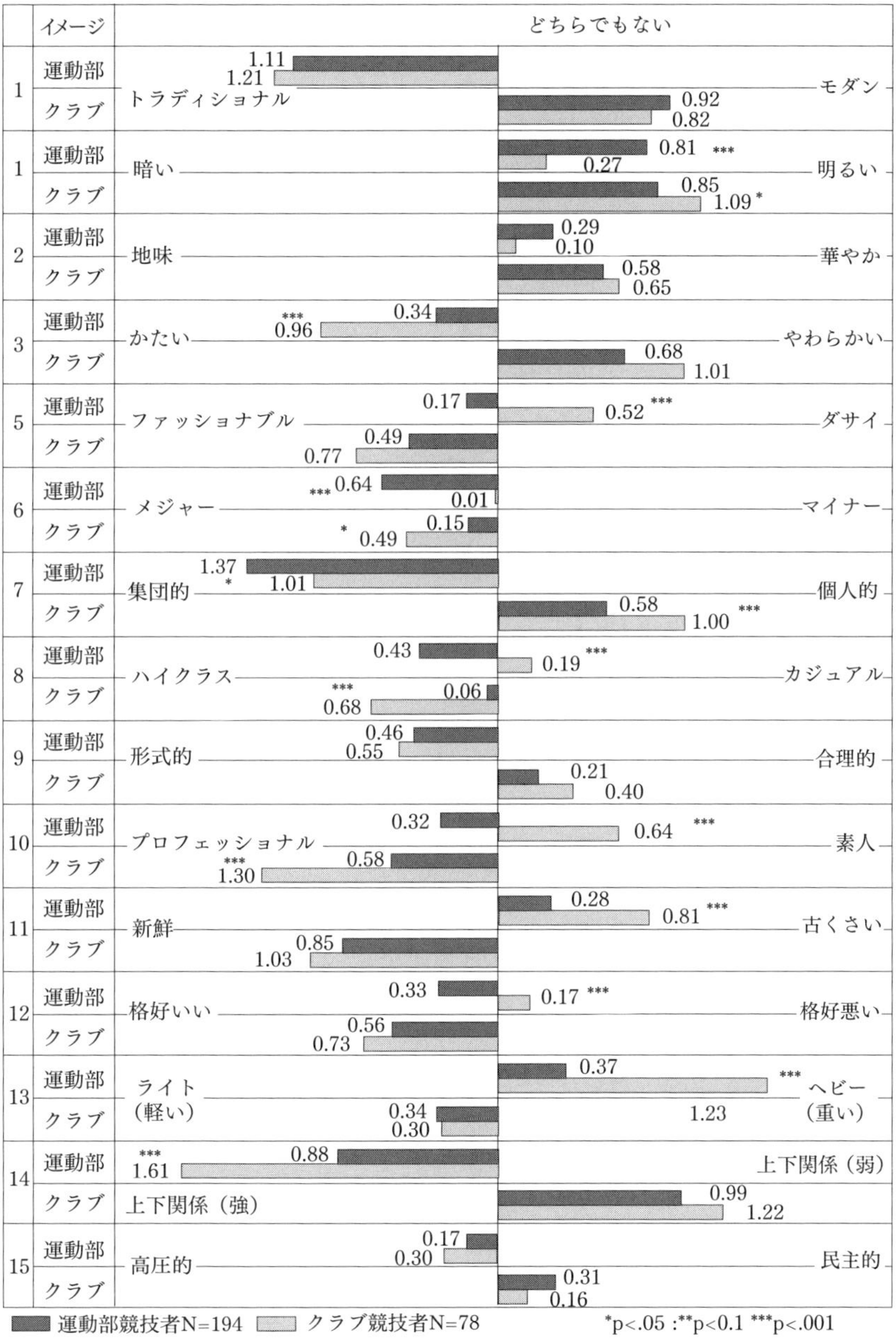

図８　運動部競技者とクラブ競技者からみた学校運動部と民間スポーツクラブ表象（著者作成）

ッショナブルなどのイメージを有している点が特徴として挙げられる。

次に、双方の競技者が異なるイメージを有していたのは、学校運動部に対してだった。学校運動部競技者は「ファッショナブル」「ハイクラス」「プロフェッショナル」「格好いい」と回答しているのに対し、クラブ競技者は「ダサイ」「カジュアル」「素人」「格好悪い」と回答していた。クラブ競技者が学校運動部に対してネガティブなイメージを有している点は、民間スポーツクラブが用いている象徴戦略との関連で重要だろう。

さらに、〈明るい―暗い〉〈華やか―地味〉〈メジャー―マイナー〉という項目については、双方の競技者ともに自らが所属している集団に対して「明るい」「華やか」「メジャー」と回答していた。この結果は、自らの所属する集団の正統性を顕示するものであり、自らの所属集団の正統性を相互に主張しあう様相を示すものといえるだろう。

4 ■ 運動部指導者とクラブ指導者の比較

ここでは、「目的志向性」「スポーツ観」「スポーツ価値意識」「スポーツ指導意識（重点）」「学校運動部と民間スポーツクラブに対する表象」「競技者の保護者に対する意識」について、学校運動部と民間スポーツクラブの指導者間で比較検討する。

目的志向性、スポーツ観、スポーツ価値意識、指導意識

まず目的志向性について、運動部指導者では、「全力を尽くすこと」が約八割であるのに対し、クラブ指導者では、「活動を楽しむこと」が約五割、「全力を尽くすこと」が約四割であり、「勝利をつかむこと」は両指導者ともにほとんどみられなかった（表10を参照）。この結果から「勝利をつかむこと」を第一義の目的とする指導者

表10　目的志向性（運動部指導者―クラブ指導者）（著者作成）　（%）

	全力を尽くすこと	勝利をつかむこと	フェアにプレーすること	活動を楽しむこと
運動部指導者（N=205）	79.5	2.4	2.9	15.1
クラブ指導者（N=79）	43.0	3.8	2.5	50.6

p.<.001

表11　スポーツ観に関する運動部指導者―クラブ指導者間比較（「非常に賛成」＋「やや賛成」の数値の合計）（著者作成）

	運動部指導者		クラブ指導者	
①メンバー間の年齢や技術レベルに基づく上下関係は大切である	88.8%	＞	51.9%	※※※
②クラブや部の伝統行事やしきたりは大切に受け継ぐべきである	89.8%	＞	52.5%	※※※
③スポーツでは、礼儀・作法を大切にすべきである	98.1%	＞	83.9%	※※※
④スポーツは「道」（人間修養）をきわめる手段である	79.1%	＞	62.5%	※※
⑤クラブや部の旗はシンボルであり、愛着を寄せるべきである	88.7%	＞	72.0%	※※※
⑥スポーツの本質は勝敗よりもゲームを楽しむことにある	51.0%	＜	82.7%	※※※
⑦年齢が上というよりも技術が優れているメンバーが重視されるべきである	29.1%	＜	75.3%	※※※
⑧スポーツの場面では、喜びや悔しさなどの感情を表に出すのは慎むべきだ	87.8%	＜	93.9%	※※
⑨勝負には勝たなければならない	89.4%	≒	86.4%	

注：⑧だけ「非常に反対」＋「やや反対」の合計　　※※ $p < .01$　※※※ $p < .001$

はほとんどいないこと、クラブ指導者では、「活動を楽しむこと」を重視していること、運動部指導者では、「楽しみ志向」と「勝利志向」という二項対立的な選択ではなく全力志向を目的志向として挙げていることがわかる。

このように目的志向性では、勝利志向を目的とする者はほとんどみられなかったが、スポーツ観での「勝負には勝たなければならない」という項目に対しては、「賛成（「非常に」＋「やや」）」と回答した者が運動部指導者八九・四％、クラブ指導者八六・四％と両者ともに賛成する傾向が顕著だった（表11参照）。

これらの結果を勝利志向の観点から整理すると、勝利に関しては、運動部指導者もクラブ指導者もともにきわめて重視する一方で、それを第一義的・表面的に表出することはなく、手段的・二次的なものとして「全力志向」「楽しみ志向」の背後に位置づけているものと推察される。

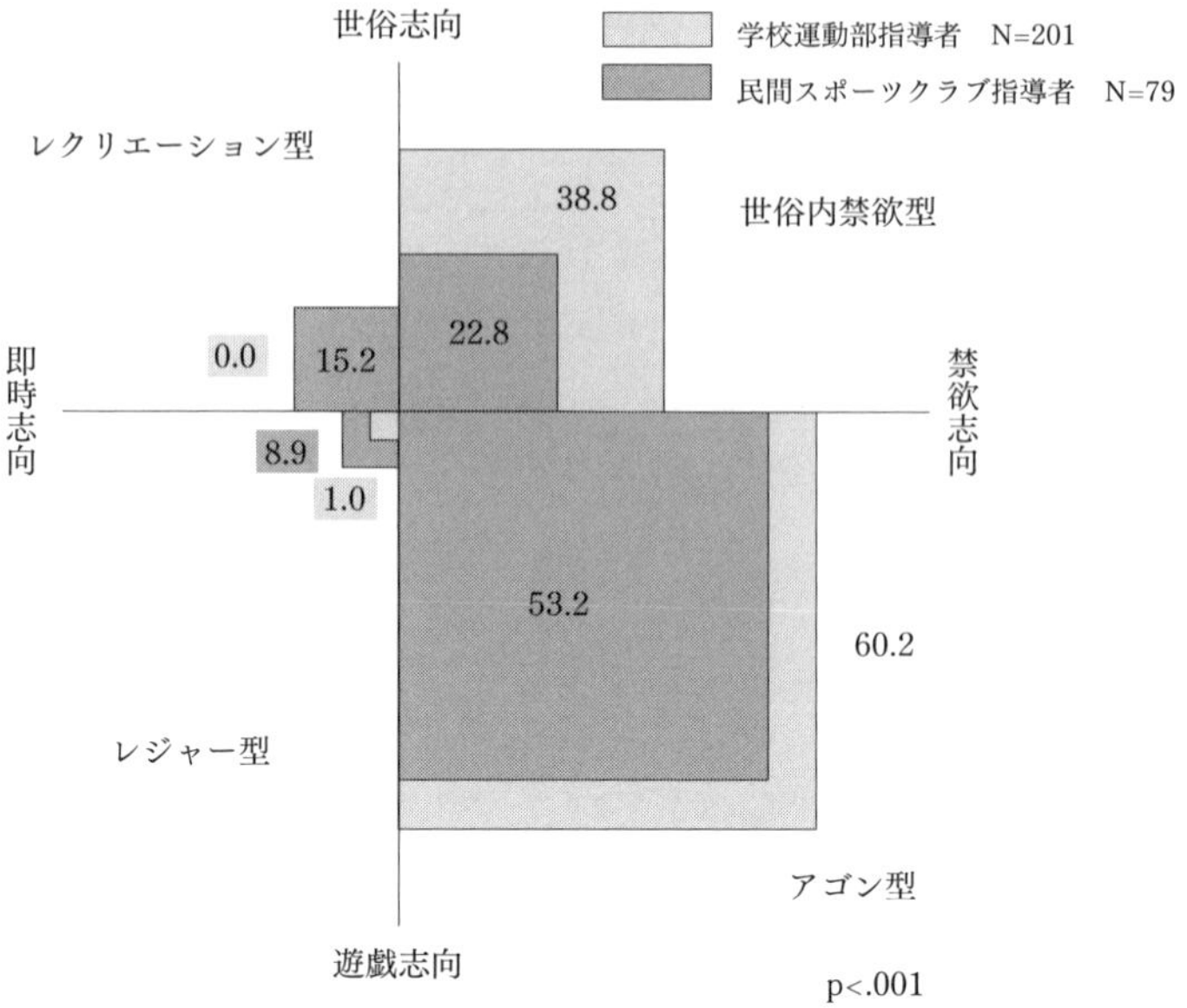

図9　スポーツ価値意識（指導者）（著者作成）

次にスポーツ観に関して、十一項目を対象に因子分析した結果、第一因子は象徴・伝統主義、第二因子は継続・努力主義、第三因子は合理・表現主義が抽出された。第一因子では運動部指導者で、第三因子は、クラブ指導者で高い是認傾向がみられた。また項目ごとにみると、運動部指導者では、上下関係、伝統行事やしきたり、礼儀作法の重視、部の旗やシンボルへの愛着、「道」（人間修養）の手段としてのスポーツ、などの項目で是認傾向が強く、一方、クラブ（全体）指導者では、勝敗よりもゲームを楽しむこと、年齢ではなく技術が優れているほうが重視されるべきことなどで是認傾向が強く、〝感情抑制すべき〟については、反対意識が強かった（表11を参照）。

スポーツ価値意識に関しては、双方の指導者ともにアゴン型（禁欲志向―遊戯志向：禁欲的鍛錬を経てスポーツ欲求の充足を達成しようとするタイプ）が多いが、二次的には運動部指導者では世俗内禁欲型（禁欲志向―世俗志向：禁欲的鍛錬を経たスポーツ欲求の充足過程を通して何らかの世俗的目的を達成しようとするタイプ）が、クラブ指導者ではレクリエーション型（即時志向―世俗志向：スポーツを気軽に楽しみながらもそのなかで世俗的目的を達成しようとするタイプ）が多くみられた（図9を参照）。

さらに指導意識（運動部指導者だけ）に関しては、「スポーツを通した教育的価値（人格形成、協調性、責任感など）の達成を図る」が九割に達していた（表12を参照）。

これらの結果をクラブ指導者―運動部指導者の特徴として整理すると以下のようになる。

クラブ指導者では、活動やゲームの享受・合理性・表現性・技術優先の志向性・アゴン型とレクリエーション型の価値意識などが特徴として挙げられるだろう。

一方、運動部指導者では、目的志向としては「全力志向」を、スポーツ観としては「上下関係」「伝統行事やしきたり」「礼儀作法の重視」「部の旗やシンボルへの愛着」「「道」の手段としてのスポーツ」などを、スポーツ価値意識としてはアゴン型と世俗内禁欲型をそれぞれ有していて、指導意識としては、スポーツを通した教育的価値（人格形成、協調性、責任感など）の達成を図るといった、スポーツを通して得られる外在的な教育的価値の達成に力点をおく意識が示唆された。

これらの結果に加えて、正しいスポーツ指導のあり方をめぐる見解について、運動部指導者調査の自由記述でみられた記載内容を整理すると以下のようになる。

運動部とクラブの指導のあり方をめぐっては、クラブに対して「サッカーをやる、ということに重点がおかれている。こちらはあくまで教育の一環である」（四十歳、公・私立無回答）、「そもそも、学校での部活動は教育の一部であり、生徒の進路などと深く関わるが、民間スポーツクラブでは、サッカー指導だけが主たる目的である」（四十四歳、

表12　指導意識（力点）（運動部指導者）（著者作成）

①スポーツを通した教育的価値（人格形成、協調性、責任感など）の達成を図る
②スポーツ自体の楽しさを味わわせ、技能や競技力の向上を図る

（%）

①に近い	53.2
どちらかといえば①に近い	36.9
どちらかといえば②に近い	8.9
②に近い	1.0
	100.0

N=203

公立)、「サッカーそれ自体の向上を優先する傾向が強い民間と教育的な部分も考えなければならない学校」(四十九歳、公立)、「サッカー指導者であり、人間教育者ではない。サッカーだけやれば、ほかは何もしなくてもいいという考えが多い」(三十六歳、私立)、「クラブチームは、サッカーだけをやっていればいいというような風潮を感じる」(四十三歳、公立)、「スポーツそのものを学ぶということだろうか。部活動は、スポーツは教育の手段だと感じる」(四十四歳、公立)、「教育的指導とは一線を引いている」(四十四歳、公立)、「スポーツを通して何を教えるかが明確ではない」(五十六歳、私立)などの指摘にみられるように、クラブの「サッカー自体の指導」に対して運動部の「サッカーを通した教育」の構図が示唆される。

換言すれば、運動部指導者は、いわば「スポーツ(サッカー)の教育」と「スポーツ(サッカー)を通した教育」の差異のなかで、後者こそが正しいスポーツ指導のあり方であるという認識を示しているといえるだろう。

学校運動部と民間スポーツクラブに対する表象

運動部指導者とクラブ指導者が、学校運動部と民間スポーツクラブに対してどのような表象、イメージを有しているのかについてみたものが図10である。まず、運動部指導者とクラブ指導者双方の指導者が学校運動部と民間スポーツクラブに対して共通の表象やイメージを有している項目に注目してみたい。学校運動部に対しては、「トラディショナル」「かたい」「集団的」「形式的」「古くさい」「ヘビー(重い)」「上下関係(強)」「高圧的」という表象を抱く傾向がみられた。

一方、民間スポーツクラブに対しては、「モダン」「やわらかい」「個人的」「合理的」「プロフェッショナル」「新鮮」「ライト(軽い)」「上下関係(弱)」「民主的」という表象を抱く傾向がみられた。この傾向には、運動部競技者と民間スポーツクラブ競技者の表象比較結果と同形性がみられる。これらの表象は、学校運動部と民間スポーツクラブの双方の指導者によってだけでなく、双方の競技者によっても共有されている点を勘案すれば、双方の集団で自明のものとして共通に認識されていることを示唆するものといえるだろう。

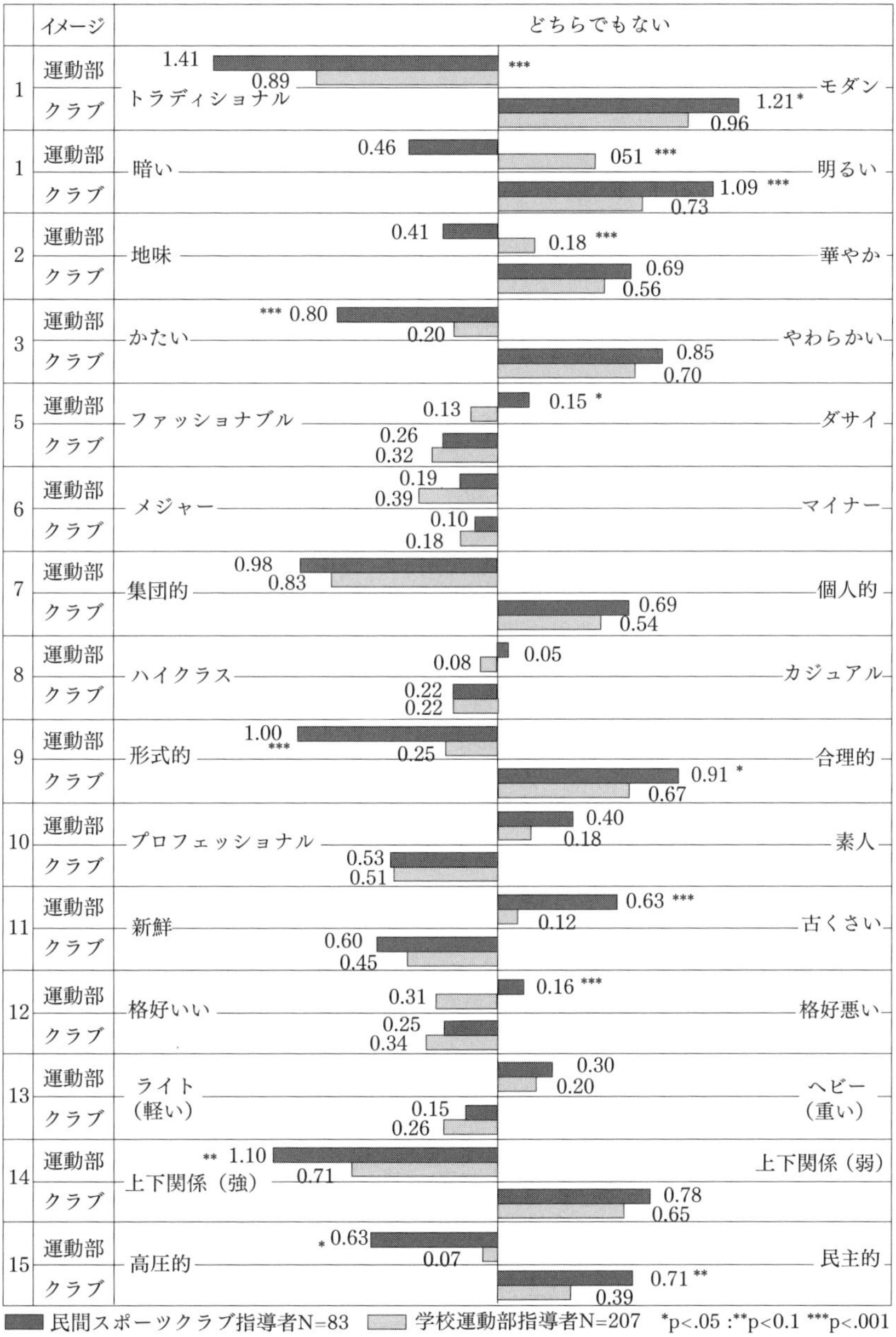

図10　運動部指導者とクラブ指導者からみた学校運動部と民間スポーツクラブ表象（著者作成）

また、双方の指導者が両集団に対して異なる表象を有していたのは、学校運動部に対してだった。学校運動部に対して運動部指導者は、「明るい」「華やか」「ファッショナブル」「ハイクラス」「格好いい」と回答しているのに対し、クラブ指導者は、「暗い」「地味」「ダサイ」「カジュアル」「格好悪い」と回答していた。

次に双方の指導者が両集団に対して、どの程度強く表象を有しているかについて注目すると、大半の項目で、クラブ指導者のほうがそれぞれの集団の象徴性をより強く認識していた。なかでも〈トラディショナル―モダン〉〈暗い―明るい〉〈形式的―合理的〉〈高圧的―民主的〉の四項目では双方の指導者間で顕著な差異がみられた。

クラブ指導者では、学校運動部を「トラディショナル」「暗い」「形式的」「高圧的」な集団として、民間スポーツクラブを「モダン」「明るい」「合理的」「民主的」な集団として認識していた。運動部指導者もほぼ同様（学校運動部に関する〈暗い―明るい〉項目を除く）の表象を有していたが、クラブ指導者のほうが各項目について有意に強い表象を有していた。また学校運動部に対する〈暗い―明るい〉の表象については、クラブ指導者は〈暗い〉と回答しているのに対して、運動部指導者は〈明るい〉と回答していた。

さらに表には示していないがクラブ（水泳・体操含む）指導者のなかで中学校期・高校期に民間スポーツクラブで育った指導者（N＝二十二）と学校運動部で育った指導者（N＝百四十）からみた両集団に対する表象を比較すると、民間スポーツクラブに対する表象について、クラブ出身の指導者よりも運動部出身の指導者のほうが「明るい」「華やか」「合理的」と評価する傾向がみられた。

保護者に対する意識

クラブ指導者の対人戦略と関連して、クラブの運営では保護者をどのように位置づけているのか、クラブ指導者と学校運動部指導者で比較した（表13を参照）。

その結果、クラブ指導者では、「メンバーをともに支えるパートナー」と回答した人の割合が三一・三％と三

表13　指導上の保護者の位置づけ（運動部指導者―クラブ指導者）（著者作成）　（%）

	メンバーをともに支えるパートナー	指導活動の協力者	あくまでもメンバーの「親」であり指導上あまり関係はない	ときどきマイナスの影響があり、できればあまり関わりをもちたくない	その他
運動部指導者（N=207）	36.2	46.9	11.6	5.3	0.0
クラブ指導者（N=83）	31.3	26.5	34.9	4.8	2.4
合計（N=290）	34.8	41.0	18.3	5.2	0.7

p.<.001

割を占める一方で、「あくまでもメンバーの「親」であり指導上あまり関係はない」が三四・九％と最も多くなっている。また運動部指導者では「指導活動の協力者」が四六・九％と約半数にのぼり、「指導上あまり関係はない」は一一・六％と非常に少ない。

関連して、表には示していないがクラブ（水泳・体操含む）指導者では、「指導活動の協力者」（三五・四％）が最も多く、ついで「メンバーをともに支えるパートナー」（三〇・六％）、「あくまでもメンバーの「親」であり指導上あまり関係はない」（二一・四％）、「ときどきマイナスの影響があり、できればあまり関わりをもちたくない」（一〇・七％）の順になっている。

この結果の特徴として、①いずれの指導者も保護者を協力者あるいはパートナーと位置づけている指導者の割合が高いこと（運動部は八三・一％、クラブ〔水泳・体操含む〕は六六・〇％、クラブ〔サッカー〕は五八・八％）、②その傾向は相対的に運動部指導者で高いこと、③クラブ指導者（サッカー）で指導上、関係をもちたくないと忌避する傾向は少ないものの、関係ないものと距離をおく戦略をとっている者の割合が約三五％を占めることなどが挙げられる。

この点に関連して、競技者調査（調査1）によって保護者の応援度（試合）と応援に対する競技者の態度をみると、試合時には「ほぼ毎回」、あるいは、「たまに応援にくる」と回答した競技者の割合は、運動部競技者が七六・〇％であるのに対し、クラブ競技者は八四・六％を占めていた。また、保護者が応援にきた場合、「別に何とも思わない」と回答した競技者の割合は、運動部競技者が五二・四％であるのに対し、クラブ競技者は五九・七％という結果だった。

5■民間スポーツクラブの再生産戦略

調査の結果から、運動部とクラブの競技者間でのハビトゥスの様相にかなりの差異が認められ、運動部とクラブの指導者間の意識の差異も明らかになった。そこで本節は、後発の民間スポーツクラブに焦点を絞って、その差異の背景にある再生産戦略（教育・象徴・対人）を検討する。

教育戦略

①「競技としてのスポーツ」の論理

競技者が有するスポーツに関する行動習慣については、学校運動部で経験的に一般化されてきたと思われる「競技場に対する神聖視」「必要以上の大声での対応」「上下関係への過剰な配慮」からみたが、クラブ競技者は、その行動習慣に対して迎合的な行動様式は有していなかった。

この結果と合わせて、指導者が有するスポーツ観については、運動部指導者では「上下関係の重視」「伝統の重視」「礼儀作法の重視」「道（人間修養）志向」「旗などのシンボルに対する愛着」に対する肯定意識が強く、スポーツの外在的な教育価値（礼儀作法など）に重きをおいていて、クラブ指導者では「ゲームを楽しむこと」「年功ではなく技術重視」「スポーツ場面での感情の表出」などに関して肯定傾向が強く、スポーツの内在的な価値（スポーツそのものの享受や技術志向など）を重視していた。

これらの結果に加えて補足的に実施したインタビュー調査[23]では、競技者に対する接し方について各監督に聞いたところ、学校運動部の各監督は「先生として接している」という回答だったのに対し、民間スポーツクラブの各監督は「指導者だが、できるだけ友人のように接している」と回答していた。

これらのことからわかるように民間スポーツクラブの指導で参照されるのは、学校運動部の教育としてのスポーツの論理に対して、スポーツそのものを楽しむことと技術志向・世俗内禁欲志向を有する競技としてのスポーツの論理である。ここに「正しいスポーツのあり方」「スポーツ指導の正しいあり方」の定義をめぐる差異がみられる。

この点と関連して黒須は、両者間にみられるスポーツ観の相違の背後に、教育の論理と経営の論理の相克を読み込んでいる。[24]しかし、むしろその背後には、学校運動部と民間スポーツクラブの間の教育のあり方に関わる正統性をめぐる象徴闘争をみてとるべきだろう。

②勝利主義の自明化をめぐる教育戦略

クラブ競技者は、運動部競技者と比較して世俗内禁欲志向型―プロ志向が相対的に強かった。この点と関連して、前述のインタビューをおこなったクラブ監督二人はともに「プロの育成を視野に入れた競技者養成を目的として指導している」と回答していた。このため通常であれば、〈勝利志向―世俗内禁欲志向―プロ志向〉という図式によって指導が構成されると考えられる。

しかしながら、クラブ（サッカー）指導者とクラブ競技者ともに、スポーツ観では勝利主義を強く肯定していながら、目的志向性では、両者ともに勝利主義を上位には選択せず、二次的・副次的なものとしてとらえ、競技者では全力志向、指導者では楽しさ志向を選択する傾向にあった。また競技者・指導者ともに努力・鍛錬主義、ゲームを楽しむ意識などが強くなっていた。どうしてこのような傾向がみられたのだろうか。

教育戦略とは、文化的恣意性を自明なものと押し付けて通用させることを意味するが、教育する内容が学習者にとって、あたかも当然だと思わせることが重要になる。文化的正統性を獲得するうえで、競技力という文化資本を獲得することが求められる民間スポーツクラブでは、その性向として勝利主義は不可欠だが、そうであればあるほど、どのようにそれを競技者に自明で当然のものと思わせるかが教育戦略上、大変重要になる。

さらに少年期での早期専門化の悪弊や過度の勝利主義に対する社会的批判、青少年の健全育成の強調などという点からも、あからさまな競技力という文化資本の強調は、必ずしも民間スポーツクラブの文化的正統性の獲得をめぐる象徴闘争でポジティブに機能せず、むしろネガティブに機能することにもなる。

そこで教育戦略では、必然的に要求される勝利主義が表面化することによってネガティブな影響を受けることを慎重に避けながら、勝利主義を自明なものにするために、勝利主義を強調しないばかりか、勝利主義があたかも多様な価値の一つであり、勝つことも大切だが楽しむことや全力で取り組むことも大切である、というようにスポーツへの多元的価値意識を表立てておくことが重要なのである。

このため民間スポーツクラブの指導者は、勝敗よりも「全力を尽くし」「努力し」「楽しむ」ことを強調することによって勝利志向を隠蔽する教育戦略をとり、その結果として〈全力・楽しさ・努力志向―世俗内禁欲志向―プロ志向〉という構図を暗黙裏に習得させているものと考えられる。また楽しさ志向・継続主義・努力主義などを同時に肯定しながら、目的志向性での全力志向・楽しさ志向を前面に出すことで勝利主義の表面化を慎重に抑えながら、とりわけ初心者や技術レベルが低い子どもの競技継続を促しているものと思われる。

③競技者自身の「読み取り」と教育戦略

次にクラブ競技者とクラブ（サッカー）指導者のスポーツ観の異同についてみたものが図11である。以下、用いている数値は、それぞれの項目について、「非常に賛成」を一点、「非常に反対」を四点として、その平均値を示している。まずクラブ（サッカー）指導者の全体的傾向をみると、継続主義（一・五七）、努力主義（一・七〇）、礼儀作法（一・七二）、勝利主義（一・九二）、楽しさ志向（一・九四）、技術レベル重視（二・〇五）という結果であり、いずれの項目ともに肯定傾向が強い。一方、メンバー間の上下関係（二・五九）、伝統主義（二・五〇）に関しては肯定傾向が弱い。さらにスポーツ場面での感情の表出を慎むべきだという考え方に関しては三・四八と否定的な傾向が強いという結果だった。

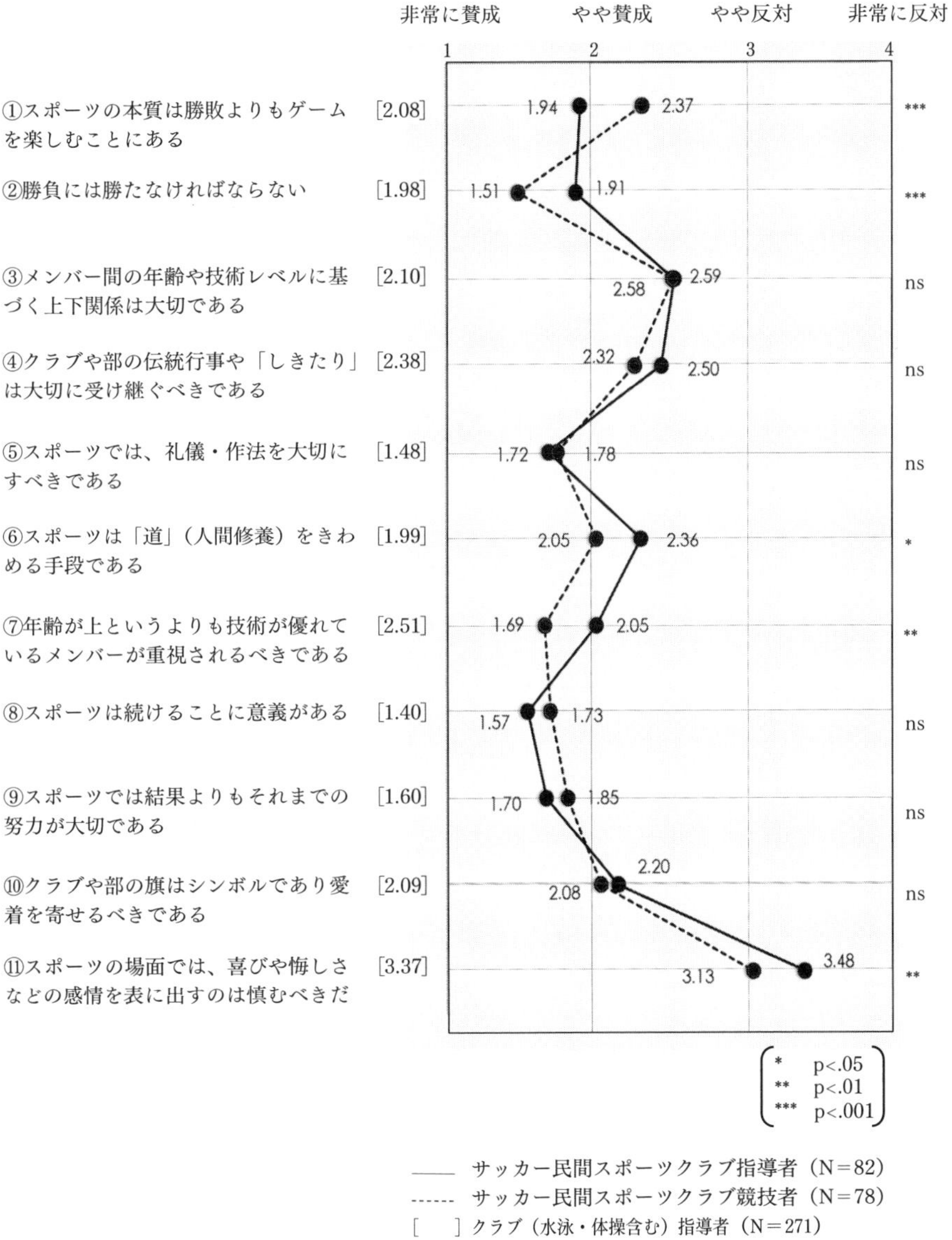

図11　スポーツ観での指導者―競技者間の比較（著者作成）

次にこれらの項目について、クラブ（サッカー）指導者とクラブ競技者を比較すると、項目ごとに多少の差異がみられるものの、全体的傾向としては、両者間で各項目の肯定／否定傾向の同形性が認められる。

そこで項目に対する意識の強さ、なかでも楽しさ志向と勝利主義の肯定度の強さに着目してみると、楽しさ志向では、クラブ（サッカー）指導者が一・九四であるのに対して競技者は二・三七となっていて、指導者と比べて競技者のほうが、賛成傾向は弱い。一方、勝利主義では、指導者では一・九一であるのに対して競技者では一・五一となっていて、指導者と比べて競技者のほうが賛成傾向が強くなっている。つまり、指導者と比較して競技者のほうが楽しさ志向に対する肯定意識は弱く、勝利主義に対する肯定意識は強い、という結果だった。

どうしてクラブ競技者のほうがクラブ指導者よりも勝利主義を強く肯定しているのだろうか。クラブ指導者は、多様な価値の提示のなかで勝利主義を隠蔽する戦略をとっているものと思われるが、それに対してクラブ競技者は、勝利主義の必要性と重要性を鋭く感じ取り、結果としてクラブ指導者と比べて勝利主義への肯定傾向を強くしているものと考えることができるだろう。すなわち、クラブ指導者は、さまざまな教育戦略を実践し、クラブ競技者は、クラブ指導者の戦略を自らの状況に応じて都合よく読み取り、強化していく。このクラブ指導者とクラブ競技者とのいわば共犯関係に基づく再生産のメカニズムによって、民間スポーツクラブの文化が刷新され、再生産されていると考えられる。この点については、伝承のダイナミズムとの関連でのちに詳述したい。

象徴戦略

ここでは、指導者と競技者が学校運動部と民間スポーツクラブに対して有している表象に着目し、主に象徴戦略の視点から検討してみたい。

①学校運動部と民間スポーツクラブに対する表象と象徴戦略

象徴戦略とは、自分たちの特権的関係を正統化するような新しい表象システムを通用させることを意味するが、学校運動部に対して後発の民間スポーツクラブでは、どのような表象やイメージを自明なものとして定着させ、文化的正統性を獲得するかが、象徴戦略上、きわめて重要な戦略となる。

調査結果が示すように、民間スポーツクラブ指導者は、学校運動部が従来有してきたと思われる表象、例えば「かたい」「集団的」「形式的」「高圧的」「ヘビー（重い）」などを機軸として、どのようにそれを脱するかに力点をおき、反対の表象、例えば「やわらかい」「ファッショナブル」「ハイクラス」「ライト（軽い）」「新鮮」などの表象を強調し、それらを競技者に内面化させることによって新しさと正統性を顕示する戦略をとっているものと考えられる。

つまりクラブ指導者は、学校運動部を相対化し、それに対抗化しながら民間スポーツクラブの新しさと専門性・水平的関係性・合理性・ファッショナブル性などを強調することで、学校運動部に対する正統性を担保する戦略を採用しているのである。

さらにこの戦略は、「やわらかさ」や「軽さ」「ファッショナブル性」などを強調することで勝利志向を隠蔽することに効果的に機能している。そればかりか「プロフェッショナル」「メジャー」などの表象を強調することによって勝利志向を隠蔽するというよりもむしろ自明化させ、当たり前のものとしてハビトゥス化に有効に機能していることが示唆される。これらの点は、民間スポーツクラブの重要な再生産戦略のポイントとして看過できない。

ここで重要なことは、民間スポーツクラブでは学校運動部に対して正統性を顕示するために、学校運動部とは対照的な新しさと今日的なポジティブなイメージを徹底して植え付け、それをコントロールするといった象徴戦略が効果的に機能していることである。さらには、この象徴戦略が結果的に勝利志向を隠蔽するだけでなく、勝利志向を自明化させてハビトゥスたらしめていることは注目すべきである。

しかも、民間スポーツクラブに対するイメージが両集団に所属する競技者に共通なものとして定着していたことは、民間スポーツクラブやクラブ指導者の象徴戦略が浸透していることを示唆するものといえるだろう。

この点に関連して、民間スポーツクラブ育ちのクラブ指導者と比較して、前述のように学校運動部育ちのクラブ指導者は民間スポーツクラブに対して「明るさ」や「合理性」などの表象をより強く有している傾向がみられた。これは、民間スポーツクラブ育ちの分析対象指導者数が少ないために限定的にしか言及できないことだが、民間スポーツクラブ育ちのクラブ指導者よりも学校運動部育ちのクラブ指導者のほうが、より強く民間スポーツクラブの表象を有していることを意味する。つまり、学校運動部育ちのクラブ指導者のほうが、民間スポーツクラブとはかくあるべきといった表象を強く有しているということである。学校運動部育ちのクラブ指導者は、自らが獲得してきた学校運動部文化を相対化し、いわば宮島が指摘する対抗ハビトゥス[25]を形成することで、民間スポーツクラブへの意識を強めているものと考えられる。

②クラブ競技者とクラブ指導者の表象の比較と象徴戦略

民間スポーツクラブの指導者と競技者からみた学校運動部と民間スポーツクラブの各集団に対する表象については、両集団に対してほぼ同じベクトルでの表象を形成していて、クラブ（サッカー）指導者とクラブ競技者の表象の同形性がみられた。

ここで、それぞれの項目ごとに抱く表象の強さに着目し、クラブ（サッカー）指導者とクラブ競技者の間で同様のベクトルで表象を有している項目のなかで、クラブ（サッカー）指導者に対してクラブ競技者のほうがより強くその表象を有している項目を挙げると、学校運動部に対しては、「かたい」「ダサイ」「カジュアル」「素人」「古くさい」「格好悪い」「ヘビー」「上下関係（強）」、民間スポーツクラブに対しては、「やわらかい」「ファッショナブル」「メジャー」「個人的」「ハイクラス」「プロフェッショナル」「新鮮」「格好いい」「ライト（軽い）」「上下関係（弱）」となっている。この結果は、象徴戦略と伝承のダイナミズムに深く関わる結果として注目されるだろう。

対人戦略――「選択／非選択」の相互拘束性と対人戦略

民間スポーツクラブ指導者の対人戦略と関係して、クラブ競技者の試合で約八五％の保護者が応援にきていて、応援に関して約六割の競技者は「何も思わない」と応援を自明のものとして受け取る傾向がみられた。この点から民間スポーツクラブでの活動が保護者と非常に近接したものであることがわかる。

保護者の位置づけについて、運動部指導者とクラブ指導者間で共通点と相違点が明確になった。共通点としては、双方ともに保護者を指導活動の協力者、メンバーをともに支えるパートナーとして位置づけている点である。その一方で、相違点としては、運動部指導者では指導活動の協力者として位置づけているが、クラブ指導者（サッカー）では、あくまでもメンバーの「親」であり指導上あまり関係ないと位置づけている指導者が約三五％にのぼる点である。

まず指導者の多くが保護者を取り込む戦略を用いていたが、学校運動部指導者とクラブ指導者ではその意味合いが異なるという点に留意する必要がある。学校運動部指導者については次章に譲るとして、ここでは、クラブ指導者の多くが保護者を取り込む戦略を用いていた点について、民間スポーツクラブでの指導者と保護者の「選択／非選択」の相互拘束性からみておくことが重要だろう。すなわち、クラブ指導者は、クラブ競技者の評価・選択権を含め、指導に対する決定権を有するが、その一方で、保護者も指導への対価を支払う契約主体として民間スポーツクラブへの加入・脱退権を有している。このためクラブ指導者も保護者も、自らの目的達成で互いにマイナスに機能すると判断すれば、クラブ指導者は、その競技者を辞めさせ、保護者は、そのクラブから子どもを移籍させることになる。この「選択／非選択」の相互拘束性がより強い関係を形成する原動力になっているものと考えられる。そのなかでクラブ指導者は、クラブの優秀性を客観的に示すことが重要になり、自らのクラブの卓越性を提示するために競技力という文化資本の獲得が不可欠になる。競技力という文化資本の獲得によって教育的「権威」を獲得するとともにこの相互拘束性で優位に立つことが担保されるのである。しかし、いつでもその文化資本が獲得されるわけではないことから、日頃から保護者を協力者やパートナーとして取り込んでおくことが対人戦略として不可欠になっているものと考えられる。

その一方で、パートナーとして関係構築をすることは、指導に対する対価を支払う契約主体である保護者の発言機会の増加の可能性を高め、指導上、あるいは試合などでの選手起用に関する発言の可能性を高めることにもなりかねない。このため、「選択／非選択」の相互拘束性のなかで保護者を協力者やパートナーとして位置づけることによるデメリット、例えば、保護者が指導に介入する可能性が高まることなどを避ける戦略、いわば保護者による介入を回避する対人戦略も重要な戦略の一つとなるのである。クラブ（サッカー）指導者では、約三五％の指導者が保護者を指導上あまり関係ないものと距離化する傾向がみられたのはその結果といえるかもしれない。

しかし、保護者による介入回避を意図した距離化戦略は、競技力としての文化資本の獲得が見込まれる場合に、より機能するものといえるだろう。

「伝承の二重性」と文化の再生産

ここでは、①クラブ（サッカー）指導者とクラブ競技者間では、目的志向性やスポーツ観、学校運動部と民間スポーツクラブに対する表象で同形性がみられたこと、②その一方で、クラブ（サッカー）指導者と比較してクラブ競技者のほうが、より限定的で強いスポーツ観と両集団に対する表象を有する場合がみられたこと、この二つについて再生産のダイナミズムという視点で検討してみたい。

文化の再生産に関連して、小林康正は、「磯節」をめぐる独自の歌詞の成立過程から分析する。小林によれば、伝承への参加者がそれらの技術を習得するのは自らが参加した宴会でであり、「経験」した宴会ごとの歌詞の微妙なズレが、個人の歌詞のストックを決定づけることになる。この場合では、自らの好みの歌詞を歌いかけることができるという意味で行為者に選択の余地があるが、基本的には宴会の「経験」の範囲でしか歌詞を習得できないという拘束が存在する。この歌詞のストックと宴会での実際の歌いかけとの相互関係で、全体としてはほぼ同じ歌詞が繰り返されながら、微妙なズレが生じ、やがて一つの独自の大きな流れが生み出されていく。ここに「伝承における各パフォーマンスの固有性と伝承間に共通する傾向性」を意味する「伝承の二重性」、換言すれば、実現の差異化と構造的収斂という伝承の二重性が見事に仕組まれていると分析する。(26)

これらの点をふまえると、競技者は、練習や試合の経験ごとに、スポーツ観や表象をストックしていく。そして、新たな試合や競技会などでは、競技者は経験やゲーム状況に応じてパフォーマンスをおこなう。このパフォーマンスは、個別には、それまでにストックしてきたスポーツ観や志向性に百％基づくパフォーマンスではないが、毎回、微妙なズレや変化を生みながらも全体としてほぼ画一のものへと収斂していくことによって、民間スポーツクラブの独自の文化をより強固なものにしていくのである。

その一方で、一回一回のパフォーマンスは、ある態度性向が新しい状況に適合したある行動を作り出すとすればそれはすでに質的には新しい行動だと宮島が指摘するように、同形的な要素をもつがそれぞれ相対的に「新しい」行動でもある。(27)

例えば、クラブ競技者は、クラブ指導者とほぼ同様の意識や志向を有していながら、クラブ指導者の意向を汲み取り、目的志向性・スポーツ観と各集団に対する表象などをより強く有していたが、これは相対的に「新しい」意識や表象を形成しているものといえる。

この結果にみられるように、競技者の一つひとつの行動が民間スポーツクラブの独自の文化をより強固なものにしていくと同時に、相対的に新しい行動として民間スポーツクラブ文化の新しいうねりを生み出す契機となっているものと考えられる。ここに民間スポーツクラブの文化を動的に再生産していくダイナミズムの一端をみることができるだろう。

注

（1）前掲「ハビトゥス、プラチック、そして構造」、前掲『actes1』所収、四九ページ

（2）前掲『文化的再生産の社会学』一五一―一五四ページ

（3）常田夕美子「イエ相続の実践――参加と再生産をめぐって」、福島真人編『身体の構築学――社会的学習過程としての身体技法』（未発選書）所収、ひつじ書房、一九九五年、二八四ページ

（4）前掲「文化的再生産と社会変動」二〇二ページ

（5）前掲『再生産論を読む』七四―七五ページ

（6）同書七四ページ

（7）前掲「文化的再生産論の再検討」七ページ

（8）宮島喬「ハビトゥスとしての文化――文化社会学序説」「現代思想」一九八六年三月号、青土社、二五八ページ

（9）前掲「イエ相続の実践」二八五―二八六ページ

（10）水泳指導者は日本スイミングクラブ協会登録クラブ各県一クラブ以上、競技者コースを有する百五十四クラブを抽出、各クラブ二部ずつ郵送法で配布・回収。二〇〇一年二月十五日から三月十二日に実施した。回収クラブ数八十三クラブ、クラブ回収率五三・九%、回収数百十九部。体操指導者は全日本ジュニア体操クラブ連盟に登録する二百四十三クラブに各二部ずつ郵送法で配布・回収。〇一年九月十一日から十月二十六日に実施した。回収クラブ数百三十クラブ、クラブ回収率五三・五%、回収数百七十五部。この分析には、より専門的なクラブ指導者を対象とするためにクラブの非常勤職員（パートタイム）、ボランティア指導者などを除き、フルタイムの専任職員、フルタイムの契約職員、自営業主として勤務する、いわゆる職業、本業として指導している水泳百十一人、体操七十九人を分析対象にした。

（11）多々納秀雄「スポーツ行動における行動特性と態度・価値パターンに関する国際比較研究」一九八三年度科学研究費補助金（一般研究C）研究成果報告書、九州大学、一九八四年、四六―六九ページ

（12）上杉正幸は、「スポーツ価値意識のパターンとその規定要因に関する研究」（昭和六十二・六十三・平成元年度科学

研究費補助金〔一般研究C〕研究成果報告書、香川大学教育学部、一九九〇年）一―四ページで、スポーツ価値意識をスポーツ行動の諸側面での価値判断の総体としてとらえていて、価値意識を「禁欲―即時」志向と「世俗―遊戯」志向を軸として四つの価値意識のパターン「アゴン型（禁欲：遊戯）」「世俗内禁欲型（禁欲：世俗）」「レジャー型（即時：遊戯）」「レクリエーション型（即時：世俗）」をモデル化している。なお、スポーツ価値意識については、広義にはスポーツ観の一部を構成するものと考えられるが、スポーツ行動での価値判断の部分を抽出してモデル化して把握するためにスポーツ価値意識の項目立てをおこなった。

（13）日下裕弘／菅原禮／丸山富雄「スポーツに対する社会態度の因子分析的研究――H・J・アイゼンクの社会態度理論に準拠して」、菅原禮編「スポーツと社会階層に関する実証的研究」昭和六十・六十一年度文部省科学研究費（一般研究C）研究成果報告書、仙台大学、一九八七年、五七―七〇ページ

（14）前掲「選手育成からみたクラブスポーツと学校スポーツの比較研究」一〇―一四ページ

（15）Tetsuya Matsuo, Takeshi Yoshida and Yuichi Taniguchi, "Cross-National Comparative Study on Sports Value-Orientation in Athletes," *The Japan Society of Sport Sociology: International Conference Proceedings*, 1997, pp.36-38.

（16）森川貞夫「スポーツ部活動いま何が問題か」、今橋盛勝／林量俶／藤田昌士／武藤芳照編著『スポーツ〈部活〉』所収、草土文化、一九八七年、三六―三七ページ

（17）藤田昌士「部活動とは何か」、同書所収、九四―九九ページ

（18）高島稔「体育・スポーツ指導者のイメージに関する調査研究――女子体育大生の進路希望と指導者イメージについて」「藤村学園東京女子体育大学紀要」第二十四号、東京女子体育大学、一九八九年、九―一六ページ、小山田信子／塩飽仁／庄子由美／渡邊裕美／佐藤永子／板垣恵子／小林淳子／伊藤尚子／佐藤八重子「高校生を対象とした看護のイメージ調査」「東北大学医療技術短期大学部紀要」第三巻第二号、東北大学、一九九四年、一三一―一三八ページ、柏倉久代／篠原能子「食品のイメージについての一考察」、駒沢女子短期大学編「駒沢女子短期大学研究紀要」第二十七号、駒沢女子短期大学、一九九四年、七七―八二ページ、服部芳明／橘田紘洋／高橋正記／藤田晋輔「校舎構造および内装仕上げ材料と教室イメージ――最近の木造学校校舎の教室環境に関する研究（Ⅵ）」「鹿児島大学農学部学術報告」第四十五号、鹿児島大学農学部、一九九五年、七七―八八ページ

（19）ＳＤ法（semantic differential method）とは意味差判別法のことで、対立する形容詞の対を用いて、商品や銘柄などの与えるイメージを尺度化し、判別する方法のことである。

（20）幼児期の相続的文化資本については、「身体化レベル」「客体化レベル」「制度化レベル」でとらえ、指標の操作化に関しては、藤田英典ほかの研究（藤田英典／宮島喬／加藤隆雄／吉原恵子／定松文「文化の構造と再生産に関する実証的研究」「東京大学教育学部紀要」第三十二号、東京大学教育学部、一九九二年、五三―八七ページ）や一九九五年ＳＳＭ全国調査によって用いられた測定指標と、その測定によって得られたデータをもとに分析をおこなっている片岡栄美の研究（片岡栄美「家庭の文化的環境と文化的再生産過程および現代日本の文化構造――一九九五年ＳＳＭ全国調査データにみるわが国の文化的再生産過程」、関東学院大学人文科学研究所編「関東学院大学文学部紀要」第八十一号、関東学院大学人文学会、一九九七年、一八七―二三七ページ）を参照した。制度化レベルとしては「父親・母親の最終学歴」「父親の職業」、客体化レベルとしては「家庭の文化財」「家庭内のスポーツ用具」、身体化レベルとしては「家庭での文化的経験」、そして両親の文化的活動としては「両親の正統的文化的活動」「両親の大衆的文化活動」の項目をそれぞれ設定した。運動部競技者、クラブ競技者ともに差異はみられず、身体化された文化資本の様相の差異が、家庭のなかで相続的に形成されたというよりも所属する集団によって獲得的に形成されたことを示唆するものといえる。

（21）民間スポーツクラブ（水泳・体操含む）指導者の全体的なプロフィールについては、男性八九・三％、女性一〇・七％、平均年齢三十四・九歳（ＳＤ＝八・〇九）、平均総指導歴十三・二年（ＳＤ＝七・四八）、現在のクラブでの平均指導歴八・五年（ＳＤ＝六・三三）である。現在のクラブの競技歴をみると全国大会レベル以上の大会への参加クラブが六八・〇％（うち国際大会レベルの大会参加クラブは七・四％）、都道府県ないしは国内ブロック大会への参加クラブが二九・〇％である。クラブ指導者自身の競技歴については、全国大会レベル以上の大会への参加者が五一・四％（うち国際大会レベルの大会参加者は六・五％）、都道府県大会か国内ブロック大会への参加者が四二・二％である。

（22）学校運動部指導者自身のサッカー競技経験の活動拠点については、中学校期では、「学校運動部」（八三・九％）、「民間スポーツクラブ（クラブチーム）（会費・月謝あり）」（六・七％）、「地域のスポーツクラブ（スポーツ少年団など）」（一・六％）であり、「別の種目をおこなっていた」（五・七％）、「未加入」（二・一％）だった。次に高等学校期では、「学校運動部」（九四・一％）、「民間スポーツクラブ（クラブチーム）（会費・月謝あり）」（一・五％）となっている。また、大学期では、「体育会運動部」（八三・七％）、「大学サークル」（六・八％）、「民間スポーツクラブ（クラブチーム）」（三・七％）となっていて、「未加入」は四・二％だった。以上の結果からもわかるように、中学校期、高等学校期、大学期を通して学校運動部（体育会運動部）を拠点として競技経験を積んでいる人が大半を占める。

（23）高校サッカー部監督・高校生民間スポーツクラブ（サッカー）監督を対象に実施したインタビュー調査概要は以下のとおりである。

①調査対象：一九九一年度全国高校総合体育大会ベスト十六チームのうち二チーム（調査1での調査対象チーム）の監督二人、九九年度第二十三回日本クラブユースサッカー選手権（U―18）大会出場チームでJリーグ傘下の五チームのうち二チーム（調査1での調査対象チーム）の監督二人、計四人。

②調査方法：半構造化インタビューによる社会調査を実施した。

③調査期間：一九九九年九月四・十一・十九・二十六日

④調査内容：指導上の力点や指導の目的、選手への接し方など

（24）前掲「クラブスポーツと学校運動部の可能性」六七―八四ページ

（25）前掲『文化的再生産の社会学』一六三ページによれば、自ら別種のハビトゥスの強化・発達を図り、それを第二の文化資本へと構成していこうとするダイナミックな適応行動を正統的文化資本の力に、別の資源に拠りながら抵抗するという意味で「対抗ハビトゥス」と呼んでいる。

（26）小林康正「伝承の解剖学――その二重性をめぐって」、前掲『身体の構築学』所収、二四六―二五四ページ

（27）前掲『文化的再生産の社会学』一六六ページ

第8章

学校運動部の再生産戦略と葛藤

運動部指導者は、民間スポーツクラブの競技者や指導のあり方についてどのような評価や見方をしているのだろうか。本章では、これらの点を明らかにしたうえで学校運動部の再生産戦略（教育戦略・対人戦略）について検討する。さらに運動部指導者は、民間スポーツクラブが台頭してきているのに対してどのような戸惑いや葛藤を有しているのだろうか。その点についても検討したい。

1 運動部指導者の教育戦略

ここでは、身体化されたハビトゥス様相に関連して、運動部指導者は、運動部競技者とクラブ競技者の行動・意識・態度や行動習慣の差異をどのようにとらえているのか、また高校運動部競技者のマナーや関係性に関する行動習慣の評価と必要度をどう考えているのか（以上、第7章調査3を参照）について分析し、前章の結果をふまえて学校運動部の教育戦略を検討する。

運動部競技者とクラブ競技者の態度・考え方・立ち居振る舞いの差異とその特徴

運動部指導者に対して、「あなたはご自身のチームだけでなく、一般的にみてサッカーの民間スポーツクラブ（クラブチーム）の競技者と学校運動部の競技者間では、態度、考え方、立ち居振る舞い、行動の仕方は異なっていると感じますか」と聞いたところ、「違いを感じる（「感じる」＋「少し」）」と回答した者の割合は、七三・一％と七割を超える（表14を参照）。

「違いを感じる」と回答した者のうち、自由記述の内容をキーワードごとに整理し、礼儀作法や生活態度、上下関係、スキルレベル、自己表現などの点でまとめると以下のとおりになる。

まず、クラブ競技者の礼儀作法に関する評価をみると、「礼儀作法（躾）が行き届かないクラブチーム」（四十八歳、私立）、「学校運動部の選手のほうが、挨拶などがよくできる」（四十五歳、公立）、「技術はクラブが上だが、協調性や礼儀などの面で中体連出身者よりはるかに劣る」（四十歳、公・私未回答）、「クラブチームは言葉遣い、挨拶などの礼儀ができていない」（二十七歳、公立）、「礼儀、マナーなどの基本的な面で指導が行き届いていないように思う（クラブ）」（五十四歳、公立）、「競技時の言動が民間のほうが荒い」（三十歳、公立）となっている。

このように礼儀作法に関する評価は、運動部競技者と比較して、クラブ競技者に対する評価が相対的に低い。

次に、生活態度については、「生活全体に少しだらしないところがある（クラブチームの出身者）」（四十三歳、公立）、「チームによって違うが、学校運動部のほうが、挨拶や準備・片付けなど、しっかりおこなえる選手が多い」（四十五歳、公立）、「オフザピッチの行動（挨拶、行動など）が部活動のほうがしっかりしているように感じる」（三十五歳、公立）、「技術的にはクラブの選手のほうがうまいが、生活面では運動部のほうがしっかりしている（一般論）」（三十六歳、私立）、「人間性、挨拶や礼儀、人の話を聞く姿勢など、クラブ出身の生徒はルーズな部分があると思う」（三十一歳、私立）、「中学生クラブチーム競技者には染毛している者がいるが、中体連所属の競技者にはあまりみられない」（四十七歳、公立）、「部活動の選手のほうが生活面まで指導が行き届いていると感じる」（二十四歳、公立）と、クラブ競技者への評価が相対的に低い。

次に、選手同士の上下関係については、「民間クラブはあまり上下関係がないように感じます」（四十歳、公立）、

表14　クラブ競技者と運動部競技者間の態度、考え方、立ち居振る舞い、行動の仕方の差異認知（運動部指導者）（著者作成）（%）

違いを感じる	31.8
少し違いを感じる	41.3
あまり違いは感じない	25.4
違いは感じない	1.5
（N=201）	100.0

「選手同士の上下関係がない（クラブチーム）」（三十五歳、公立）と、クラブ競技者の上下関係の希薄さを指摘している。

その一方で、スキルレベルやサッカーに対する意識や情熱については、「スキルレベルがクラブチームの選手のほうが高い」（五十二歳、公立）、「民間はサッカーに対する情熱がある人が多い」（三十二歳、公立）、「サッカーに対する意識の違い（クラブの子どもは意識が高い。学校運動部の子どもは逆）」（三十六歳、私立）とスキルレベルの高さや意識の高さや情熱の強さを指摘している。

さらに、自己表現、自己主張については、「クラブチームの生徒は、「全体のため」より、まず「自分自身」を表に出す」（五十歳、公立）、「しつけの部分が学校運動部のほうがなされている。クラブの子はサッカーが少しできるからというプライドを高くもっている（勘違い）」（四十八歳、公立）、「自己中心的な考えが強く、わがままな選手も多い。また、自分より技術レベルが劣る選手と協調をもつことが難しい」（三十九歳、私立）、「クラブ出身者はエリート意識が強く、挫折感を味わうと立ち直れなかったり、他をバカにするような言動がみられることがある。身の回りのことや、後片付けなどもきちんとできない者も多い（特にクラブでも中レベル以下だった選手）」（四十四歳、公立）というように、自己中心性、エリート意識の高さ、協調性の低さなどへの言及もみられる。

運動部競技者とクラブ競技者の行動習慣の差異

次に運動部指導者からみた学校運動部競技者と民間スポーツクラブ競技者の行動習慣の差異について、礼儀作法や丁寧語、合理的練習、伝統に対する考え方からみた。

目上の人に対する礼儀作法（挨拶など）では、運動部競技者のほうが「できる（「できる」＋「どちらかといえばできる」）（以下、同様）」と回答した者の割合は五九・五％、「変わらない」（三〇・二％）だった。丁寧語や尊敬語では、「できる」(五四・二%)、「変わらない」(三五・一%)だった。伝統を大切にしようとする考え方については、「できる」(四七・五%)、「変わらない」(三九・八%)であり、これらの三項目については、運動部競技者のほうができると評価している者の割合が高い。

一方、合理的な練習については、運動部競技者のほうが「できる」(一八・六%)、「変わらない」(四六・三%)、「できない(「どちらかといえばできない」+「できない」)」(三五・一%)という結果で、クラブ競技者のほうができると回答している者の割合が高い点は注目される(表15を参照)。

表15　礼儀作法、態度、考え方からみた運動部競技者とクラブ競技者の比較(運動部指導者)(著者作成)　(%)

運動部競技者のほうが	目上の人に対する礼儀作法(挨拶など)(N=205)	丁寧語や尊敬語(N=205)	合理的な練習(N=205)	伝統を大切にしようとする考え方(N=206)
できる	25.4	21.5	5.4	15.5
どちらかといえばできる	34.1	32.7	13.2	32.0
変わらない	30.2	35.1	46.3	39.8
どちらかといえばできない	9.8	9.8	28.8	10.2
できない	0.5	1.0	6.3	2.4
	100.0	100.0	100.0	100.0

高校運動部のマナーや関係性に関する行動習慣の評価と必要性

運動部指導者を対象に、高校運動部のマナーや関係性に関する行動習慣の評価と今後の必要性についてみた。ここでは、メンバー間の関係性、監督・コーチとの関係性、関係性に伴う役割、部員としてのルールやマナーという点に着目し、「先輩と後輩の関係の厳しさ」「監督・コーチや先輩に対する丁寧な言葉遣い」「学年ごとの役割(一年生のコート整備など)の厳しさ」「部員として守るべきルールやマナーの多さや厳しさ」の四項目を操作的に設定した。具体的には各項目について、現在の部内の厳しさに関する評価(四件法)と必要度に関する評価(四件法)の点で質問をおこなった(表16を参照)。

項目ごとに現在の厳しさに対する評価が高い順に整理すると、「監督・コーチや先輩に対する丁寧な言葉遣い」「部員として守るべきルールやマナーの多さや厳しさ」の二項目では、現在、部内での厳しさがあると回答

表16　運動部のマナーや関係性に関する行動習慣（運動部指導者）（著者作成）（%）

	①先輩と後輩の関係の厳しさ		②監督・コーチや先輩に対する丁寧な言葉遣い		③学年ごとの役割（1年生のコート整備など）の厳しさ		④部員として守るべきルールやマナーの多さや厳しさ	
	現在の部内の厳しさ	必要度	現在の部内の厳しさ	必要度	現在の部内の厳しさ	必要度	現在の部内の厳しさ	必要度
	(N=207)	(N=207)	(N=207)	(N=207)	(N=206)	(N=206)	(N=206)	(N=206)
非常に思う	5.3	23.2	27.1	58.5	22.8	39.3	38.8	69.4
やや思う	34.3	61.4	53.1	37.2	40.8	41.3	42.7	26.7
あまり思わない	51.2	12.1	19.3	4.3	30.1	13.1	15.5	1.9
思わない	9.2	3.4	0.5	0.0	6.3	6.3	2.9	1.9
	100.0	100.0	100.0	100.0	100.0	100.0	100.0	100.0

している者が約八割にのぼり、さらに今後、必要だと回答している者が約九六％に達している。次に「学年ごとの役割（一年生のコート整備など）の厳しさ」では、現在の厳しさを指摘している者が約六四％、今後、必要だとする者が約八一％、そして、「先輩と後輩の関係の厳しさ」では、現在の厳しさを指摘する者が約四〇％、今後、必要だとする者が約八五％という結果だった。

運動部の教育戦略

ここでは、以上の結果を整理しながら運動部の教育戦略について検討してみたい。

まず運動部指導者からみた学校運動部競技者と民間スポーツクラブ競技者の行動習慣の差異を、礼儀作法や丁寧語、合理的練習、伝統に対する考え方からみた。その結果、目上の人に対する礼儀作法（挨拶など）、丁寧語や尊敬語、伝統を大切にしようとする考え方の項目では、運動部競技者のほうができると評価する傾向が強く、一方、合理的な練習については、クラブ競技者ができると評価する傾向が強かった。

また運動部指導者を対象に、運動部のマナーや関係性に関する行動習慣についての現状評価と今後の必要性について、「部員として守るべきルールやマナーの多さや厳しさ」「監督・コーチや先輩に対する丁寧な言葉遣い」「先輩と後輩の関係の厳しさ」「学年ごとの役割（一年生のコート整備など）の厳しさ」の四項目からみた。結果は、前二者に関しては約九六％

が必要だと回答し、現在の厳しさの評価も八割を超えていた。後二者に関しては八割以上が必要と回答しているが、現在の厳しさの評価では、関係の厳しさ（約四〇％）、学年ごとの役割の厳しさ（約六四％）という結果であり、大半の指導者が必要だという認識をもつ一方で、現在の厳しさに対して低いと評価する傾向がみられた。

この結果は次の二点で重要である。第一は、運動部指導者はマナーや言葉遣い、先輩・後輩の関係性、学年ごとの役割の必要性を強く認識していること、第二は、現在の厳しさに関して、先輩・後輩の関係性や学年ごとの役割の厳しさが脆弱だという認識を有していることである。

これらの認識は「礼儀作法（躾）が行き届かないクラブチーム」（四十八歳、私立）、「人間性、挨拶や礼儀、人の話を聞く姿勢など、クラブ出身の生徒はルーズな部分があると思う」（三十一歳、私立）、「学校生活とサッカーが結び付いていないクラブの選手は、人としての教育がなされていない」（四十七歳、公立）、「民間クラブはあまり上下関係がないように感じます」（四十歳、公立）、「選手同士の上下関係がない（クラブチーム）」（三十五歳、公立）という自由記述のなかにも散見される。これらの現状認識を重ねると、学校運動部として重視されてきた礼儀作法やマナー、上下関係性、社会的規範意識の教育はやはり正しいスポーツ教育のあり方であり、運動部によってこそ担われるべきであるとの認識が強まっていること、同時に、従前よりもそれが脆弱になっているのではないかとの危機感も強く、今後より厳しく指導すべきだという意識が反映されていると読むことも可能だろう。

2■競技者と保護者、そして組織運営上の対人戦略

競技者と保護者との関係のあり方と対人戦略

運動部指導者からみた指導者と競技者間の関係上の特徴としては、運動部の「関わりの全体性」とクラブの「関わりの限定性」を挙げることができるだろう。

例えば、「我々は学校生活すべてをみているが、クラブチームの指導者はサッカーの場面でしかみていないのではないかと思う」（四十六歳、公立）、「学校関係では、常に生徒指導ということが切り離せず、民間の場合は、一般部分（サッカーだけ）だけの関わりになることが多い」（三十五歳、公立）、「サッカー指導者と教師という立場の違いがでる。生活面・勉強面・家庭の悩みまで教師は耳を傾ける」（五十歳、公立）、「生徒と接している時間の長さに違いがあり、教科担当することで一層生徒の性格や理解力を知ることができる。また、家族環境や友人関係を知ることができる」（五十七歳、公立）、「クラブはサッカーの場面でしか関われない」（三十二歳、公立）という指摘にみられるように、運動部指導者の場合、本調査対象者の約九四％が教諭でもあり、サッカーの指導だけでなく、学校生活のすべて、生活面・勉強面・家庭の悩み・家庭環境・友人関係・進路指導・教科指導などに関わっていることから、競技者との「関わりの全体性」が一つの特徴といえるだろう。

この関わりの全体性に加えて、いったん学校に入学すれば、特別な事情がないかぎり、その学校に通うのが一般的であり、例えば、高校時代の三年間は変更がきかない関係性が構築されることになる。その過程で、いわば「師弟関係」が構築され、競技者は指導者への依存傾向を強めていくものと推察される。

次に保護者に対する対人戦略に関しては、学校運動部の指導者では、「指導活動の協力者」（四六・九％）、「メンバーをともに支えるパートナー」（三六・二％）の順だった。学校運動部の指導者の場合、その大半が教諭だが、直接的な契約関係で成立している民間スポーツクラブと比較して、公教育という砦によって、相対的に強い指導権限と評価権が付与されている。このため、保護者との関係で運動部指導者のほうが相対的に強い立場を堅持することが可能である。また、生活指導などの観点からも保護者との関係をできるかぎり深くしておいたほうが、指導上、効果的・効率的であることから、「深い関係構築」を求めているものと考えられる。

運動部での組織運営上の対人戦略

運動部やクラブでの組織運営上の対人戦略について、運動部活動の部員の受け入れ、指導スタッフと指導環境の観点から検討してみたい。運動部活動は、「学校活動の場合、自由に入部できるので、それぞれの目標が異なるが、クラブ関係は大体、目標が同一の人たちの集まりと思う」（六十八歳、私立）という指摘にみられるように、生徒の自由意思による加入が前提となっていて加入制限は原則難しい状況にある。このため経験の有無や競技レベルに関係なく、入部希望者全員を受け入れることになる。クラブでは、「ある程度レベルが高い選ばれた選手でチームを作ることができるので合理的に物事を進めやすいのではないか」（四十五歳、公立）という指摘にみられるように、加入時の選考が可能になり、競技レベルの統一が図られやすい。つまり、運動部の「全員受け入れ、競技レベルの多様化」、クラブの「加入時の選考、競技レベルの統一」という構造が一般化しているのである。

次に活動を支える指導スタッフに関しては、運動部の場合、顧問教員が監督を兼ねる場合が多く、指導者一人で運動部全員の管理業務・指導業務をおこなっている場合も多い。クラブに対して、「スタッフが充実し、専門的な指導が受けられている」（五十一歳、公立）、「きめ細かな指導がされている。二十人ぐらいに一人のコーチなど、部活ではそうはいかない!!」（四十六歳、公立）という指摘は、翻って運動部のスタッフの不足を示すものといえるだろう。

また、運動部指導者の場合、「指導方針・指導方法はあまり違いがないと思うが、教員は部活動以外の仕事が多く指導する時間に限りがある」（四十四歳、私立）、「必ず指導者がその場にいるという事実」（四十七歳、公立）、「毎日グラウンドに行ける環境があるかどうか」（五十歳、公立）などの指摘にみられるように、職員会議や生徒指導、学習指導などに時間が割かれ、毎日グラウンドに行ける環境にないことがみてとれる。

つまり、運動部の「指導スタッフの不足、他業務による指導の困難」、クラブの「指導スタッフの充実、指導時の指導者確保」という構図が示されるだろう。

さらに、この点に関連して、学校期制度、エイジグループ制度の相違に目を向けてみると、クラブの場合は、同一のクラブに所属しながら年齢区分で大会などが構成されるため、ある一定期間を通したチームづくりが可能になる。しかしながら、運動部の場合、中学校、高校、大学と学校期によって大会が編成されていて、それに応じたチーム構成がなされる。このため中・高校では各三年間、大学では四年間で入学―卒業のサイクルに応じたチーム編成が求められるのである。そこで、クラブでは、「それぞれのクラブチームにチームコンセプト（指導者のこだわり）が感じられ、特徴がある」（三十六歳、公立）のに対して、運動部の場合、「そのクラブのコンセプトが明確（学校ではその集団の特性によりコンセプトは変わる）」（四十三歳、公立）というように、その年代の生徒の特徴に応じて戦略や戦術の変更、ひいてはチームづくりのコンセプトの変更を余儀なくされる場合も出てくるのである。

以上の点をまとめると、運動部では、「全員受け入れ、競技レベルの多様化」「指導スタッフの不足、他業務による指導の困難」「学校期ごとの大会編成によるチームづくりの短期間化、単年度化」が、クラブでは、「加入時の選考、競技レベルの統一」「指導スタッフの充実、指導時の指導者確保」「年齢期ごとの大会編成によるチームづくりの中・長期化、複数年度化」という構図がみられる。

このため、運動部では、対人戦略上もこの特徴を反映したものにならざるをえない。つまり、運動部指導者は、少ない指導スタッフのなかで、多様な競技レベルの生徒の全員受け入れを余儀なくされ、またサッカー指導以外の教科指導・生徒指導・家庭環境や友人関係上の支援などの多様な業務が課せられ、グラウンドに毎日出ることが難しい状況だとわかる。

その結果、「選手のニーズへの対応力（学校はここが低い）、選手の満足度に対する評価（学校はここが低い）」（四十三歳、公立）という指摘にみられるように、個人への対応の限界が顕在化しているものと推察される。また、対人戦略としては生徒相互の自己管理体制がその中心になり、例えば、キャプテン・副キャプテン・マネージャー・生徒コーチの役割の設定だけでなく、上下関係の構築や学年ごとの役割の明確化を図ることによって、指導体制づくりが戦略的に展開されているものと考えられる。

３■学校運動部の文化的正統性をめぐる戸惑いと葛藤

高校期に最も権威がある正統な大会に対する認知と揺らぎ

運動部指導者を対象に、高校期の大会で文化的正統性という観点から最も権威ある正統な高校期のサッカーの大会（二〇〇八年現在）について聞いたところ、「全国高等学校サッカー選手権大会」と回答した者の割合が七二・七％と最も高く、ついで「高円宮杯全日本ユースサッカー選手権大会」（二一・五％）という結果だった（表17を参照）。

表17　高校期での正統な大会認知（運動部指導者）
（著者作成）（％）

全国高等学校サッカー選手権大会	72.7
全国高等学校総合体育大会	1.5
高円宮杯全日本ユースサッカー選手権大会	21.5
日本クラブユース選手権大会	0.0
Ｊリーグユース選手権大会	0.0
国民体育大会	0.0
わからない	3.9
その他	0.5
（N=205）	100.0

全国高等学校サッカー選手権大会は、一九一八年一月に第一回日本フートボール大会として創始され、現在は、各都道府県代表（東京都は二校）四十八校による、トーナメント戦でおこなわれる。六五年にインターハイが整備されたが、それとは別の大会として運営が継続された。通称「冬の高校サッカー」として呼ばれる。この大会は、全国高体連に加盟している高等学校に参加資格がある。ここで「全国高等学校総合体育大会」と回答した指導者は一・五％にすぎず、全国高等学校サッカー選手権大会が正統な大会と見なされていることが示唆される。

通常、学校運動部競技者と民間スポーツクラブ（クラブチーム）競技者が同じ大会で相対することはない。しかしながら、高円宮杯全日本ユースサッカー選手権大会は、日本サッカー協会が主催する大会で、両団体に所属するチームが一堂に会して日本一を競う大会（二〇一〇年まで）である（二〇一一年度以降については第5章を参照）。一九九九年には、ベスト4をすべてクラブチームが占め、クラブチームの台頭が著しくなっている。

このような特徴を有する高円宮杯全日本ユースサッカー選手権大会を最も正統な大会だと見なしている者の割合は二一・五％だった。一九一八年の創始以来、長きにわたって最も文化的正統性がある大会と見なされてきた全国高等学校サッカー選手権大会に対し、高円宮杯全日本ユースサッカー選手権（U—18）大会が台頭しつつあることが注目される。つまり権威と文化的正統性の根拠となる大会だった全国高等学校サッカー選手権大会の存在が揺らぎ始めているとみることができるだろう。

指導のあり方をめぐる戸惑いと葛藤

①民間スポーツクラブの指導方針・方法などに関する評価

学校運動部指導者を対象に、「高校期での民間スポーツクラブの狙い・指導方針・指導方法に関して学校運動部のそれらと異なっていると感じるか」と聞いたところ、「異なっていると感じる」と回答した者が全体の約四割にのぼり、そのなかで「参考になる点が多いと感じる」が約三割、「あまり参考になる点が多いとは感じない」が約一割という結果だった（表18を参照）。

表18　クラブと運動部の指導方針、指導方法の差異認知（運動部指導者）（著者作成）　（％）

基本的に同じ狙い、指導方針をもって、同じような指導方法でおこなっているように思う	45.2
異なっていると感じるし、参考になる点が多いと感じる	31.7
異なっていると感じるが、あまり参考になる点が多いとは感じない	9.0
わからない	14.1
(N=199)	100.0

具体的にどのような点が学校運動部と比較して異なっていると感じるのかについて自由記述をしてもらった。その内容をキーワードごとに整理した結果について、ここでは、クラブの自由性・結果重視・個人主義などの点で概観しておきたい。

まずクラブの自由性について、「クラブは個の育成に力を入れ、自由な雰囲気がある」（四十歳、私立）、「学校教育の一環としての部活動のなかで、人間形成（マナーなど）を重視しすぎるように感じている。そのなかで選手たちは強制されている、やらされている感じが強いのではと思われる。Jユースチームの選手達は勝負にこだわるなかで大人としての振る舞いができていると思われる」（三十四歳、私立）、「サッカーの本質をクラブチームの選手のほうが理解できている」（三十六歳、公立）、「クラブのほうがサッカーを純粋にとらえ、生活の中心に位置づけしておられるように思われます」（四十九歳、公立）、「勝負に対してクラブ育ちの選手のほうが、意識が高い。また技術面やその他のサッカーに対する姿勢もクラブ育ちの選手のほうが高い」（四十七歳、私立）などの指摘にみられるように、クラブ競技者のサッカーの理解や姿勢、あるいはクラブ環境に対する自由な雰囲気について、肯定的な評価がみられる。

クラブの見方に関しては、「クラブは勝利至上主義」（四十四歳、公立）、「実力主義、プロとしての養成に力をおく」（三十九歳、私立）、「育成の結果を求められている（選手をプロに上げる）」（三十歳、公立）、「結果を残し、人を集める」（二十九歳、公立）、「クラブは結果こそがすべて。クラブはビジネス」（二十七歳、公立）という指摘から、クラブの勝利至上主義や結果主義に基づくビジネスとして位置づけていることがみてとれる。

また指導に関しては、「個を伸ばす方法については、参考になる指導法が多いと感じる」（四十三歳、私立）、「個を尊重した指導に重きをおいている」（四十一歳、私立）、「主体性をもたせている」（三十三歳、公立）というように個の育成の充実が注目されていて、また「技術指導は参考になる点が多い」（三十四歳、公立）、「指導法が合理的で技術向上を第一と考えている点」（四十九歳、私立）というように技術指導や合理的指導に対して肯定的な評価がなされている。

②民間スポーツクラブの狙いや指導方針、指導方法をめぐる戸惑いと葛藤

まず民間スポーツクラブ（クラブチーム）の狙いや指導方針、指導方法について、「異なっていると感じるし、参考になる点が多いと感じる」と回答した者の割合が三一・七%となっていた。このことは、いままでの運動部での指導方針や方法に文化的正統性を与えてきた指導者が、民間スポーツクラブの指導に対して承認を与え、そ

れを参考にする姿勢を有するにいたったことを示す結果として注目される。

また、この点に関する自由記述のなかで五十七歳の私立高校の指導者は、以下のように回答している。

「クラブチームの存在自体が勝利に向き、運営されているのがよくわかる。しかし、日本の学校組織に組み込まれている大方のサッカー部について、指導者が日本協会、クラブチームを口に指をくわえて見る体質が日本にはどうしてもあることは、残念でしかたがない。何が正しいか、どうしたいのか、という焦り、新しもの好きの軽い日本人のいまの体質にあなたは何をサッカーに求めているのか、僕は聞きたい（五十七歳、私立）」

運動部指導者として、クラブチームが勝利に向けた運営をおこなっていることを理解しながらも指をくわえてみている自らの状況に対して遺憾の意をあらわしていて、そのうえで「何が正しいか、どうしたいのか」「あなたは何をサッカーに求めているのか」という文言にみられるように学校の運動部のあり方に対する不安や焦りを感じているのである。

さらに四十八歳、私立の指導者は、次のように回答している。

「優秀な指導者が指導しているケースが多く、要点をしっかり指導できている。中学校の部活は学校教育の一環としてやっているところがまだ多くある（四十八歳、私立）」

ここで「まだ多くある」という指摘には、部活動の指導のあり方に疑義を呈し、民間スポーツクラブでの指導に正しい指導のあり方をみようとする姿がみえる。

これらの結果は、これまで文化的正統性を一手に担ってきた学校運動部のあり方に対し、運動部指導者自らが振り返り、見直しを迫られ、そして葛藤状況にあることを示すものといえるだろう。

第9章　大学運動部での学校運動部文化とクラブ文化の再生産の様相
——大学運動部での運動部出身者とクラブ出身者の意識変容から

中・高校を通して民間スポーツクラブで活動してきた競技者が大学運動部に入ることで、大学運動部の行動様式や行動規範、行動習慣などにも変化が生じているものと考えられる。

そこで本章では、大学運動部に在籍する運動部出身競技者（以下、運動部型競技者と略記）と民間スポーツクラブ出身競技者（以下、クラブ型競技者と略記）を対象にして、運動部型競技者とクラブ型競技者は大学運動部に入ってどのような意識変容を遂げたのかについて探ってみたい。

1■調査の概要

調査の対象・時期・方法

①調査対象

本調査では、学校運動部と民間スポーツクラブが、それぞれに独自の大会や運営システムを有するサッカーに着目し、大学体育会運動部のサッカー競技者を対象にした。

本調査の対象とする大学サッカー部の選定にあたっては、主に伝統性・全国的な競技力・国立か私立かの三点を勘案して六校六チームを選定した。内訳としては、関東大学サッカーリーグ一部校（二〇〇七年度、十二校）から三校、また調査時点では本リーグの二部校だが、一部校での数度の優勝経験を有する一校の計四校である。四校のうち私立大学三校、国立大学一校である。また、九州大学サッカーリーグから二校を選定しているが、一校は私立、もう一校は国立である。これらの合計六大学の大学サッカー部は、共通に長い伝統を有し、それぞれのリーグだけでなく全国大学サッカー選手権の上位校である。

対象者は四百十二人（全員から回収）だったが、中学校・高校ともに学校運動部に所属していた二百三人と中学校・高校ともに民間スポーツクラブに所属していた四十二人、計二百四十五人を分析対象にした。なお、高校生のスポーツ競技者調査の結果と比較対照するために、高校生競技者の調査結果（第7章を参照）を必要に応じて用いることにした。

②調査方法

郵送法によって質問紙調査を実施した。具体的には各大学サッカー部に人数分の調査用紙を送付し、記入後、返送してもらう方法を用いた。

③調査期間

二〇〇八年六月一―三十日

④変数と測定

（1）目的志向性、スポーツ価値意識、スポーツ観（調査1―3同様）

（2）学校運動部と民間スポーツクラブに対する表象（調査1―3同様）

（3）スポーツに関する行動習慣（調査1―3同様）

（4）大学運動部のマナーや関係性に関する行動習慣について

ここでは、メンバー間、監督・コーチとの関係性、関係に伴う役割、部員としてのルールやマナーという点に着目し、「先輩と後輩の関係の厳しさ」「監督・コーチや先輩に対する丁寧な言葉遣い」「学年ごとの役割（一年生のコート整備など）の厳しさ」「部員として守るべきルールやマナーの多さや厳しさ」の四項目を操作的に設定した。

サンプル特性

学年では、各学年ほぼ同じ割合であり、所属学部は、体育・スポーツ関係学部とそれ以外の学部でほぼ半数ずつになっている。また入試形態では、クラブ型競技者で推薦入試（スポーツ選抜入試含む）を経て入学した者の割合が約六〇％（運動部型競技者は約二九％）と高い。次にサッカーの競技歴についてみると、十一年以上やっている者の割合が運動部型競技者で約七〇％、クラブ型競技者で約八一％となっている。また、高校生時の競技レベル「全国レベル大会出場以上」に注目すると、運動部型競技者では約二八％であるのに対して、クラブ型競技者では約八一％であり、そのうち約一〇％が国際レベル大会の出場を経験するなど、クラブ型競技者のほうが競技レベルが高い大会に出場した者の割合が高い。

2■スポーツに関する行動習慣・マナー・規範の変容

競技者のスポーツに関する行動習慣・マナー・規範は、競技者の身体化されたハビトゥスと深く関わる。高校時まで運動部とクラブで育った競技者は、大学運動部という新たな集団に所属することでどのように変わっていくのだろうか。

スポーツに関する行動習慣の変容

「競技場に対する神聖視」「必要以上の大声での対応」「上下関係への過剰な配慮」の三点から、スポーツに関する行動習慣をみた。「競技場に対する神聖視」については、競技場や体育館への礼として、「上下関係への過剰な配慮」については、年上の人が練習場に残っているときの帰りにくさとしてとらえた(表19、20、21を参照)。

運動部型競技者とクラブ型競技者間で実施率(「よくある」+「ときどきある」)を比較すると、いずれの項目も高校生時では運動部型競技者のほうがクラブ型競技者と比べて実施率が有意に高かったものの、大学の現在では有意差が認められなかった。高校から大学に入ることで、主に運動部型競技者で実施率が低くなることによって、クラブ型競技者との差異がなくなっていた。

運動部型競技者が大学運動部に入ることでどのように変容したのかについてみると、高校期の運動部型競技者では、競技場に対する礼や必要以上の大声、上下関係への過剰な配慮などの実施率が六、七割にのぼり、これらの行動は習慣化していたものと考えられる。しかしながら、大学の現在では、これらの行動習慣の実施率は約四割から六割に減少していた。運動部競技者は、大学運動部に入って既存の大学運動部文化に接触するとともにクラブ競技者と交じり合うことで、その行動の過剰性に気づき、それを〈抑制〉する行動習慣を形成したと考えられる。

一方、クラブ型競技者は、「競技場に対する神聖視」「上下関係への過剰な配慮」では、六割以上が大学でも実施していなくて、高校生までの行動習慣を変えることなく保持していた。しかし「必要以上の大声での対応」の場合、大学入学とともに実施率が増加し、大学現在では約五五%の実施率になっている。この点について運動部型競技者では大学入学当時約七割の実施率であることを勘案すれば、実施経験がないクラブ型競技者は、大学運動部で運動部型競技者と交じり合うことで、また大学運動部の規範として求められることで徐々に身につけていき、その結果差異がなくなっている様相がみられる。

表19　スポーツに関する行動習慣（競技場に対する神聖視）（著者作成）　（％）

	競技場や体育館に入るときその場所に礼をするか？											
	中学生時			高校生時			大学入学時			大学生現在		
	よくある	ときどきある	ほとんどない	よくある	ときどきある	ほとんどない	よくある	ときどきある	ほとんどない	よくある	ときどきある	ほとんどない
運動部型 N＝201	40.8	25.9	33.3	40.8	25.4	33.8	27.9	28.4	43.8	26.4	27.4	46.3
クラブ型 N＝42	11.9	31.0	57.1	14.3	19.0	66.7	9.5	19.0	71.4	11.9	23.8	64.3
	p<.01			p<.001			p<.01			N.S		

表20　スポーツに関する行動習慣（必要以上の大声での対応）（著者作成）　（％）

	必要以上に大きい声で挨拶や返事をするか？											
	中学生時			高校生時			大学入学時			大学生現在		
	よくある	ときどきある	ほとんどない	よくある	ときどきある	ほとんどない	よくある	ときどきある	ほとんどない	よくある	ときどきある	ほとんどない
運動部型 N＝201	31.8	38.3	29.9	37.8	36.3	25.9	30.8	36.8	32.3	29.9	33.3	36.8
クラブ型 N＝42	14.3	45.2	40.5	9.5	33.3	57.1	21.4	28.6	50.0	23.8	31.0	45.2
	N.S			p<.001			N.S			N.S		

表21　スポーツに関する行動習慣（上下関係への過剰な配慮）（著者作成）　（％）

	年上の人が残っていると何となく練習場に残ってしまうか？											
	中学生時			高校生時			大学入学時			大学生現在		
	よくある	ときどきある	ほとんどない	よくある	ときどきある	ほとんどない	よくある	ときどきある	ほとんどない	よくある	ときどきある	ほとんどない
運動部型 N＝201	17.4	23.9	58.7	33.0	26.5	40.5	19.4	30.8	49.8	14.5	28.0	57.5
クラブ型 N＝42	7.1	19.0	73.8	16.7	19.0	64.3	16.7	19.0	64.3	7.1	28.6	64.3
	N.S			p<.05			N.S			N.S		

表22　大学運動部のマナーや関係性に関する習慣と違和感（著者作成）　（%）

	高校生時と違う、何となく違和感やちぐはぐな感じをもった経験											
	①先輩と後輩の関係の厳しさ			②監督・コーチや先輩に対する丁寧な言葉遣い			③学年ごとの役割(1年生のコート整備など）の厳しさ			④部員として守るべきルールやマナーの多さや厳しさ		
	よくある	ときどきある	ほとんどない	よくある	ときどきある	ほとんどない	よくある	ときどきある	ほとんどない	よくある	ときどきある	ほとんどない
入学時 N＝244	20.9	34.7	44.4	25.5	25.5	49.0	51.0	20.9	28.0	40.2	28.9	31.0
現在 N＝244	5.0	28.5	66.5	18.0	25.9	56.1	28.9	25.5	45.6	28.0	31.4	40.6
		p<.001			p<.001			p<.001			p<.001	

大学運動部のマナーと関係性に関する行動習慣の変容

大学運動部のマナーや関係性に関する行動習慣については、「先輩と後輩の関係の厳しさ」「監督・コーチや先輩に対する丁寧な言葉遣い」「学年ごとの役割（一年生のコート整備など）の厳しさ」「部員として守るべきルールやマナーの多さや厳しさ」の四項目を設定した。そして各項目について、高校生時と違った違和感や、ちぐはぐな感じをもった経験について、大学入学時と大学現在に分けて「よくある」「ときどきある」「ほとんどない」の三件法で質問をおこなった。

①違和感やちぐはぐな感じを有した経験

四項目について、大学入学時と大学現在の間での比較結果を示したものが表22である。四項目ともに大学入学時と比較して、大学現在で違和感やちぐはぐな感じを経験する者の割合は減少している。

項目別に違和感やちぐはぐな感じを有した経験が「ある（「よくある」＋「ときどきある」）」と回答した者の全体の割合をみると、「学年ごとの役割の厳しさ」（入学時：七一・九%、現在：五四・四%〔以下、同〕）、「部員として守るべきルールやマナーの多さや厳しさ」（六九・一%、五九・四%）、「先輩・後輩の関係の厳しさ」（五五・六%、三三・五%）、「監督・コーチや先輩に対する丁寧な言葉遣い」（五一・〇%、四三・九%）となっている。

クラブ型競技者に着目すると、「先輩・後輩の関係の厳しさ」（五〇・〇%、二六・二%）の項目では減少傾向が顕著である。その一方で、「学年ごとの役割の厳しさ」（七一・四%、五七・二%）、「部員として守るべきルールやマナーの多さや厳しさ」（七一・四%、五九・六%）の項目では約六割が現在も違和感を有している。また、この二項目については運動部型競技者でも同様の傾向がみられ、現在も違和感を有している者の割合はそれぞれ五二・五%、五八・四%と半数を超える。

②必要度と現在の厳しさの評価

前述の四項目について、その必要性と現在の厳しさに関する評価を示したものが表23である。各項目ともに「必要（「非常に」＋「やや」）」と回答した者の割合は全体の約六七—九一%を占めるが、すべての項目で必要度の認識に比べて現在での厳しさに関する現状の評価（「そう思う「非常に」＋「やや」」）が低くなっている。項目別にみると「先輩と後輩の関係の厳しさ」（必要度：六七・四%、現在の厳しさ：三四・三%〔以下、同〕）、「監督・コーチや先輩に対する丁寧な言葉遣い」（九〇・六%、五九・一%）の項目では、必要度と現在の厳しさの差異は三割を超えている。その一方で、「学年ごとの役割の厳しさ」（七九・〇%、六四・九%）、「部員として守るべきルールやマナーの多さや厳しさ」（八〇・七%、六五・七%）の項目では、両者の差異は小さい。

出身型別にみると「学年ごとの役割」の必要度で有意差が認められ、「必要（「非常に」＋「やや」）」と回答した者の割合は、運動部型競技者では八三・一%に対し、クラブ型競技者では五九・五%だった。

以上の結果から全体としては以下のことがいえるだろう。これらの行動規範に関して、入学当初は、違和感やちぐはぐな感じをもつが、大学運動部での経験を積むにしたがってその感じを有する者の割合は減少している。このことは、高校運動部と民間スポーツクラブから大学運動部に入った際、大学運動部文化との文化的接触によって動揺するものの、時間の経過とともに適応している様相を示すものといえるだろう。

その後、適応するにしたがってこれらの行動規範が大学運動部にとってやはり必要なものであるとの認識を高め、必要度に対して現在の厳しさが足りないと評価することでこれらの行動規範を維持し継続している様相がみ

(%)

②監督・コーチや先輩に対する丁寧な言葉遣い				③学年ごとの役割（1年生のコート整備など）の厳しさ				④部員として守るべきルールやマナーの多さや厳しさ			
現在の厳しさ N＝242 必要度 N＝243				現在の厳しさ N＝242 必要度 N＝243				現在の厳しさ N＝242 必要度 N＝243			
非常に思う	やや思う	あまり思わない	まったく思わない	非常に思う	やや思う	あまり思わない	まったく思わない	非常に思う	やや思う	あまり思わない	まったく思わない
19.0	40.1	29.8	11.2	27.3	37.6	23.1	12.0	25.2	40.5	23.1	11.2
51.9	38.7	8.2	1.2	35.0	44.0	16.5	4.5	44.9	35.8	14.8	4.5

られた。

しかしながら詳細にみると内容によって様相が異なることもわかる。例えば、「先輩と後輩の関係の厳しさ」「監督・コーチや先輩に対する丁寧な言葉遣い」の項目については、全体として違和感を指摘する割合は減少し、受け入れている様相がみられる。その一方で「学年ごとの役割の厳しさ」「部員として守るべきルールやマナーの多さや厳しさ」の項目では、両競技者ともに半数以上が現在も違和感を訴えていて、なかでも一年生のコート整備に代表されるような学年ごとに課せられる「学年ごとの役割の厳しさ」に関しては、クラブ型競技者で「必要だと思わない」と指摘する者が四一・〇%とほかの項目と比較して相対的に高い比率を占めていた。

つまり「上下関係的人間関係」については、クラブ型競技者・運動部型競技者ともに是認する傾向にあるが、その一方で、上下関係的人間関係に基づく過剰な行動習慣や行動規範については、違和感や〈抵抗〉感を維持していて、それらをできるかぎり排除し、合理的な行動を求めているものと考えられた。ここに大学運動部のマナーや関係性に関する行動規範の変容の可能性をみてとることもできるだろう。

3■学校運動部と民間スポーツクラブに対する表象、スポーツ観などの意識変容

学校運動部と民間スポーツクラブに対する表象からみた意識変容

運動部型競技者とクラブ型競技者が学校運動部と民間スポーツクラブに対して共

表 23　大学運動部のマナーや関係性に関する習慣の現在の厳しさと必要度（著者作成）

	①先輩と後輩の関係の厳しさ 現在の厳しさ　N = 242 必要度　N = 242			
	非常に思う	やや思う	あまり思わない	まったく思わない
現在の厳しさ	10.3	24.0	45.0	20.7
必要度	24.0	43.4	26.9	5.8

通に有している表象を要約的に示せば、以下のとおりになる。

まず学校運動部に対しては、「トラディショナル」「かたい」「集団的」「形式的」「古くさい」「ヘビー（重い）」「上下関係（強）」「高圧的」、さらに「地味」「ダサイ」「素人」という表象を有している。一方、民間スポーツクラブに対しては、「モダン」「やわらかい」「個人的」「合理的」「新鮮」「ライト（軽い）」「上下関係（弱）」「民主的」、さらに「華やか」「ファッショナブル」「プロフェッショナル」という表象を有する傾向がみられる。

学校運動部と民間スポーツクラブに対する表象に関しては、高校生競技者と大学生競技者の間でそれぞれの集団に対して有するイメージの同形性がみられた。また高校生競技者調査での運動部競技者とクラブ競技者との比較（第7章を参照）では、それぞれの集団に対するイメージで三十項目（学校運動部、民間スポーツクラブ各十五項目）中十七項目で有意差が認められたのに対して、大学生競技者調査での出身型別比較では三十項目中三項目だった。このことは大学生では、運動部型競技者、クラブ型競技者にかかわらず、学校運動部と民間スポーツクラブに対して有するイメージが一様化していることを示している。

またこの結果は、高校生時に運動部競技者とクラブ競技者間で有していたそれぞれの集団に対する表象が、大学運動部に入り、互いが有している集団のイメージを知ることによって、両集団の出身者ともにそれぞれの集団に対するイメージを明確化し、それを両者が共有していることを示しているといえるだろう。つまり運動部競技者とクラブ競技者は、高校時代に有していたそれぞれの集団に対する異なったイメージを、大学に入学して互いに交じり合うことで、互いがより一致するイメージへと変容させたものと考えられる。

目的志向性、スポーツ価値意識、スポーツ観からみた意識変容

目的志向性について全体では、「全力を尽くす」（五一・六％）、「活動を楽しむこと」（三〇・七％）、「勝利をつかむこと」（一六・〇％）、「フェアにプレーすること」（一・六％）となっていて、出身型間で差異はなく、高校生競技者の結果と同形性がみられた。

スポーツ価値意識について全体では、アゴン型・世俗内禁欲型意識がその中心を占めていて、目的志向性と同様に出身型間で差異はみられなかった。高校生競技者の結果では、運動部競技者とクラブ競技者で差異がみられたが、大学運動部では、高校生の運動部競技者とクラブ競技者の中間の値を示すなど一様化している様相がみられた。

次にスポーツ観については、大学生の出身型間比較に加え、高校生の運動部競技者とクラブ競技者との関係をみるために、高校生競技者調査（第7章を参照）の結果を含めて比較をおこなった。

その結果、顕著な差異がみられた項目について示したものが表24である。各項目ともに「非常に賛成」（一点）―「非常に反対」（四点）の四件法によって設問されている。この表は、高校生競技者での運動部競技者とクラブ競技者、大学生競技者での運動部型競技者とクラブ型競技者、それぞれに平均値を算出したもので、数値が小さいほど是認傾向が強いということになる。そして高校運動部競技者と大学運動部型競技者との平均値のずれ、高校クラブ競技者と大学クラブ型競技者との平均値のずれを明示するために、高校生時から大学生時との間に線を入れたものである。

なお、大学運動部調査と高校生競技者調査は同様の競技者に対して継続的に追跡した縦断的調査ではなく、横断的調査である。すなわち、どのように個別に変化したのかを示すものではなく、高校生の運動部競技者とクラブ競技者、大学運動部での運動部型競技者とクラブ型競技者のそれぞれの相対的な位置関係を示すものであることを断っておきたい。

表24　高校運動部競技者／高校クラブ競技者と大学運動部での運動部出身競技者／クラブ出身競技者にみるスポーツ観（著者作成）

項　目	カテゴリー別平均値
(1) クラブや部の過去の栄光は尊重しそれを伝えるべきである	【高運】【大ク】【大運】【高ク】 (1.74) (1.74) (1.78) (2.15) *
(2) クラブや部の伝統行事や「しきたり」は大切に受け継ぐべきである	【大ク】【大運】【高運】【高ク】 (1.97) (1.98) (2.18) (2.28) *
(3) 年齢が上というよりも技術が優れている者が、クラブ内や部内で重視されるべきである	【高ク】【高運】【大運】【大ク】 (1.70) (1.88) (2.56) (2.62) *** ***
(4) スポーツ技能の向上のために厳しく鍛錬すべきである	【高ク】【大運】【大ク】【高運】 (1.46) (1.59) (1.68) (1.92) ***
(5) 試合では、相手の技術や戦術を科学的に分析すべきである	【大運】【大ク】【高運】【高ク】 (1.87) (2.00) (2.17) (2.27) **
(6) スポーツでは、倒れるほど練習することが大切である	【大ク】【大運】【高ク】【高運】 (2.79) (2.83) (2.97) (3.22) ***
(7) 自分のクラブや部の監督・コーチやメンバーは「自分の仲間や家族のような」気持ちがする	【大運】【高ク】【大ク】【高運】 (2.06) (2.15) (2.18) (2.37) **
(8) クラブや部でのメンバー間での上下関係は大切である	【大運】【大ク】【高運】【高ク】 (1.97) (2.15) (2.35) (2.52) ***

*p<.1　**p<.05　***p<.01　****p<.001

※高校運動部と大学運動出身競技者の相対的な関係については点線を用い、高運○…大運●として表示。

※高校クラブ競技者と大学クラブ出身競技者の相対的な関係については実線を用い、高ク○—大ク●として表示。

ここでは特徴的な「伝統主義（2）」「上下関係的人間関係（8）」「技術レベル重視（3）」に着目してみてみたい。まず高校生クラブ競技者では、第7章でもみたように「技術レベル重視」の傾向が強く、また「上下関係的人間関係」というよりも「水平関係的人間関係」を重視する一方、「伝統主義」を軽視する傾向がみられた。

この三項目についてクラブ型競技者をみると、「伝統主義」（高校：二・二八、大学：一・九七〔以下、同〕）、「上下関係的人間関係」（二・五二、二・一五）、「技術レベル重視」（一・七〇、二・六二）となっている。この結果からもわかるように大学で伝統主義、上下関係的人間関係を重視する一方で、技術レベルによる評価については消極的になっている。この結果は、いわば〈反転〉傾向を示唆するものといえるだろう。

次に高校生運動部競技者では、第7章でもみたように高校生クラブ競技者と比べて相対的に「伝統主義」「上下関係的人間関係」を重んじる傾向がみられ、「技術レベル重視」の是認傾向は弱かった。

この三項目について運動部型競技者をみると、「伝統主義」（二・一八、一・九八）、「上下関係的人間関係」（二・三五、一・九七）、「技術レベル重視」（一・八八、二・五六）となっている。このように大学で伝統主義、上下関係的人間関係をより重視する一方で、技術レベルによる評価については消極的になっている。

これらのことから大学運動部に加入し、大学運動部文化にふれて運動部文化とクラブ文化が交ざり合うことで、クラブ競技者では意識が「伝統主義」「上下関係的人間関係」へと〈反転〉し、運動部競技者では「上下関係的人間関係」の意識を〈強化〉する傾向があるものと推察される。

最後に、試合では相手の技術や戦術を科学的に分析すべきだといった「科学主義（5）」に関しては、運動部型競技者（二・一七、一・八七）、クラブ型競技者（二・二七、二・〇〇）ともに大学生競技者で是認傾向が強くなっていた。この「科学主義」に関しては、高校時代の運動部競技者・クラブ競技者ともにあまり重視していなくて、大学に入ることで双方ともに強く意識するようになっているものと考えられる。

4■大学運動部での運動部文化とクラブ文化の再生産の様相

本章では、中学・高校を通して獲得された学校運動部文化と民間スポーツクラブ文化が大学運動部で交じり合うことで、その両文化はどのように再生産されていくのか、を考えることが目的だった。本章で得られた主な結果は以下のとおりである。

目的志向性での全力志向・楽しさ志向が、高校生・大学生競技者に共通にみられる考え方として「そのまま」大学運動部に受け継がれていた。また、学校運動部と民間スポーツクラブに対する表象は、大学で双方の競技者が交ざり合うことで一様化していることがわかった。すなわち、学校運動部の文化とクラブ文化が折衷して大学運動部に受け継がれたパターンである。

また、「伝統主義」「上下関係的人間関係」に関する考え方は、もともと大学運動部を含め学校運動部で支配的なものだったが、民間スポーツクラブ文化を獲得してきたクラブ型競技者の意識の〈反転〉をもたらすほどに、非常に強い観念だった。これは、一方の集団の文化が「優位性」をもって受け継がれるパターンを示している。さらに「科学主義」に関しては、高校での運動部競技者・クラブ競技者が共通して重視していなかったものだが、大学運動部で強く是認されるにいたったパターンである。

競技場などを神聖視する態度や上下関係的人間関係に基づく過剰な配慮や行動習慣については、学校運動部の競技者は、これらの行動習慣を高校時までに習慣化していたが、大学入学を契機にこれらの行動習慣をおこなわないクラブ競技者と交わることで、自らの過剰性に気づき、それを〈抑制〉する行動習慣を形成しているものと考えられた。いわば、一方が他方に、すなわち学校運動部の文化がクラブ文化に「同調」した形で大学運動部に受け継がれたパターンである。

さらに「上下関係的人間関係」と関連して、大学運動部のマナーや関係性に関する行動習慣のうち「学年別の役割の厳しさ」については、クラブ型競技者は違和感や〈抵抗〉感を大学の現在でも維持していた。つまり、クラブ文化として水平的人間関係に基づく年齢に関係ない行動規範や行動習慣を内面化していたクラブ競技者は、大学運動部で上下関係的人間関係に是認を与えていくが、それらの人間関係に基づく過剰で不合理な行動習慣については、それに迎合することなく違和感や〈抵抗〉感を維持しているのである。また、運動部型競技者でもこの項目について違和感を有する割合が高く、そこには大学運動部文化の変容を迫るエネルギーが蓄積されていると考えられる。これは、一方（ここでは、高校運動部）で重きをおいていた文化が大学運動部では運動部型競技者・クラブ型競技者両方から軽んじられ、「危うき」ものとしてかろうじて受け継がれていくパターンである。

このように、それぞれの特徴を有していた民間スポーツクラブ文化と学校運動部文化は、大学運動部で交じり合うことでさまざまなパターンで大学運動部文化として再生産されているのである。

終章

アスリートを育てる〈場〉
——現在とこれから

本書では、戦後、学校運動部を中心とした青少年期のアスリート養成〈場〉に民間スポーツクラブが誕生・発展するなかで、アスリート養成〈場〉の構造が変動しながらスポーツ文化が再生産されていく様相を分析することを目的としていた。

この目的のために第1部では、戦後、青少年期のアスリート養成〈場〉でどのようにして民間スポーツクラブが誕生し、発展してきたのか、その背景にはアスリート養成〈場〉内部、あるいは外部（教育〈場〉）でどのような動きがあったのかについてマクロな視点で検討した。また、民間スポーツクラブが発展していく過程で生じた学校運動部や競技団体との葛藤を描きながら、民間スポーツクラブが正統性を獲得していく様相を明らかにした。

そして第2部では、よりミクロな視点で学校運動部と民間スポーツクラブの関係性に焦点を絞り、それぞれの競技者や指導者を対象とした社会調査に基づいてスポーツに関するハビトゥス様相の差異と各集団の文化的な特徴を明らかにし、各集団の再生産戦略とスポーツ文化の再生産の様相について検討してきた。

本章では、これまでの検討を通して得られた知見を整理し、今後の課題について述べる。

1 アスリートを育てる〈場〉の変動を読む

学校運動部と民間スポーツクラブをめぐる指標化

これまで学校運動部と民間スポーツクラブの文化的特徴と再生産戦略について検討してきたが、学校運動部と民間スポーツクラブはそれぞれどのような特有の価値基準を有しているのだろうか。

学校運動部と民間スポーツクラブでは、自らの集団に特有の価値基準を有し、ほかの集団との弁別を可能にするとともに参与者の行動規範や様式を規制しているものと考えられる。集団に特有の価値基準に関して、南田勝也は、ある事象を文化（例えばロックミュージックやスポーツ）だと判断するときの価値基準を集積した体系、およびその社会空間でとるべき方向性の道筋を意味する「指標」という概念を用いて、ロックミュージックの指標化を試みている。[1] この南田の議論をふまえれば、アスリート養成〈場〉をめぐるスポーツのあり方を弁別する指標とは、「「スポーツである」、あるいはその文化様式を「スポーツ的である」と判断するときの価値基準を集積した体系であり、また、スポーツであるために社会空間でとるべき方向性の道筋」ということになる。

そこで、指標の概念を用いて学校運動部と民間スポーツクラブのそれぞれの特徴について整理することにしたい。ただ、ここで留意しておくべき点は、南田がロック〈場〉の構造を分析するにあたって、その集団の固有のイデオロギーの発見や固有の諸要素の発見に重点があるのではなく、個々の社会的行為者の動態的な関係性の論述が肝要だと指摘するところである。[2]

この点をふまえて、これまで検討してきた民間スポーツクラブの成立と発展過程の分析、学校運動部と民間スポーツクラブの競技者・指導者の調査分析を通してみると、表25に示すような指標化が可能だろう。

学校運動部の指標の主導的差異はエデュケーションであり、民間スポーツクラブはパフォーマンス／テクノロ

表25　学校運動部と民間スポーツクラブの指標（著者作成）

	学校運動部	民間スポーツクラブ
主導的差異	【エデュケーション】	【パフォーマンス／テクノロジー】
	教育	競技
目的	教育としてのスポーツ	競技としてのスポーツ
	人格形成	競技力・技術向上
スポーツ指導の定義	スポーツを通した教育	スポーツの教育
権威	教育的権威	業績的権威・技術的権威
性向	伝統・形式主義	合理主義
	共同体主義	個人主義
	自己抑制	自己表出
関係性	上下関係	水平関係
	年功軸	技術軸
	師弟関係	契約関係
	全人格・全体性	限定性
区分	学校期	エイジグループ
表象	トラディショナル／かたい／集団的／形式的／素人／古くさい／ヘビー（重い）／上下関係（強）／高圧的	モダン／やわらかい／個人的／合理的／プロフェッショナル／新鮮／ライト（軽い）／上下関係（弱）／民主的

ジーといえるだろう。具体的には、スポーツのあり方としては運動部が「教育としてのスポーツ」、民間スポーツクラブが「競技としてのスポーツ」であり、スポーツ指導の定義としては、運動部が「スポーツを通した教育」として、クラブが「スポーツの教育」として相対的に指標化されるだろう。

　学校運動部の主導的差異として考えられるエデュケーションとは、教育に収斂していくスポーツのあり方を志向する基準であり、そこでは「教育としてのスポーツ」「スポーツを通した教育」「人格形成」がその目的とされている。またそこでの権威としては「教育的権威」が、民間スポーツクラブと弁別される主な性向としては「伝統・形式主義」「共同体主義」「自己抑制」がそれぞれ挙げられる。これらの基準は、主に教育戦略と深く関わっている。

　次に対人戦略との関係でいえば、競技者間では「年功軸」「上下関係」が、指導者—競技者間では「師弟関係」「全人格・全体性」がそれぞれ相対的に指標化される。さらに象徴戦略との関係でいえば「トラディショナル／かたい／集団的／形式的／素人／古くさい／ヘビー（重い）／上下関係（強）／高圧的」などが挙げられる。

一方、民間スポーツクラブの主導的差異として考えられるパフォーマンス／テクノロジーとは、競技や技術に収斂していくスポーツのあり方を志向する基準であり、「競技としてのスポーツ」「スポーツの教育」「競技力・技術向上」がその目的とされている。またその権威としては「業績的権威・技術的権威」が、学校運動部と弁別される主な性向としては「合理主義」「個人主義」「自己表出」が挙げられる。これらの基準は主に教育戦略と深く関わる。

次に、民間スポーツクラブでの対人戦略との関係でいえば、競技者間では、「技術軸」「水平関係」、指導者―競技者間では「契約関係」「限定性」がそれぞれ相対的に指標化される。さらに象徴戦略との関係でいえば、「モダン／やわらかい／個人的／合理的／プロフェッショナル／新鮮／ライト（軽い）／上下関係（弱）／民主的」などが挙げられる。

本書の最初に北島康介選手や田島寧子選手らの自己表出的な行動文化についてふれたが、それは、こうした民間スポーツクラブに特有の価値基準に由来していると考えられる。

アスリート養成〈場〉の構造変動と民間スポーツクラブの誕生

戦後、わが国での青少年期のアスリート養成〈場〉で、どのようにして民間スポーツクラブが誕生したのかについて、東京オリンピックに向けた国際競技力の向上という課題に対して学校運動部を中心としたアスリート養成〈場〉がどのように対応していったのかという点から検討した。

学校運動部の活動が学校教育の一環として位置づけられるものであることはいうまでもない。しかしながら、戦後、学校運動部は、東京オリンピック開催に向けた競技力向上を担う実践の空間としても位置づけられ、学校教育と国際競技力の向上という双方の役割を担うことになった。

それは、従来の学校対抗戦によって互いの競技力を高め合い、それを教育的に生かすという意味を超えて、国際的に対抗しうる高い競技力をもった競技者を育成することを至上命題とする競技団体や日本体育協会などからなるアスリート養成〈場〉の要請と強く連動したものだった。

戦後、文部省は、全国中体連とともに学校運動部の教育としてのスポーツ、大会規模の拡大防止、学校期制のスポーツを推進していたが、東京オリンピックの開催が近づくにつれて水泳競技などの競技団体を中心に、競技としてのスポーツ、大会規模の拡大推進、エイジグループ制のスポーツによる国際的な競技力の向上を求める声が高まった。初めての自国開催のオリンピックでもあり、高い競技成績を収めることが国家的課題になるにつれて、文部省もその動きに呼応する形で、教育としてのスポーツにとどまっていられなくなり、全国大会の容認や競技としてのスポーツの許容へといたったのである。それは、文部事務次官通達「学徒の対外競技について」の変容過程の分析からも明らかにされるところである。

このようなプロセスのなかで学校運動部と全国中体連では、学校教育を担うことが学校運動部の基本的な存在意義であることから教育としてのスポーツを前面に出しながらも、実質的には競技としてのスポーツをも担うという構造が形成されていったのである。

しかしながら、東京オリンピックでわが国の国際的な競技力の不足が明らかになった時点で、誰が競技スポーツを担うのかという課題が顕在化した。そこで従来の学校運動部を中心とした枠組みでは国際的なレベルには対応できない、という危機的認識を有した数人のリーダーがあらわれた。彼らが中心になって、競技としてのスポーツを直接的に志向する民間スポーツクラブを生み出したのである。

すなわち、民間スポーツクラブは、教育としてのスポーツと競技としてのスポーツの双方を志向する学校運動部中心のアスリート養成〈場〉の限界が顕在化するなかで、競技としてのスポーツをより強く志向するにいたったアスリート養成〈場〉内部で必然的に生み出されたのである。

民間スポーツクラブの誕生・発展過程と教育〈場〉の変容

民間スポーツクラブが誕生し、全国的に拡大するうえで、その背後には何があったのか。スポーツ〈場〉の内部圧力の高まりによる内部構造の変容という側面から少し枠を広げて、スポーツ〈場〉の外部にあって、青少年期のスポーツアスリート養成に深く関わると考えられる教育〈場〉の構造変動に着目しながら、民間スポーツクラブの誕生と拡大の要因を探った。

その結果、教育〈場〉の変容、なかでも①スポーツ経歴による入試制度の導入、新設私立高校でのスポーツによる社会的承認を目指した取り組みの拡大によって、競技者としてのキャリアを入試制度に活用できる仕組みが整ったこと、またそのことで競技者がより専心的にスポーツに打ち込むことに対する便益が与えられたこと、②体育・スポーツ系学部や学科の増大によって競技者が競技をより専門的に高められる場が増大したこと、保健体育教員免許を獲得できる大学が増加するに伴って保健体育教員の過剰供給状況が常態化し、民間スポーツクラブ指導者の供給が可能になったことなどが、民間スポーツクラブの展開に強く影響したものと考えられた。

これらはいわばスポーツクラブ誕生と発展に直接的に関わる教育〈場〉の変容を示しているが、公立学校―私立学校間で、正しい教育を担うのは誰かということを賭け金とした象徴的な闘争（差異化闘争）が影響していた。

さらに枠を少し広げてみると、公教育と私教育間の象徴的なせめぎ合いも見逃せない。青少年を対象とした民間スポーツクラブが可能になるためには、教育〈場〉で、学習塾に代表されるような学校教育外の教育活動、すなわち「私教育」の領域の拡大と承認が不可欠だからである。

学習塾は、一九六〇年中頃から第一次ベビーブーム世代の受験人口の爆発ともいうべき状況を契機として主に補習教育を担う機関として成立し、その後、受験競争の激化に直接的に対応する機関として成果を上げながら、補習と進学に特化した指導内容と個別指導を含めた教科成績向上の支援方法という点で教義的な正統性を獲得してきた。約三十年間の月日を要して、まず教育産業という産業〈場〉で組織的正統性を獲得し、その後、教育

〈場〉でその存在を認められるという過程を経ていた。

この過程は、教育〈場〉で学校以外の教育機関が正統な教育機関としての承認を得ていく過程であり、民間スポーツクラブの発展と不可分な関係にある。

学習塾や民間スポーツクラブの発展過程は、公教育中心の教育〈場〉で、教育の私事化を背景とした教育需要の高まりに対応する学校外の教育機関として発展してきたのである。その過程は、私教育を含み込んだ教育〈場〉の構造へと再編される過程であり、より正しい教育を担うのは誰かをめぐる公教育―私教育間の象徴的なせめぎ合いを起こさせる過程でもあったのである。

民間スポーツクラブの文化的正統性の獲得と象徴闘争

民間スポーツクラブが学校運動部中心のアスリート養成〈場〉で、どのように文化的正統性を獲得してきたのかについて、組織的正統性と教義的正統性の獲得過程から検討した。

まず組織的正統性の獲得からみると、民間スポーツクラブが誕生した際、競技力の獲得と証明という意味で競技会への参加が重要な意味をもった。しかしながら、それまでの学校運動部を対象にした大会への参加は、学校運動部所属者に限定されていた。そこで民間スポーツクラブは、いくつかのクラブが誕生した段階で、自ら競技会や記録会を企画・開催し、その規模を徐々に拡大しながら、全国のクラブの組織化を図り、全国大会を開催するにいたっている。なかには、体操競技にみられるように海外の招待選手を参加させることで戦略的に権威化を図る場合もあった。

このように民間スポーツクラブは、自らが主催して競技会や研修会を開催しながら、全国のクラブを組織化し、全国大会を開催するにいたって、アスリート養成〈場〉で無視できない一定の組織的正統性を獲得したのである。

しかしながら、より強固な組織的正統性を獲得するためには各競技団体での承認が不可欠である。体操やサッカー、水泳それぞれに異なる承認過程を有していて、その過程で〈場〉の変動の様相がみられた。

まず、体操の場合、全日本選手権大会への参加の道を開くために全日本ジュニア体操クラブ協議会を創設すると同時に体操協会加盟を標榜し、積極的にはたらきかけた。また日本体操協会は、すでに日本のトップレベルにあったクラブ競技者を日本代表にする方途が求められていたことに加え、強豪諸国の早期育成システム化への対応が要請されていたことなどを背景として、全日本ジュニア体操クラブ協議会の加盟を承認するにいたったのである。そしてジュニア育成が女子から男子へと広がりながら、クラブは協会内で組織的正統性を獲得したのである。

サッカーの場合、一選手は一つのチームしか所属できないことから、エイジグループ制を標榜する日本サッカー協会、民間スポーツクラブ団体と学校運動部を統括する学校期別に組織された中体連や高体連との葛藤がこの大会の参加問題に顕在化した。その結果、運動部とクラブの競技者双方が参加できる各種のリーグ戦とチャンピオンシップを実施するにいたる。この過程でクラブは協会内で組織的正統性を獲得していく。しかし、学校期別の大会とユースの大会は別途開催されるなど、エイジグループ制をとる日本サッカー協会で大会のあり方をめぐってジレンマを抱え込んでいる様相がみられた。

水泳の場合、次々に民間スポーツクラブが創設されていくなかで、日本水泳連盟は、ジュニアオリンピックを主催大会として創設するなど、競技の統括者としての立場を顕示しながら、スイミングクラブ協議会の動きに敏感に反応していた。その背景の一つに水泳強化の基盤となる十歳以下のジュニア層の指導について、「興味をもたせることを主眼」とする日本水泳連盟と「児童に対しても一律に英才教育を施す」とするスイミングクラブ協議会との間の象徴闘争があった。

その後、それぞれは独自の団体として活動していたが、文部省の「社会体育指導者の知識・技能審査事業」制度の創設（一九八七年）が大きな転機になった。事業主体となるにあたって、文部省から日本スイミングクラブ協会が日本水泳連盟の加盟団体になることが要請される。そこで、加盟の是非と誰が指導者養成の事業主体者になるのかという団体の正統性に関わる問題が同時に生じることになった。

日本水泳連盟が加盟を承認する経緯のなかで、双方の団体の役員に互いの役員が入ることで相互承認・監視システムを構築していた。また、事業にあたっては双方が事業主体者になったが、その背景には日本スイミングクラブ協会と各種商業スポーツ関係団体の関係づくりと新たなネットワーク形成があった。これらの動きは、〈場〉の再構築と団体相互の相対的自律性を高める方途として機能しているものと推察された。

本事業が廃止されたのち、日本体育協会のもと日本水泳連盟と日本スイミングクラブ協会の三者で資格付与をおこなうことになった。こうしてクラブは協会内で組織的正統性を獲得していったのである。一連の関係改善が進むにつれてクラブ競技者が台頭し、次第にクラブ競技者ＯＢが競技団体の役員になっていくことで運動部ＯＢを中心とした組織に変容がみられるが、これもアスリート養成〈場〉の変動の一端を示すものと考えられる。

また、民間スポーツクラブにとっては、学校運動部中心のアスリート養成〈場〉にあって、全国中体連（一九八九年、日本中体連に改称）や全国高体連が主催する大会への参画も重要な意味をもった。クラブ競技者は、学校運動部に所属すれば大会への参加が認められたが、実際に指導している民間スポーツクラブの指導者が両連盟主催の大会に引率して参画することは認められなかった。

この制度は、民間スポーツクラブの誕生から長期間続いたが、日本中体連では一九九五年に、全国高体連では二〇〇四年に、それぞれ民間スポーツクラブ指導者をはじめ教員以外の外部指導者による引率が正式に認められることになった。この段階で、民間スポーツクラブ指導者は、連盟に組織的に受け入れられ、承認を与えられることになったのである。

次に教義的正統性の獲得に関して、〈競技力〉という文化資本の獲得過程との関連からみた。国際競技連盟に連なる国内競技連盟などが主催する大会では、学校運動部競技者であれ、民間スポーツクラブ競技者であれ、出場することが許されて雌雄を決することになる。民間スポーツクラブが誕生する前までは、当然、学校運動部競技者や学校運動部出身競技者が上位を独占してきたが、民間スポーツクラブの誕生後、水泳・体操競技・サッカーなどを中心に民間スポーツクラブ競技者が全国大会の上位を占めるにいたり、民間スポーツクラブが無視できない存在になったのである。

さらに、教義的正統性の獲得状況について、指導のあり方に対する評価、最も正統な大会に対する認識、「民間スポーツクラブ」に対する表象からみると、学校運動部指導者に対する調査結果にみられたように、運動部指導者の約三二%が、民間スポーツクラブの指導のあり方が多くの点で参考になると回答し、また、約二二%が、全国高校サッカー選手権大会（学校運動部だけ参加可）ではなく、全日本ユースサッカー選手権大会（学校運動部・民間スポーツクラブ双方参加可）を最も正統な大会として承認していた。さらに学校運動部指導者は、民間スポーツクラブに関して目立ってプロフェッショナルな表象をみていた。こうして、民間スポーツクラブが〈競技力〉という文化資本を獲得するにつれて、教義的正統性を獲得していったと考えられる。

また、民間スポーツクラブが文化的正統性（組織的正統性、教義的正統性）を獲得していくその一方で運動部指導者は、学校運動部指導者調査の結果からもわかるように、自らの指導のあり方について危機意識を募らせている傾向がみられた。この結果は、学校運動部と民間スポーツクラブの間に文化的正統性をめぐる象徴闘争（差異化闘争）が起きていることを示すものだった。すなわち、学校運動部指導者は、「強さの証明」としての競技力を担保できなくなった時点で、〈競技力〉という文化資本を超えて、正しいスポーツのあり方を提示するにはどうしたらいいのか、「正しいスポーツのあり方」「スポーツ指導の正しいあり方」の定義をめぐる不安や葛藤を引き起こしたのである。

この葛藤のなかで、学校運動部指導者はいわば「教育としてのスポーツ」を再認識し、スポーツを通した礼儀作法・マナー・上下関係性・社会的規範意識などの教育こそが学校運動部で担われるべき正しいスポーツ教育のあり方であるとの認識を強めていたのである。

教育戦略・象徴戦略・対人戦略からみた再生産戦略の様相

民間スポーツクラブは、文化的正統性の獲得に向けてどのような再生産戦略を用いたのかについて、教育戦略と象徴戦略、対人戦略からその諸相を検討した。

教育戦略では、文化的恣意性を自明なものとして押し付け、教育する内容が学習者にとってあたかも当然だと思わせることが重要な点になる。その意味で〈競技力〉という文化資本を獲得することが重要だった民間スポーツクラブでは、その性向として勝利志向は不可欠であり、どのようにそれを競技者に当然のものと思わせるかが重要になる。調査結果では、民間スポーツクラブ競技者は勝利志向を直接的に意識することはなく、大半が「全力志向」を有していた。その一方で、将来の進路について「すぐプロになりたい」と回答した者が半数を超えるなど、プロフェッショナル願望を有していた。民間スポーツクラブ競技者にとっては勝利志向はプロフェッショナルを志す者としてむしろ当然であるので、勝利志向は意識に表出しなかったものと考えられる。このプロフェッショナリズムを意識させることで勝利志向を自明視させる戦略は、民間スポーツクラブにとって重要な教育戦略になっているといえるだろう。

また、学校運動部にみられる先輩―後輩間の上下関係、指導者―競技者間の師弟関係、礼儀作法の徹底などに関する指導意識については、民間スポーツクラブ指導者で相対的に重視していない傾向がみられた。この点は、民間スポーツクラブの教育戦略の一つとしても、また対人戦略との関連でも重要である。

つまり民間スポーツクラブでは、学校運動部にみられる先輩―後輩間の上下関係、指導者―競技者間の師弟関係に対抗して、「水平的な」競技者間の関係と、スポーツの場面に限定された指導者―競技者間の「契約関係」の構築を図るなどの対人戦略を用いていた。そして、この対人戦略と連動する形で、あくまでも年功ではなく技術レベルによって評価する仕組みと関係性を維持する教育戦略を展開させたのである。

さらに保護者に対する対人戦略では、保護者をパートナーや協力者として取り込む戦略が多くみられた。また指導者と保護者の関係については、互いに選び／選ばれる、という「選択／非選択」の相互拘束性を特徴としていた。この「選択／非選択」の相互拘束性には、〈競技力〉という文化資本の獲得が重要な機能を果たしているものと考えられた。すなわち、指導者は競技者の評価や選択権を含んだ指導に対する決定権を有するが、その一方で、保護者も指導への対価を支払う契約主体として、民間スポーツクラブへの加入と、そこからの脱退の権利を有している。指導者も保護者も、自らの正統性と卓越性の獲得に際し、互いにマイナスに機能すると判断すれば、指導者はその競技者や保護者を排除し、保護者は自らのクラブ選択権を行使し、そのクラブから子どもを移籍させることになる。その場合、指導者の正統性と卓越性を提示するための重要な要素になっているのが、〈競技力〉という文化資本なのである。

次に象徴戦略では、表象が暗黙裏のものの見方とかその根拠の問われることがない自明視されたものの見方と結び付くことによって正統の自明性を支えているという意味で、自らの集団を正統化するような新しい表象システムを発明し、どのようにそれを浸透させるかが重要になる。

民間スポーツクラブでは、学校運動部に関する表象、すなわち「トラディショナル／かたい／集団的／形式的／素人／古くさい／ヘビー（重い）／上下関係（強）／高圧的」などの表象に明確に対抗し、「モダン／やわらかい／個人的／合理的／プロフェッショナル／新鮮／ライト（軽い）／上下関係（弱）／民主的」などの表象を明確に打ち出していた。この結果から後発の民間スポーツクラブは、学校運動部に対する対抗文化を提示する戦略を用いたといえる。

さらに、これらの表象は、民間スポーツクラブの競技者と指導者だけでなく、学校運動部の競技者と指導者にも共有されていて、象徴戦略がアスリート養成〈場〉全体にかなり浸透していることが明らかになった。

また、民間スポーツクラブの指導者と競技者の間で、行動様式や行動規範、表象などの同形性が確認されたが、例えば、「技術レベル重視」や「勝負には勝たなければならない」といったスポーツ観や学校運動部と民間スポーツクラブに対する表象に関しては、指導者よりも競技者の間でより強い意識化がみられた。指導者は、さまざまな教育戦略・象徴戦略を実践し、クラブ競技者は、指導者の戦略を自らの状況に応じて都合よく読み取るが、場合によってはその戦略をより強化された形で継承していく。こうした再生産のダイナミズムによって、民間スポーツクラブの構造とハビトゥスが形成され刷新されていくと考えられる。

アスリート養成〈場〉の構造変動と〈競技力〉という文化資本

民間スポーツクラブの誕生後、学校運動部は「教育としてのスポーツ」と「競技としてのスポーツ」の双方を志向し続け、民間スポーツクラブは「競技としてのスポーツ」を志向することになったが、アスリート養成〈場〉の構造を変動させていくうえで重要な要素になったのが〈競技力〉という文化資本だった。

アスリート養成〈場〉では、競技成績に対する関心が高く、競技成績によって厳格に序列化されることから、勝利を収めることが強さの証明として重要な意味をもつ。このため、強さの証明としての〈競技力〉は、その競技者個人やチームの名声を高め、関係者内での相対的な地位を高めるゆえに、社会関係資本や経済資本への転換が可能となる文化資本になるのである。

本書での一連の分析を通して、強さの証明としての〈競技力〉という文化資本が、アスリート養成〈場〉での文化的正統性の獲得と深く関連していることが示唆された。

この〈競技力〉という文化資本と文化的正統性の獲得との関係についてだが、〈競技力〉という文化資本の獲得が、即、アスリート養成〈場〉での文化的正統性の獲得を意味するわけではない。競技成績による厳格な序列化が進めば進むほど、高い競技成績をもたらす指導のあり方への関心が高まり、〈競技力〉という文化資本を獲得するにいたる指導のあり方が評価の対象になる。その結果、高い競技成績をもたらす指導が正しい指導のあり方といった評価傾向が惹起され、そのことが文化的正統性を支えるにいたるのである。

この点から民間スポーツクラブの参入による学校運動部の変容過程をたどってみた。戦後、学校運動部はいわば「正しいスポーツのあり方」「スポーツ指導の正しいあり方」に関する文化的正統性を担ってきたが、それは競技力の高さ＝強さを背景にしたものだった。しかも、それは教育という枠のなかで理念化され、「強さの証明」は人間成長を促す教育の手段にすぎないという論理で、「強さの証明」としての競技力は、一次的・直接的に求める対象として表面化することはなかった。しかし、それは「求めない」ということではなく、教育の達成を示すメルクマールとして競技力を求めることが自明視されていたということを意味している。

元来、「正しいスポーツのあり方」「スポーツ指導の正しいあり方」の定義は、意図的・恣意的なものである。その定義に文化的正統性を与えるためには、その定義の意図性・恣意性を隠す必要がある。そこで競技力の客観的位置づけを示す〈競技力〉という文化資本が、正統性を担保するためにきわめて有効に機能するのである。しかし、競技力が「正しいスポーツのあり方」や「スポーツ指導の正しいあり方」の定義に強い影響をもっていることが表面化すると、定義の恣意性があからさまになってしまう。そこで学校運動部は、競技力を求めることを自明視して不問に付すといった教育戦略によって、競技力が正しいスポーツのあり方や指導の正しいあり方とは直接的には関係をもたないように見せかけながら、より効果的に文化的正統性を維持してきたものと考えられた。

しかしながら、学校運動部と民間スポーツクラブが直接に雌雄を決する大会で学校運動部が敗れることで、民間スポーツクラブの強さが証明されることになった。ここで学校運動部が有してきた競技力を背景とした文化的正統性は揺らぎ始めることになる。それまで学校運動部の間で優勝者が変わることはあったとしても、学校運動部以外の競技者やチームが優勝することはなかった。このため民間スポーツクラブに所属する競技者やチームが優勝した時点で、学校運動部指導者は強さの証明としての〈競技力〉を学校運動部全体として示せなくなると同時に、その存在の大きさを改めて認識せざるをえなくなったのである。さらにこれまで「正しいスポーツのあり方」「スポーツ指導の正しいあり方」に関する定義と競技力は直接的には関係ないように見せかけながら、学校運動部はより効果的に文化的正統性を維持してきたが、その後ろ盾になっていた〈競技力〉という文化資本を失ったことで、いままでの指導はそれでよかったのかといった不安と葛藤を顕在化させるなど、文化的正統性が揺らぎ始めたのである。

この一連の流れは、学校運動部が独占してきた正しいスポーツ指導のあり方に関わる文化的正統性をめぐる揺らぎの一端を示すものといえるだろう。

2■これからのアスリートを育てる〈場〉を読む

本書を通して、学校運動部と民間スポーツクラブとの関係から青少年期のアスリートを育てる〈場〉の変動と再生産の一端をとらえることができたが、さらに継続した調査によって、その〈場〉の変動と再生産でのメカニズムとダイナミズムを一般化していくことが求められる。具体的には、〈場〉を構成する集団や組織の範囲を広げながら、わが国のアスリート養成〈場〉の全体像とその再生産の様相をみていく必要がある。

本書では、学校運動部と民間スポーツクラブを中心にアスリート養成〈場〉に直接的に関係してくる各競技団体や日本体育協会、日本中体連、全国高体連などの統括団体、文部科学省などが織り成すネットワークとそこに生じるせめぎ合い、さらにその背後にある教育〈場〉の構造変動、すなわち新たに参入した私教育と既存の公教育とのせめぎ合い、そしてその変動の導火線となるスポーツの需要と供給でのインバランスと新たな動き、これらのものが輻輳的に絡まり合っていく様相の一端を示すことを意図したが、それには限界があった。今回、歴史的経緯の面では主に民間スポーツクラブの誕生と発展過程の時期に着目したために、一九八九年に日本体育協会から分離・独立した日本オリンピック委員会の詳細な動きを扱わなかったこともその一つである。

これからのアスリートを育てる〈場〉の再構築にあたっては、例えば、学校運動部や民間スポーツクラブだけではなく、地域のスポーツクラブの動きと展開、国家的な規模でアスリート養成をおこなう機関の創出など、さまざまな下位〈場〉の登場と動きをより緻密に分析する必要がある。また、国際的な競技力の向上が喧伝されるなかで、教育〈場〉だけでなく、経済〈場〉や政治〈場〉との関係を視野に入れた検討が重要になる。

さらに、アスリートを育てる〈場〉を含み込むスポーツ〈場〉はどのような基軸で動いているのかを見定めていく必要がある。例えば、本書では、アスリート養成という観点から「教育としてのスポーツ」「競技としてのスポーツ」を軸に検討してきたが、スポーツ〈場〉をみていく場合、成熟社会の扉を開けた日本社会で、「健康としてのスポーツ」「遊戯としてのスポーツ」という指標を基軸とした動きと構造の変動についてもみていくことが重要になるだろう。

また実践的にアスリートを育てる〈場〉を再構築するうえで、〈場〉を構成する各集団の再生産戦略による〝振り戻し〟現象をしっかり把握することが不可欠である。

この〝振り戻し〟という点から今後の実践的な課題を挙げるとすれば、民間スポーツクラブが台頭し、このまま「競技としてのスポーツ」が日本のアスリート養成〈場〉で優位になっていくような、単線的な動きではなく、振り子の振り戻りといえるような動きが起こるものと思われる。つまり、同じ〈場〉のなかで対抗する学校運動部の指導者は、スポーツ指導で礼儀作法や社会的規範の獲得に対してさらに厳しくすることの必要性を指摘していたが、この学校運動部指導者の意識のなかに、「教育としてのスポーツ」のあり方の再構成やさまざまな再生産戦略の展開の可能性を垣間見ることができる。またこうした見直しのなかで、「教育としてのスポーツ」が求める正しいスポーツのあり方とは何か、正しい指導のあり方とは何か、学校運動部の役割とは何か、などに関する再検討が要請されてくるだろう。

またアスリートを育てる〈場〉の新しい動きとその胎動についても留意する必要がある。例えば、学校と民間スポーツクラブが連動して新しい〈場〉を形成しつつある動き、そして民間スポーツクラブ育ちの選手が大学運動部に入ることで大学運動部文化が変容する可能性について検討したが、新しい変化の兆しを見過ごしてはならない。

こうした青少年のスポーツ〈場〉の変動と再生産のプロセスのなかに潜在化している変化の兆しやそのダイナミズムを読み解く不断の作業が、これからのアスリートを育てる〈場〉の再構築、ひいては青少年期のスポーツ〈場〉の再構築の糸口を見いだすうえで、より重要になってくるものと考えられる。

注

（1）前掲『ロックミュージックの社会学』四六ページ

（2）前掲「ロック音楽文化の構造分析」五六八―五八二ページ

参考文献

青木邦男「高校運動部員の部活動継続と退部に影響する要因」、日本体育学会編「体育学研究」第三十四巻第一号、日本体育学会、一九八九年、八九―一〇〇ページ

天野郁夫『日本の教育システム――構造と変動』東京大学出版会、一九九六年、四五―三〇九ページ

荒井貞光「中学、高校、大学の運動部員の意識に関する調査研究」、広島大学総合科学部編「基礎・環境科学研究――広島大学総合科学部紀要」第四巻第一号、広島大学総合科学部、一九八三年、一五―二八ページ

石井洋二郎『文学の思考――サント＝ブーヴからブルデューまで』（Liberal arts）、東京大学出版会、二〇〇〇年、一七五―一九三ページ

池田克紀／野川春夫／萩裕美子「民間スポーツクラブ指導者の職務満足の分析」、東京学芸大学編「東京学芸大学紀要 第五部門芸術・体育」第四十三号、東京学芸大学、一九九一年、一九一―二〇一ページ

石坂友司「学歴エリートの誕生とスポーツ――帝国大学ボート部の歴史社会学的研究から」「スポーツ社会学研究」第十号、日本スポーツ社会学会、二〇〇一年、六〇―七〇ページ

犬飼義秀「高校生の生活状況とスポーツ満足度に関する調査研究」「活水論文集」第二十三号、活水女子大学、一九八〇年、一三九―一五〇ページ

井上一男『学校体育制度史 増補版』大修館書店、一九七〇年、二四五―二五八ページ

上杉正幸「スポーツ価値意識論の方向性」、体育社会学研究会編『スポーツ参与の社会学』（「体育社会学研究」第六巻）所収、道和書院、一九七七年、一九三―二二四ページ

上杉正幸「大学生のスポーツ価値意識について――理念型との比較」、香川大学教育学部編「香川大学教育学部研究報告第一部」第四十五号、香川大学教育学部、一九七八年、一―二七ページ

上杉正幸「大学生のスポーツ価値意識について（3）――個人意識の変容」、香川大学教育学部編「香川大学教育学部研究報告第一部」第五十二号、香川大学教育学部、一九八一年、一三―四二ページ

上杉正幸「日本人のスポーツ価値意識と道・修行の思想」、体育・スポーツ社会学研究会編『体育・スポーツ社会学研究』第一巻所収、道和書院、一九八二年、三九―五七ページ

上杉正幸「大学生のスポーツ価値意識のパターンとその関連要因の分析」、体育・スポーツ社会学研究会編『子どものスポーツを考える』（「体育・スポーツ社会学研究」第六巻）所収、道和書院、一九八七年、一九五―二一三ページ

鵜沢勝雄「スイミングクラブの実態と問題点」「陸上競技マガジン」一九七〇年十月号増刊、ベースボール・マガジン社、一九七〇年、七九―八二ページ

宇都宮京子「ブルデューにおける「象徴性」と「ハビトゥス」」、ブルデュー社会学研究会編『象徴的支配の社会学』所収、恒星社厚生閣、一九九九

九年、五一―七六ページ
海老原修「組織的スポーツからのドロップアウトに関する研究」、体育・スポーツ社会学研究会編『現代スポーツを考える』(「体育・スポーツ社会学研究」第七巻) 所収、道和書院、一九八八年、一〇七―一二九ページ
岡田猛「大学運動部における〝先輩〟の勢力資源についての調査研究」「鹿児島大学教育学部研究紀要 人文社会科学編」第四十三号、鹿児島大学、一九九一年、七三―九三ページ
甲斐健人「学歴社会における高校運動部への社会学的アプローチ――教育的「戦略」としてのスポーツの可能性に向けて」、日本体育学会編「体育学研究」第三十九巻第四号、日本体育学会、一九九四年、二五五―二六六ページ
甲斐健人「高校ラグビー部員の「戦略」としてのスポーツ――Z高校の事例」「年報筑波社会学」第六号、筑波大学、一九九四年、二二―四三ページ
甲斐健人「「文化資本」としてのスキーと「地域の教育力」――福島県南会津郡檜枝岐村の事例」、松村和則編『山村の開発と環境保全――レジャー・スポーツ化する中山間地域の課題』所収、南窓社、一九九七年、一七七―一九七ページ
甲斐健人「農業高校運動部員の「経歴」と進路形成――「底辺」における「実践」の再検討」「ソシオロジ」第四十四巻第二号、社会学研究会、一九九九年、三―一八ページ
甲斐健人『高校部活の文化社会学的研究――「身体資本と社会移動」研究序説』南窓社、二〇〇〇年
加藤晴久「ブルデュー社会学の「汎用性」」、「特集 ブルデュー・参加する社会学」「情況」一九九九年十二月号、情況出版、一〇三―一一四ページ
川西正志/河野眞「商業スポーツクラブ指導者の性差を規定する社会学的要因」「鹿屋体育大学研究紀要」第四巻、鹿屋体育大学、一九八九年、一一三―一二一ページ
川辺光「学校運動部集団の日本的特質」、体育社会学研究会編『体育とスポーツ集団の社会学』(「体育社会学研究」第三巻) 所収、道和書院、一九七四年、六一―八二ページ
岸野雄三「日本のスポーツと日本人のスポーツ観」、日本体育学会編「体育の科学」一九六八年一月号、杏林書院、一一―一五ページ
木村和彦/大鋸順「フィットネスクラブ従業員の職務特性と職務満足に関する研究」「スポーツ産業学研究」第五巻第一号、日本スポーツ産業学会、一九九五年、一―一一ページ
久保田正躬「児童体操選手育成に関する一考察――民間スポーツクラブにおける練習の実態を中心に」「日本体育学会大会号」第二十五号、日本体育学会、一九七四年、三七三ページ
倉島哲『身体技法と社会学的認識』世界思想社、二〇〇七年、二一―四九ページ
厨義弘/森田喜次郎/生田清衛門/許斐健「管理職者からみた中学校運動部のあり方について」、日本体育学会編「体育学研究」第十四巻第五号、日本体育学会、一九七〇年、五三ページ

後藤健生『日本サッカー史――日本代表の九十年』(Soccer critique library)、双葉社、二〇〇七年

許斐健／森田喜次郎／金子以津次／生田清衛門／厨義弘「中学校運動部顧問教師の指導実態について――担当のしかたからみた」、日本体育学会編「体育学研究」第十四巻第五号、日本体育学会、一九七〇年、五二ページ

小原信幸／井崎明／池田二三夫「中学校運動部の指導に関する研究」、日本体育学会編「体育学研究」第十二巻第五号、九五ページ

小椋博／岸櫓夫／藤井主計／二杉茂「大学運動部活動に対する学生の態度の日米比較研究」「日本体育学会大会号」第三十三号、日本体育学会、一三八ページ

佐藤勝弘／小野浩由「民間スポーツクラブにおけるナレッジ・マネジメント理論の効果に関する研究――特にナレッジ・イネーブリングによる組織改革の視点から」、新潟大学教育人間科学部編「新潟大学教育人間科学部紀要 人文・社会科学編」第六巻第二号、新潟大学教育人間科学部、二〇〇四年、三五五―三六八ページ

白根克義／井崎明／神文雄「学校運動部の研究――担当教員の一側面」、日本体育学会編「体育学研究」第十二巻第五号、二九四ページ

志水宏吉「「再生産」という眼鏡「教育」――ブルデューと日本の教育」、宮島喬／石井洋二郎編『文化の権力――反射するブルデュー』所収、藤原書店、二〇〇三年、六五―八五ページ

城丸章夫「学校運動部（体育部）の問題点を探る――非行と暴力にかかわりつつ」「文化評論」第二百六十八号、新日本出版社、一九八三年、一二四―一三三ページ

新出昌明／田村富美子「商業スポーツ指導者の仕事のイメージに関する研究」「体育・スポーツ経営学研究」第九巻第一号、日本体育・スポーツ経営学会、一九九二年、四三―五五ページ

新出昌明「商業スポーツ指導者の職務満足を構成する要因に関する研究」「体育・スポーツ経営学研究」第十二巻第一号、日本体育・スポーツ経営学会、一九九六年、三三―四一ページ

菅原禮「日本的スポーツ風土の社会学的考察」「新体育」第四十六巻第四号、新体育社、一九七六年、二二一―二二五ページ

曾根幹子／折本浩一「学校運動部活動と地域スポーツクラブの連携の在り方に関する研究――子どもの体力向上とスポーツ活動の促進に向けて」「児童教育研究」第十七号、安田女子大学児童教育学会、二〇〇八年、八一―八八ページ

竹内洋『日本のメリトクラシー――構造と心性』東京大学出版会、一九九五年、一一―四五ページ

高橋豪仁／久米田恵「学校運動部活動における体罰に関する調査研究」「教育実践総合センター研究紀要」第十七号、奈良教育大学教育学部附属教育実践総合センター、二〇〇八年、一六一―一七〇ページ

高村梨江／高橋豪仁「学校運動部と地域スポーツクラブとの融合――ソレステレージャ奈良2002を事例にして」、奈良教育大学編「奈良教育大学紀要 人文・社会科学」第五十五巻第一号、奈良教育大学、二〇〇六年、一六五―一七五ページ

多々納秀雄「『同じ釜の飯』考――日本的スポーツの精神風土」、中村敏雄編『スポーツコミュニケーション論』(「スポーツ文化論シリーズ」第六巻)所収、創文企画、一九九五年、三九―七三ページ

谷口勇一「大分県内高等学校運動部活動顧問教師の指導意識に関する調査研究」、大分大学教育福祉科学部編「大分大学教育福祉科学部研究紀要」第二十五巻第二号、大分大学教育福祉科学部、二〇〇三年、三〇五―三一七ページ
田原音和『科学的知の社会学――デュルケームからブルデューまで』藤原書店、一九九三年、一二七―一五三ページ
冨永徳幸/田口節芳「大学運動部の集団凝集性」「近畿大学工学部紀要 人文・社会科学篇」第三十六号、近畿大学工学部、二〇〇六年、二三―三二ページ
富山浩三/川西正志/宮田和信「商業スポーツクラブ会員の行動特性――活動参加頻度と心理的なクラブ評価」、日本体育学会編「体育学研究」第四十一巻第六号、日本体育学会、一九九七年、四七四―四八三ページ
中西新太郎「こども」、渡辺治編『現代日本社会論――戦後史から現在を読む三十章』所収、労働旬報社、一九九六年、四一六―四三一ページ
中西純司/浪越一喜「民間スポーツクラブにおける競争戦略に関する研究――競争地位と戦略策定プロセスとの関係」「福岡教育大学紀要 第五分冊 芸術・保健体育・家政科編」第四十二号、福岡教育大学、一九九三年、二一一―二三三ページ
中西純司「「教育コミュニティ」を創る学校運動部のイノベーション戦略の検討」「福岡教育大学紀要 第五分冊 芸術・保健体育・家政科編」第五十三号、福岡教育大学、二〇〇四年、一〇一―一一四ページ
中路恭平/簗瀬歩「フィットネスクラブにおける顧客満足測定尺度の比較とその適用法に関する研究」「スポーツ産業学研究」第八巻第二号、日本スポーツ産業学会、一九九八年、一―一七ページ
浪越信夫/浪越一喜/中西純司「民間スポーツクラブの人材育成に関する研究――その現状と課題」「順天堂大学保健体育紀要」第三十四号、順天堂大学、一九九二年、八八―九六ページ
西垣完彦「高等学校の運動部顧問教師の生活と意識」、体育・スポーツ社会学研究会編『体育・スポーツ社会学研究』第二巻所収、道和書院、一九八三年、九五―一三一ページ
西垣完彦「高等学校運動部顧問教師の部活動指導意識タイプ別にみた生活と意識の特性――部活動指導意識と関連する要因の分析から」、愛知県立芸術大学編「愛知県立芸術大学紀要」第十四号、愛知県立芸術大学、一九八四年、一七―三四ページ
西村秀樹『スポーツにおける抑制の美学――静かなる強さと深さ』(Sekaishiso seminar)、世界思想社、二〇〇九年、五七―二八九ページ
日本体育協会日本スポーツ少年団『日本スポーツ少年団30年史』日本体育協会、一九九三年、五―九三ページ
丹羽劭昭/金子洋子「大学運動部員の態度からみたスポーツの文化的特徴――特に規範を中心に」、体育・スポーツ社会学研究会編『体育・スポーツ社会学研究』第二巻所収、道和書院、一九八三年、一―二三ページ
丹羽劭昭/種村紀代子/長沢邦子「運動部の戦績を規定する集団の構造と機能」、体育・スポーツ社会学研究会編『スポーツの社会的意味をさぐる』(「体育・スポーツ社会学研究会編」第八巻)所収、道話書院、一九八九年、一三九―一六〇ページ
ピエール・ブルデュー『ディスタンクシオン――社会的判断力批判I』石井洋二郎訳(Bourdieu library)、藤原書店、一九九〇年、二五九―三九六ページ

ピエール・ブルデュー『社会学の社会学』田原音和監訳、安田尚／佐藤康行／小松田儀貞／水島和則／加藤眞義訳（Bourdieu library）、藤原書店、一九九一年、一四三―一五三ページ

ピエール・ブルデュー／ジャン＝クロード・パスロン『再生産――教育・社会・文化』宮島喬訳（Bourdieu library）、藤原書店、一九九一年、一八―九七ページ

ピエール・ブルデュー『話すということ――言語的交換のエコノミー』稲賀繁美訳（Bourdieu library）、藤原書店、一九九三年、一五七―一七三ページ

ピエール・ブルデュー「政治的代表＝表象――政治界に関する理論の諸前提（一）」櫻本陽一訳、情況出版編集部編『ブルデューを読む』所収、情況出版、二〇〇一年、二四―五六ページ

ピエール・ブルデュー『ピエール・ブルデュー――1930-2002』加藤晴久編、石井洋二郎／立花英裕／林修／三浦信孝訳、藤原書店、二〇〇二年、一一一―一二八ページ

ピエール・ブルデュー『政治――政治学から「政治界」の科学へ』藤本一勇／加藤晴久訳（Bourdieu library）、藤原書店、二〇〇三年、一三五―一四二ページ

ピエール・ブルデュー「新しい資本」加藤晴久訳、『実践理性――行動の理論について』加藤晴久／石井洋二郎／三浦信孝／安田尚訳（Bourdieu library）、藤原書店、二〇〇七年、四三―六九ページ

ピエール・ブルデュー／ロイック・J・D・ヴァカン『リフレクシヴ・ソシオロジーへの招待――ブルデュー、社会学を語る』水島和則訳（Bourdieu library）、藤原書店、二〇〇七年、九七―一八四ページ

真栄城勉／高木儀正「愛媛県における近代学校スポーツの発展過程――旧制松山高等学校の校友会運動部」「琉球大学教育学部紀要 第二部」第二十九集、琉球大学教育学部、一九八六年、一七九―一九〇ページ

松尾哲矢「少年スポーツのボランティア指導者におけるドロップアウトに関する日米比較研究――福岡市とUrbana-Champaign市の事例を中心に」「レジャー・レクリエーション研究」第三十五号、日本レジャー・レクリエーション学会、一九九六年、一〇―二〇ページ

松尾哲矢「スポーツの社会病理――ドロップアウト」、池田勝／守能信次編『スポーツの社会学』（「講座・スポーツの社会科学」第一巻）所収、杏林書院、一九九八年、一八九―一九九ページ

松尾哲矢「スポーツ競技者養成の《場》とハビトゥス形成――学校運動部と民間スポーツクラブに着目して」、日本体育学会編「体育学研究」第四十六巻第六号、日本体育学会、二〇〇一年、五六九―五八六ページ

松尾哲矢「スポーツ競技者養成の《場》における民間スポーツクラブの再生産戦略に関する研究――青少年を対象とした民間スポーツクラブ指導者に着目して」、日本体育学会編「体育学研究」第四九巻第二号、日本体育学会、二〇〇四年、一一九―一三四ページ

松尾哲矢「供給システムとしての学校運動部の綻びと再生の可能性」「トレーニング・ジャーナル」二〇〇四年二月号、ブックハウス・エイチディ、七〇―七四ページ

松尾哲矢「学校運動部の越境について考える」「トレーニング・ジャーナル」二〇〇四年十月号、ブックハウス・エイチディ、五六―五九ページ
松尾哲矢「運動部活動の将来と生徒文化」「トレーニング・ジャーナル」二〇〇五年十二月号、ブックハウス・エイチディ、四六―四九ページ
水上博司「スポーツ少年団と中学校運動部活動の関係」、日本体育学会編「体育の科学」二〇〇五年一月号、杏林書院、一五―一九ページ
三宅馨「ある体育クラブのおいたち」「陸上競技マガジン」一九七〇年十月号増刊、ベースボール・マガジン社、八七―八八ページ
宮島喬「スポーツと文化の間――社会学的に考える」、中村敏雄編『境界を越えるスポーツ』(「スポーツ文化論シリーズ」第十巻)所収、創文企画、一九九九年、一五―三五ページ
宮島喬「社会の文化的再生産と変動」、宮島喬編『講座社会学7 文化』所収、東京大学出版会、二〇〇〇年、一八九―二一五ページ
村松洋子/丹羽劭昭「大学における運動部員の態度からみたスポーツの文化的特徴」「日本体育学会大会号」第三十一号、日本体育学会、一九八〇年、二〇六ページ
村松洋子/丹羽劭昭「大学における運動部員の態度からみたスポーツの文化的特徴(2)――因子分析による検討」「日本体育学会大会号」第三十二号、日本体育学会、一九八一年、二二九ページ
八木実「民間スポーツクラブにおける体操競技選手の競技力向上について」「日本体育学会大会号」第三十六号、日本体育学会、一九八五年、六一六ページ
安田尚『ブルデュー社会学を読む――社会的行為のリアリティーと主体性の復権』青木書店、一九九八年、八三―一〇三ページ
山本哲士/福井憲彦「「みえない権力」をみる」、福井憲彦/山本哲士編『actes1――象徴権力とプラチック』所収、日本エディタースクール出版部、一九八六年、八四―九八ページ
山本教人「大学運動部への参加動機に関する正選手と補欠選手の比較」、日本体育学会編「体育学研究」第三十五巻第二号、日本体育学会、一九九〇年、一〇九―一一九ページ
山本教人「正選手と補欠選手の運動部への参加動機と原因帰属様式」「健康科学」第十三巻、九州大学健康科学センター、一九九一年、四九―五八ページ

あとがき

日本のスポーツはこれからどう変わっていくのか、実践的な指針を得るうえでも、スポーツ〈場〉がどのように動いているのかを的確に把捉する必要がある。しかしながら、これまでのこの種の議論で、スポーツ状況があたかもAからBに一元的に変わっていくかのような議論が多いことに違和感をもっていた。

スポーツを取り巻く個人・集団・組織間に自らの文化的正統性の獲得を目指した思惑が重層的・輻輳的に絡まりながら動いている、その様相を把捉することなしにこれからのスポーツ〈場〉を構想することはできないとの思いも強く抱いていた。

アスリート養成〈場〉に絞ったのは、それがスポーツの限界的・専心的状況であるからこそ、スポーツのあり方・考え方が典型的にあらわれてくると同時に、スポーツ〈場〉全体に大きな影響力をもつからである。また、今回、学校運動部と民間スポーツクラブに着目したが、この双方の空間こそがアスリート養成〈場〉の空間の変動を典型的に引き起こしていると考えたからである。さらに、この点に着目した理由の一つに筆者自身のアスリート養成現場での経験がある。

以前、筆者は大学運動部の指導現場に携わった経験があるが、その現場で学校運動部育ちと民間スポーツクラブ育ちのそれぞれの競技者の間で、行動習慣、立ち居振る舞い、感じ方がどうしてこんなに異なるのだろうと実感した経験が本書に取り組む大きな契機になった。なかでも、学校運動部で育った筆者が抱いた民間スポーツクラブ競技者の態度や行動習慣に対する違和感をいまでも覚えている。

スポーツ実践の空間を描く。スポーツ実践に直接的に影響を与えている集団・組織・体制・制度、間接的に影響を与えている〈場〉との関係、さまざまに思惑が絡まりながら変動していく空間をどう描けばいいのか。それこそまさにスポーツ社会学の課題でもある。

ピエール・ブルデューは、スポーツ実践の空間を描くことをスポーツ社会学の課題として挙げているが、スポーツ空間の内部で何が起こっているのか、どういう動きがみられるのかをとらえようとしても、どうしてもスポーツを外側からなぞるようなアプローチになりがちである。本書では、スポーツの内側で何が起こっているのかにできるかぎりフォーカスしたかった。

そして、スポーツ〈場〉を構成するさまざまなアクターが自らの存在証明と正統性の獲得に向けて動くなかで、スポーツ〈場〉が全体として相対的な自律性を確立していく。そのスポーツ独自の空間の変動の様相とそのダイナミズムの一端を明らかにしたかった。

しかしながら、それは一筋縄にできるものではなく、そのスポーツ〈場〉内部の、どの範囲の集団や組織を検討の対象とするのか。またスポーツに関係するほかの〈場〉をどこまで視野に入れて検討するのか、その設定の仕方によって明らかにされていく範囲も異なってくる。その意味で、スポーツ実践の空間を総合的・網羅的に描くことは困難であり、本書はその一部を明らかにしたにすぎない。今後もさまざまな範囲と角度からのアプローチが求められる。

本書は、二〇一一年十一月に九州大学大学院人間環境学府に提出した博士学位論文「わが国における青少年期のスポーツ競技者養成〈場〉の変動と再生産に関する研究」に大幅に加除修正を加えたものである。各章のもとになった筆者の論文の初出一覧は次のとおりである。

第1、7章

「競技者養成「場」の構造変動と文化的再生産に関する社会学的研究」平成十二年度〜平成十四年度科学研究費補助金基盤研究(C)(二)研究成果報告書、立教大学、二〇〇三年

第2、4章

「わが国における青少年のスポーツ競技者養成《場》の構造変動――民間スポーツクラブの成立と学校運動部との関係に着目して」、大谷善博監修、三本松正敏／西村秀樹編『変わりゆく日本のスポーツ』所収、世界思想社、二〇〇八年、二〇四―二二七ページ

第7章

「スポーツ競技者養成の《場》とハビトゥス形成――学校運動部と民間スポーツクラブに着目して」「体育学研究」第四十六巻第六号、二〇〇一年、五六九―五八六ページ、「スポーツ競技者養成の《場》における民間スポーツクラブの再生産戦略に関する研究――青少年を対象とした民間スポーツクラブ指導者に着目して」「体育学研究」第四十九巻第二号、二〇〇四年、一一九―一三四ページ

本書を構想し、ここまでかなりの時間を要したが、多くの先生方にご指導いただいた。大学院時代から研究者としての道を示してくださった厨義弘先生、福岡大学にお導きくださり、入職後も大学人としてのあるべき姿を示してくださった大谷善博先生、研究のあり方と厳しさをお教えくださった多々納秀雄先生、三本松正敏先生、折々に研究上の示唆をくださった菊幸一先生、そして何より本研究を進めていくうえで、大所高所から丁寧にお導きくださった西村秀樹先生に心から感謝を申し上げたい。紙数が限られているためほかにお名前を挙げることができないが、多くの先生方・同僚、また競技団体のみなさまにお力添えをいただいたおかげで本書を上梓することができた。心から感謝を申し上げたい。

また、本書の出版にあたって鋭い示唆と温かい激励をいただいた青弓社の矢野恵二氏に心からお礼を申し上げたい。

そして最後に、いつも優しく見守ってくれた妻道子と家族に心から感謝したい。

二〇一五年三月　松尾哲矢

［著者略歴］
松尾哲矢（まつお てつや）
1961年、福岡県生まれ
立教大学コミュニティ福祉学部スポーツウエルネス学科教授、博士（教育学）
専攻はスポーツ社会学
共編著に『福祉社会のアミューズメントとスポーツ』（世界思想社）、共著に『総合型地域スポーツクラブの時代 第2巻――行政とクラブとの協働』（創文企画）、『変わりゆく日本のスポーツ』（世界思想社）、『身体感覚をひらく』（岩波書店）など

アスリートを育《そだ》てる〈場《ば》〉の社会学《しゃかいがく》

民間クラブがスポーツを変えた

発行――2015年5月17日　第1刷
定価――2000円＋税
著者――松尾哲矢
発行者――矢野恵二
発行所――株式会社青弓社
〒101-0061 東京都千代田区三崎町3-3-4
電話 03-3265-8548（代）
http://www.seikyusha.co.jp
印刷所――三松堂
製本所――三松堂

ISBN978-4-7872-3388-2 C0036